JN119207

SPD叢書

SOCIETAS PHILOSOPHIAE DOSHISHA

経験論の多面的展開

— イギリス経験論から現代プラグマティズムへ —

加賀裕郎
KAGA Hiroo

新　茂之
ATARASHI Shigeyuki

◉編

萌書房

まえがき

Societas Philosophiae Doshisha（ＳＰＤ）は同志社大学哲学科の卒業生および本会の趣旨に賛同する者から構成される。ＳＰＤは発足以来半世紀近くになり、機関誌『同志社哲學年報』も二〇二一年度で四四号を数えるまでになった。ＳＰＤ発足以来、多くの卒業生が会員となり、その中から少なくない研究者も育った。そうした研究者と若手会員を執筆者として〈ＳＰＤ叢書〉を刊行するという企画が立ち上がった。本書はそのうちの一冊である。

本書の執筆者は主に経験論の哲学を研究対象とする研究者から構成されている。経験論の哲学はイギリスの古典的経験論に端を発し、二〇世紀には論理実証主義から分析哲学へと発展した。いっぽうアメリカ発祥のプラグマティズムも経験論の一形態として発展してきた。二つの経験論は当初は、あるていど独立した流れを形成したと言えるかもしれない。例えばデューイは、二〇世紀の前半、論理実証主義哲学がヨーロッパから入ってきたとき、これに激しく反発した。

しかし、そのデューイも、論理実証主義の機関誌『統一科学の国際百科全書』に二本の論文を寄稿している。執筆の切っ掛けは論理実証主義者のノイラート（Otto Neurath）が、デューイの自宅を訪ねて執筆を懇請したことにあった。ノイラートを伴ってデューイ家を訪問したネーゲル（Ernest Nagel）は、その時の模様をユーモラスに伝えている。ノイラートは、その巨躯を懸命に動かし、流暢とは言い難い英語でデューイの執筆を懇請したが、成功の見込みがなさそうだった。その時、突然ノイラートは立ち上がり、右手を挙げて、「私は原子命題を信じないことを誓います」と厳かに述べた。この一言を境に風向きが変わり、デューイは執筆することを約束した。デューイは統一科学というプロジェクトも原子命題も認めていなかったので、ノイラートの捨て身の誓いがデューイの心を動かしたのである（Corliss Lamont, ed. *Dialogue on John Dewey*, Horizon Press, 1959, pp. 11-13を参照のこと）。

この事例に表れているように、論理実証主義的な経験論とプラグマティックな経験論には根本的な相違があると同時に、思想的に通い合うものがあった。相違について言えば、そもそも二つの経験論は、各々の経験概念が異なっている。前者の経験が外界から入力した情報であるのに対して、後者の経験は入力と出力を繋ぐ構造が漸進的に運動する学習過程である（第Ⅲ部第4章参照）。しかし二つの経験論は、事実や証拠を超えた真理を主張するアプリオリズムを嫌い、科学的探求による実証的で着実な知識の発展を重んじる。また道徳の問題に関しても、二つの経験論は、人間の行為を超えた道徳的実在や規範を重んじる権威主義を嫌い、人間の行為における選好や欲求から出発する道徳を指向する。

二〇世紀半ば以降になると、二つの経験論から分析哲学的プラグマティズムの流れが形成され、さらに豊かに発展したと言える。なかにはローティ（Richard Rorty）やブランダム（Robert B. Brandom）のように、経験論に冷淡なプラグマティストも出てきた。彼らは「言語論的転回」以後の哲学者であり、前言語的世界と言語の間を截然と区別する。ローティは、それらの間に正当化の関係ではなく因果関係だけを認める。

その結果、前言語的な経験が言語的認識を基礎づけることは不可能になり、基礎づけ主義的な経験論は否定される。

前言語的世界と言語の間を截然と区別するならば、言語的観念論に近づく。そこで近年、言語的観念論に近づく。そこで近年、それらの間を連続的に捉える、非基礎づけ主義的な経験論も現れている。それらの間を連続的に捉える、非基礎づけ主義的な経験論も現れている。本書が、経験論の豊かな発展過程を、その一端でも伝えることができるならば、望外の喜びである。

二〇二一年暮秋の研究室にて

加賀 裕郎

目次

第Ⅱ部　経験論と論理学

経験論の多面的展開

——イギリス経験論から現代プラグマティズムへ——

第Ⅰ部

経験概念の多面性

第1章　道徳的感情の共有可能性の構造

——ヒュームの道徳論における一般的観点の機序——

大槻 晃右

はじめに

本章の目的は、デイヴィッド・ヒューム（David Hume）の道徳論に現れる「一般的観点（general point of view）」をめぐる諸問題を検討し、個人の感情的反応としての道徳的評価が、それにもかかわらずどのようにして人々のあいだで共有可能になるのか、その機構を明らかにするところにある。

よく知られているように、ヒュームは、道徳的な善悪の区別を、わたしたちの理性のではなく感情の働きに依拠して説明しようとする。『人間本性論（*A Treatise of Human Nature*, 1739-40）』で、かれはこう述べる。「ある行為、ないし感情、ないし性格は、有徳的あるいは悪徳的である。なぜか。当の行為とか感情とか性格とかを眺めることが、特定の種類の快あるいは不快を引き起こすからである」(T 3.1. 2.3)。[1] このように、ヒュームにとって、わたしたちの道徳的判定を根底で支えているのは、快苦の心情を感じるという情緒的働きである。ヒュームがフランシス・ハチソン (Francis Hutcheson) らの道徳感覚説から批判的に継承したこのような立場は、思想史的には、ヒュームの同時代人で友人であったアダム・スミス (Adam Smith) の道徳感情論に大きな影響を与えた (柘植 二〇一六、六四―九二)。それだけでなく、ヒュームの見解は、現代に至るまで、道徳の源泉についての検討に値する立場として、倫理学上の一つの流れを形作っている。たとえば、二〇世紀に入って、チャールズ・スティーヴンソン (Charles L. Stevenson) は、メタ倫理学上の一つの立場として情動主義を展開しつつ、ヒュームをその先駆者の一人と見なしている (Stevenson 1944, 273-276)。あるいは、一九八〇年代頃から現在に至るまで倫理的反実在論を精力的に展開しているサイモン・ブラックバーン (Simon Blackburn) は、自らの見解をヒュームの現代的継承として位置付けている (Blackburn 1993, 167)。

しかし、この思想的潮流の行く手には、応答すべき課題が立ちはだかっている。それは、道徳は単なる主観的な好みとは違って客観的な基準を持っているように見える、という事実である。人はこう言うであろう――わたしたちはふつう、道徳的意見にも正しいものと間違ったものとがあると考えていないであろうか。ところが、もし道徳的区別が心情の発露でしかないなら、「蓼食う虫も好き好き」であって、行為とか動機とかの是非をめぐる論争を裁定するための基準など存在しない。だから、道徳を単なる感情的反応に貶める見方は、わたしたちの道徳的営為の実際を説明できないはずである (*e.g.* Foot 1963, 71)。情動主義はしばしばこのような論難に晒されてきたし、ブラックバーンによる表出主義の洗練は、まさにこの種の異議との格闘のなかで発展してきた。

それでは、その源流であるヒューム自身は、道徳の客観性を、どのように考えていたのであろうか。かれにとって、道徳とは結局のところ人それぞれの好みの問題にすぎないのか。あるいは、それぞれの人の感情的反応から、個人的心情のみには依存していないような判断へと通じる、何らかの経路が存在するのであろうか。

この点について、ヒュームは、たとえば『道徳原理探究（*An Enquiry concerning the Principles of Morals*, 1751）』で次のように述べている。「誰かある人に対して悪徳なとか忌むべきとか堕落したとかという形容語を与えるとき、人は、それ〔自愛の言語〕とは別の言語を話しており、聴衆すべてが自分に同意する、と期待するところの感情を表出している」（EPM 9.6）[2]、と。この言説に従えば、わたしたちは、道徳的な是非について話すとき、自分にとっての単なる好き嫌いを露わにしているわけではない。むしろ、わたしたちの下す道徳的な評定は、誰もが同意できるはずの心情を表明している。しかも、上の言明に続いて、ヒュームはこう言う。「それゆえ、ここでその人は、自らの私的かつ特殊な状況を離れ、自分にとって他人と共通する、ある観点を選ばなければならない」（EPM 9.6）、と。したがって、ヒュームの考えるところでは、わたしたちは、「他人と共通する、ある観点」に立つことで、自分に特有の嗜好とは違った仕方で道徳的評価を下すことができるのである。

とはいえ、「他人と共通する、ある観点」とはいったい、どのような視座であるのか。その必要性がはじめて説かれるのは『人間本性論』の一節であり、そこでヒュームは、当の観点を「安定した、かつ、一般的な観点」（T 3.3.1.15）と呼んでいる。しかし、ヒュームの「一般的観点」については、かれの記述が断片的であることもあって[3]、その位置付けとか内実とかといった諸点について、研究者たちのあいだで論争が絶えない。いわく、一般的観点は道徳的評価に本当に必要であるのかどうか。いわく、一般的観点は、理想的な観察者の立場であるのか、それとも評価の対象に対して身近な人々の立場であるのか。

そこで、本章では、ヒュームの道徳論の基礎的な枠組みを踏まえながら、「一般的観点」論をめぐる諸問題を軸として、情緒的反応がどのような機構を通じて、人々のあいだで共有可能な道徳的評価として機能するに至るのか、その筋道を照らし出してみたい。そのために、まず、おもに『人間本性論』に依拠して、ヒュームの道徳論の基本的構造を取り出す（第一節）。そのうえで、ヒュームが一般的観点をはじめて導入する場面に目を向けて、道徳論にあっての一般的観点の位置付けを確認する（第二節）。とはいえ、同じ箇所で、ヒュームは道徳的評価との関わりで一般的規則（general rule）にも言及している。そのため、道徳的評価にあっての一般的観点と一般的規則との関係が問題になる。そこで、その点を詳論している研究の検討を通じて、道徳的評価の基底には一般的規則があると同時に、やはり一般的観点も不可欠であることを示す（第三節）。最後に、一般的観点に立つとはどのようなことであるのか、その内実を問い直し、ヒュームにおける道徳的評価の実相を詳らかにする（第四節）。

第一節　ヒュームの道徳論における道徳的評価の基本的構造

1　道徳的評価の本来的対象としての性格

本節ではまず、ヒュームの道徳論の基本的な骨組みを確認しておこう。ヒュームが道徳について議論しているのは、おもに、『人間本性論』の第三巻「道徳について」と、それを書き改めた『道徳原理探究』である。かれが自らの哲学的体系をいっそう詳しく展開しているのは『人間本性論』のほうであるから、本章では、『道徳原理探究』も参照しつつ、基本的には『人間本性論』に依拠して考察を進めることにする。

ヒュームは、『人間本性論』第三巻の第一部（T 3.1）で、まず、わたしたちが道徳的判断を下すのは推論能力によるのではないとして理性主義的倫理学説を退け（T 3.1.1）、その帰結として、本章の冒頭で引いたように、道徳的な評定はある種類の快苦の心情を抱くところにある、という立場を表明する（T 3.1.2）。そのうえで、ヒュームは、第二部（T 3.2）と第三部（T 3.3）では、それぞれ、人々の考案を成立の条件とする人為的な徳――たとえば正義――と、そのような人為を介さずとも成立する自然的な徳――仁愛とか思慮とか――とを、扱っている。

道徳論のいま述べた構成から分かるように、ヒュームの道徳論が具体的に焦点を当てるのは徳と悪徳、すなわち、人物の性格の善し悪しである。ヒュームにとって、道徳的な評価は、本来的には人の性格にかかわっている。かれによれば、「何かある行為が有徳的か悪徳的かのいずれかであるとき、それは、何らかの性質あるいは性格の印としてだけ」(T 3.3.1.4) であり、わたしたちは、「品行全体に行き渡り、人物の性格に入り込んでいる、精神に備わっている持続的な諸原理」(T 3.3.1.4) に目を向けて、評価を下す。たとえば、わたしたちは、すべきことをしない人を非難するけれども、その人に心ならずもたまたま遂行できない事情があったと知れば、評価を改める (T 3.2.1.3)。すなわち、ここでわたしたちは、義務の不履行という振舞いそのものだけを取り上げて、当の行為が善いか悪いかを判断しているのではない。むしろ、その行いを当該の人物の心の在り方と結び付け、一方では不誠実な性格の帰結としてその行為を咎め立てたり、他方ではその人自身のせいではないとしてそれを不問に付したりする。このように、道徳的評価の対象になるのは、まずもって、ある条件下で一定の行動の仕方をもたらす持続的な性格的特性であり、行動は、当の性格的特性から出てくると考えられるかぎりで、道徳的に考慮される。

それでは、一般的に言って、わたしたちは心のどのような特性を、善い性格あるいは悪い性格と判断するのであろうか。ヒュームが結論的に述べるところに従えば、「精神のあらゆる性質それぞれは、単に概観することによって快を与えると、有徳的と呼称される。同じように、苦を生み出すあらゆる性質それぞれは、悪徳的と呼ばれる」(T 3.3.1.30)。このように、性格の善し悪しの判定にあって決定的な要因は、当の性格が、それを眺める人に対して、快を感じさせるか苦を感じさせるかである。そこで、次の問題は、わたしたちはどんな性格を眺めるときに快く思ったり嫌悪感を抱いたりするのか、である。ヒュームによれば、「わたしたちは、次のような性格を眺めることから快を受け取る。すなわち、他人にとってかその人物自身にとって役に立つのに自然に適しているか、あるいは、他人にとってかその人物自身にとって快適である性格である」(T3.3.1.30; cf. EPM9.1)。ようするに、わたしたちは、ある性格が、以下の(1)から(4)のいずれかに当てはまっていれば、それを徳であると感じる。

(1) 当の性格が、それの所有者以外の人にとって役に立つのに自然に適している。つまり、その性格は通例他人に有用である。

(2) 当の性格が、それの所有者本人にとって役に立つのに自然に適している。つまり、その性格は通例本人に有用である。

(3) 当の性格が、それの所有者以外の人にとって快適である。つまり、その性格は他人に快を感じさせる。

(4) 当の性格が、それの所有者本人にとって快適である。つまり、その性格は本人に快を感じさせる。

これらの各々について、その具体例を挙げればこうなる。

(Ex. 1) 慈愛に満ちた人は慈善活動によって他人の役に立つ(T3.3.1.12)。

(Ex. 2) 思慮深い人は自らの目指すところを上首尾に実現できる(T3.3.4.5)。

(Ex. 3) 機知のある人は巧みな会話で人を楽しませる(T3.3.4.8)。

（Ex. 4） 陽気な人はいつも快活に過ごすことができる（T 3.3.4.8）。

こうして、（1）から（4）に挙げた事情のゆえに、わたしたちは、慈愛とか思慮とか機知とか陽気さとかを眺めるときに、優れた性格的特性として満足を覚えるのである。反対に、悪徳については、（1）から（4）にあっての有用性および快を、それぞれ、利益を損ねる傾向性および苦に置き換えたものになる。

このように、道徳的評価は、ヒュームに従えば、人物の性格を対象としており、誰かに快苦を与えたり有用ないし有害であったりする性格的特性をわたしたちが観察するときに感じる快苦に、依拠している。

2 道徳的評価における共感の働き

とはいえ、わたしたちはなぜ、そのような性格的特性を眺めることで快ないし苦を感じるのであろうか。なるほど、慈悲深い人が貧しい人を援助すれば、助けられた当人はうれしく思うであろう。あるいは、将来の計画を的確に立ててそれを堅実に実行できるなら、その人自身はうまくやっていけるであろう。しかし、これまで述べてきたように、道徳的評価はあくまで、援助者の慈悲深さとか計画性のある人の思慮深さとかを観察する人の心情に、依拠している。しかも、ヒュームによれば、「個人的な性質にも、奉仕にも、自らに対する関係にもよらない、人類そのものへの愛のような情念は、人間の精神のうちには存在しない」（T 3.2.1.12）。つまり、わたしたちは、人間一般の幸福を願うといった特別の欲求を持ちあわせてはいないのである。そうすると、たとえば助けられた人とか上首尾にやっている人とかが観察者にとって自分とは何の関係もない場合、なぜ観察者は、見ず知らずの人間が助けられたり成功したりするのを見て満足を覚えるのであろうか。

この点を理解するためには、人間の本性に備わっている共感（sympathy）の働きに目を向ける必要がある。ヒュームはこう述べる。「人間本性の持つ性質で、それ自体でも、その帰結の点でも、わたしたちの持っている次の性向以上に注目すべきものはない。すなわち、他人と共感し、伝達によって他人の心向きとか感情とかを、それがどれほど自分自身のものと異なっていても、あるいは反対でさえ、受け取る性向である」（T 2.1.11.2）。この言説に従えば、わたしたちは、共感によって、他人が抱いているように見えるのと同じ心情を自らも抱く傾向がある。たとえば、わたしたちは、朗らかな顔つきをしている人を見れば自然と明るい気持ちになるし、悲しそうな様子の人と一緒にいると自分も気分が沈んでくる（T 2.1.11.2）。このように、わたしたちは、他人の情念を、「顔つきとか会話とかのなかにある、その観念を伝える外的な印」（T 2.1.11.3）によって察知すると、「すべての人間たちのあいだにある大きな類似性」（T 2.1.11.5）のゆえに、自分と類似している他人の情念を生き生きと思い描く。その結果として、他人の持つ情念の観念は「たちまち印象へと転換されるのであり、まさにその情念そのものになるほどの力と活気を獲得して、どんな元来の感情にも匹敵するような情動を生み出す」（T 2.1.11.3）のである。ようするに、わたしたちは、他人の様子を観察してそこからその人の感情を想像するとき、自他の人間としての類似性のゆえに当の感情を生き生きと思い浮かべるので、結果として、想像した他人の感情をある程度実際に抱くのである。

このようにして、わたしたちは、人類一般に対する愛情といった情念を持ってはいないけれども、共感の働きを通じて、見ず知らずの人の幸不幸にも関心を持つようになる。だから、「見知らぬ人の幸福がわたしたちを動かすのは、ただ共感によってのみである」(T 3.3.6.2)。したがって、ヒュームによれば、「共感が、道徳的区別の主要な源泉である」(T 3.3.6.1)。というのも、共感の働きによってこそ、道徳的評価を下す観察者は、性格が人々に与える影響に応じて、その性格に対して快ないし苦を抱くようになるからである。すなわち、観察者は、評価の対象となっている性格を備えている当人に、あるいは、当の性格から影響を受ける他人に共感することで、当の性格に対して道徳的評価としての快苦の心情を覚える。当人ないし他人に快適であったり有用であったりすれば、そうした人たちが感じる満足に共感して観察者も満足を感じ、反対に、当人あるいは他人に不快であったり有害であったりすれば、そうした人たちが抱く不満に共感して観察者も不満を感じる。

かくして、ヒュームの道徳論にあって道徳的評価は、基本的に、人物の性格の持つ影響についての人々の心情を観察者が共感によって受け取るところに成立するのである。

第二節　道徳的評価における一般的観点の役割をめぐる問題

1　ヒュームが一般的観点を導入する文脈

前節で、人の性格の持つ有益ないし有害な影響に対して快苦の心情を抱くところに道徳的評価が成立すること、および、当の快苦の心情は基本的に共感に由来することを確認した。以上の理解を踏まえつつ、ヒュームが一般的観点を導入する場面を辿ってみよう。かれが一般的観点にはじめて明示的に言及するのは、『人間本性論』第三巻第三部第一節の中盤である。その箇所で、ヒュームは、共感を通じた快苦の心情に道徳的評価を基づけようとする自身の立場に対して、二つの異論を自ら想定し、それぞれに再反論している。そこで、それら二つの異論とそれぞれに対するヒュームの応答とを整理しておこう。

第一の異論と、それに対するヒュームの応答は、こうである（T 3.3.1.14-18）。

【異論Ⅰ】

共感の程度は相手との親密さなどのさまざまな事情に応じて変化する。道徳的評価が共感に基づいているとすれば、道徳的評価も、共感の変動に対応して変化するはずである。しかし、道徳的評価にあっては、わたしたちは、たとえば身近な人の誠実さも疎遠な人の誠実さも、同じ程度に称賛する。それゆえ、道徳的評価は共感に基づいていない。ようするに、「共感は、わたしたちの評価の点での変動なしに、変動する。それゆえ、わたしたちの評価は、共感から生じるのではない」（T 3.3.1.14）。

【応答Ⅰ】

確かに、あらゆる情念がそれを抱く人と対象との関係の在り方によって変動するのに対し、道徳的評価はそのような関係によって変化しない。しかし、そうであるからといって、道徳的評価が共感に基づいていないことにはならない。というのも、わたしたちは、性格とか人物とかについて互いに話し合うときには、「ある安定した、かつ、一般的な観点を定め、自らの現在の状況がどうあるにせよ、思考のなかでは、いつも当の観点に身を置く」(T 3.3.1.15) からである。このようにして、道徳的評価をするときに一定の観点に立つことで、道徳的評価が、共感に基づいていても一定であることが可能になる。

第一の異論の要点はこうである。共感の程度は種々の事情によって変転するのに道徳的評価は変化しないのであるから、道徳的評価は共感を通じて抱かれる心情ではない。この異議に対して、ヒュームは、道徳的評価が共感を通じて抱かれる快苦の心情であっても変動しないのは、わたしたちがその心情を一般的観点に立って抱くからである、と応答している。

続いて、第二の異論と、それに対するヒュームの応答は、次の通りである (T 3.3.1.19-23)。

【異論Ⅱ】

わたしたちは、社会にとって有益であるような性格の持ち主を有徳な人と評価する。「たとえ、特定の偶発事がその性格の作用を妨げ、その人が自らの友人と国にとって役に立つことをできなくさせるとしても、そうである」(T 3.3.1.19)。ところが、この場合には、誰もその性格から実際には利益を受け取ってはいないのであるから、観察者が共感する快も存在しない。「もし共感が徳への評価の源泉であるとすれば、是認の感情は、徳が実際にその目的を達成し、人類にとって有益であった場合にのみ、生じることができるはずである」(T 3.3.1.19)。それゆえ、道徳的評価は共感に基づくのではない。

【応答Ⅱ】

わたしたちの共感は、想像力の働きに基づいている。ところで、「性格が、あらゆる点で、社会にとって有益であるのに適している場合には、想像力は、容易に原因から結果へと移行するのであって、原因を完璧なものにするために欠けているいくつかの事情があることは考察しない」(T 3.3.1.20)。というのも、通例はそうである、という「一般的な規則が、ある種の蓋然性を作り出す」(T 3.3.1.20) からである。だから、ふだん社会に有益な結果をもたらす性格を眺めると、その結果が実際に生じていなくとも、わたしたちの想像力はその性格の有益な結果を考えるように傾き、わたしたちは当の性格を徳と感じるのである。

このように、第二の異論が取り上げているのは、道徳的評価に際する共感の現実的対象の不在という可能性である。この異論に対して、ヒュームは、想像力に対する一般的規則の働きを考慮することで、性格が実際の有益な結果を生まない場合であっても、なおその性格から快を感じ、徳と評価することは可能である、と応じている。

ヒュームのこうした論述が含み込んでいる、次の諸点に注意しておこう。まず、第一の異論に対する応答のなかで、一般的観点の導入によってヒュームが解決しようとしている問題は、観察者と評価対象との距離とか利害関係とかに応じた共感の変動と、道徳的評価の不変性との齟齬である。他方、第二の異論に対する応答では、道徳的評価が偶然の事情に左右されないという現象を説明するために、ヒュームは一般的規則の働きに言及している。これら二つの応答にあって、ヒュームは、異論が道徳的評価についての事実と見なす前提を受け入れている。その前提とは、道徳的評価が、単なる個人的な好悪とか時々の気まぐれな感情のように変動するものではなく、評価者の立場にも特殊な状況にも左右されない、ということである。そのうえで、その前提を受け入れてもなお道徳的評価が共感に由来する、と言えるために二つの要素を導入している。それらがすなわち、一般的観点と一般的規則である。

したがって、このような事情に鑑みれば、こう言える。ヒュームにとって、道徳的評価が単なる好悪とは違って安定的であるのはわたしたちの道徳的営為にかんする事実であり、そのような在り方をする評価としての道徳的評価の成立には、一般的観点と一般的規則という二つの要因が関わっているのである。

2　一般的観点は道徳的評価に必要か――林誓雄の主張

道徳的評価は人物についての単なる好き嫌いの感情と同じではない。いま確認したこの事情は、ヒュームの次のような文言にも表れている。かれによれば、「性格および行為から生じるあらゆる快苦の感情それぞれが、わたしたちに称賛あるいは譴責をさせる特異な種類の感情であるわけではない」(T 3.1.2.4)。すなわち、誰かの性格を眺めるときに観察者が感じる快苦の心情すべてが、当の性格に対する道徳的な評価であるわけではない。わたしたちが道徳的評価と見なすのは、あくまで、性格の観察から生じる特定の種類の快苦の心情だけである。いったいそれは、どのような快苦の心情であるのか。ヒュームはこう言っている。「性格が、一般的に、わたしたちの個別的な利害を参照せずに、考察されるときにだけ、当の性格は、それを道徳的に善いあるいは悪いと呼ばせるような感じないし感情を引き起こす」(T 3.1.2.4)、と。

それゆえ、誰か特定の観察者にだけ当てはまるような状況とか関心とかを離れて性格を眺めるときに生じる快苦の心情であってはじめて、それは道徳的評価として通用することができる。

とはいえ、ここで問題になるのが、一般的観点と一般的規則が道徳的評価にあって果たす役割の範囲である。「性格が、一般的に、わたしたちの特殊な利害を参照せずに、考察され」(T 3.1.2.4)、安定的な評価としての道徳的評価が生じるにあたって、一般的観点と一般的規則はそれぞれどのような機能を担っているのであろうか。従来の研究者たちは、この点についてあまり詳細な検討を行ってこなかったように思われる。多くの解釈者たちは、一般的観点に立つことのなかに、一般的規則に従うことを特段の説明なく含み込ませている (Brown 1994, 24; Brown 2001, 198; Radcliffe 1994, 42; Cohon 1997, 831-833; Korsgaard 1999, 3)。あるいは、一部の解釈者たちは、一般的観点について論じるときに一般的規則には言及しないか (Sayre-McCord 1994; 奥田二〇〇二、六八; Abramson 1999, 335)、一般的観点と一般的規則とを区別するけれども両者の関係を詳しく取り上げていない (久米二〇一〇)。そうしたなかで、一般的観点と一般的規則との関わりにかんして例外的に詳論しているのは、林誓雄の論考 (林二〇一五) である。そこで以下では、林の見解の検討を通じて、一般的観点と一般的規則とがそれぞれ道徳的評価にあってどのような位置付けを持つのかを判明にすることを試みる。

まず、ヒュームにおける道徳的評価と、一般的観点および一般的規則との関係について、林の見解を整理しておこう。林は次のように主張する。

（H1）一般的観点は、道徳的評価のために不可欠ではない。

ヒュームは、道徳的感情が、「性格および情念のたんなる外観あるいは現れ」から生じるか（林はこれを「道徳的評価の第一の体系」と呼ぶ）、もしくは、「性格および情念の持つ、人類あるいは特定の人々の幸福に向かう傾向についての反省」から生じる（林はこれを「道徳的評価の第二の体系」と呼ぶ）、と述べている（林二〇一五、六六：cf. T3.3.1.27）。このうち、第一の体系では、「一般的観点に立つことなく、さらには共感さえ介することなく、道徳的評価が下される」（林二〇一五、六七）。そのうえ、第二の体系でも、人々のあいだで「意見・感情の不一致が起こらない場合には、一般的観点が導入されることにはならない」（林二〇一五、七二—七三）。それゆえ、林は、「一般的観点を、道徳感情を抱き道徳的評価をするための必要条件とは考えない」（林二〇一五、七五）。

（H2）一般的規則は、道徳的評価のために必要であり、かつ場合によっては十分である。

「第一の体系において評価者は、共感を介するのでも、一般的観点に立つのでもなく、むしろ一般的規則に従って道徳的評価を下している」（林二〇一五、六八）。さらに、「第二の体系では、社交や会話を通して一般的観点を探る過程で、一般的規則が評価者の心の中に形成され、それが定着することによって安定した道徳的評価が下されるようになる」（林二〇一五、七二）。このように、第一の体系でも第二の体系でも、道徳的評価には一般的規則が必要であり、ときにはそれだけで十分である。したがって、「『一般的規則』こそが道徳的評価の基底に位置している」（林二〇一五、七四）。

ようするに、林に従えば、道徳的評価を行うためには一般的規則が必要かつ場合によっては十分であり、対して、一般的観点は、人々のあいだで道徳的意見の相違があるときにそれを解消するための一手段にすぎない[4]。この解釈に基づけば、道徳的感情が生じる条件、「性格が、一般的に、わたしたちの特殊な利害を参照せずに、考察されるときにだけ」(T 3.1.2.4) は、観察者の心のなかに評価の対象となる性格についての一般的規則がある、ということだけで充足可能であるはずである。

第三節　道徳的評価における一般的規則と一般的観点の位置付け

1　一般的規則の役割——性格に対する評価の仕組みの再検討

前節第2項で紹介した林の見解はどこまで妥当であろうか。あらかじめ述べておけば、本論考では、上記の論点 (H1)、(H2) のうち、道徳的評価にあっての一般的規則の必要性には同意したうえで、一般的規則だけで道徳的評価が可能である、という点にかんして異論を提出したい。

まずは、道徳的評価には一般的規則が必要であるという主張から吟味しよう。林も注意しているように(林二〇一五、六七)、ヒュームにとって、道徳的評価の対象は人の性格である。この点は、本論考の第一節第1項でもすでに確認しておいた。すなわち、「わたしたちは、道徳の起源についての探究にあっては、どんな行為もけっしてそれ単独で考察してはならない。そうではなく、わたしたちは、その行為がそこから出てきた性質あるいは性格だけを、考察しなければならない」(T 3.3.1.5)。ここで、ヒュームの言う

「性格」とは、「品行全体に行き渡り、人物の性格に入り込んでいる、精神に備わっている持続的な諸原理」（T 3.3.1.4）である。しかし、ヒュームによれば、このような性格そのものを、わたしたちは直接には観察できない。「道徳的性質を見出すためには　わたしたちは心の内側を見なければならない」（T 3.2.1.2）けれども、「このことを、わたしたちは直接的には行えない」（T 3.2.1.2）のである。そこで、ヒュームによれば、わたしたちは、「自らの注意を、外的な印としての行為に、固定する」（T 3.2.1.2）。言い換えれば、わたしたちは、道徳的評価をするとき、評価の対象である性格を、その性格の外的な表れである行為から、間接的に見て取るのである。

とはいえ、外的な印としての行為は、内的な原理としての性格を、どのようにしてわたしたちに知らせることができるのであろうか。今しがた確認したように、性格は「精神に備わっている持続的な原理」である。だから、それは、外部に表れる行為ではないのはもちろん、精神の内部に現れる個々の欲求とか情念とかとも単純には同一視できない。このことは、ヒュームの次の言葉にも見て取れる。「なるほど、行為は、言葉以上に、あるいは願望とか感情とか以上にさえ、性格をいっそうよく標示するもの（indication）である」（T 3.3.1.5）。ここでヒュームは、行為と言葉とに加えて、心のなかの情念も、性格を指し示すものであると考えている。つまり、情念と性格は、行為と性格がそうであったように、やはり標示するものと標示されるものという関係にあるのである。それゆえ、行為が性格を表すというとき、その関係は、単に、外的振舞いが心のなかに生起している感情を示す、という関係ではない。

むしろ、性格と行為（および言葉とか個々の情念とか）との関係は、傾向性ないし力能とその顕在化という関係で理解すべきである。実際、ヒュームは、仁愛の徳とか他人に有用な性格を言い換えて「善意に富んだ傾向（disposition）」（T 3.3.1.21）とか「優しい情念への性向（propensity）」（T 3.3.3.3）とかといった言い方をしている。さらに、ヒュームは、理解力とか判断力とかのような「自然的能力（natural abilities）」も徳に数え入れている（T 3.3.4.1）。これらの能力が、人の精神のなかに生起する個々の知覚とか判断とかではなく、人物に備わっている力能であるのは明らかである。

ところが、周知のように、ヒュームの因果論にあって力能は直接に知覚可能な性質ではない。「いかなる二つの対象あるいは作用も、それらがどのように関係していようと、それらの単なる眺めは、力能の観念を、言い換えればそれらのあいだの結合の観念を、わたしたちに与えることはけっしてできない」（T 1.3.14.24）のである。むしろ、原因と結果との因果的な結び付きの想定は、原因とされる対象と結果とされる対象との恒常的な随伴の観察に基づいている。すなわち、「わたしたちは、十分な数の事例で類似性を観察したのちには、直ちに、一つの対象からそれにいつも伴っていた対象へと移行するように、精神が決定されていることを感じる」（T 1.3.14.20）。ヒュームによれば、「この習慣的推移が、力能および必然性と同じものである」（T 1.3.14.24）。このように、ある対象が別の対象の原因として、後者を生み出す力能を持っているという認識は、経験に由来する、思考の習慣的な推移に基づく。

この習慣的推移は、一般的規則と同根のものである。ヒュームは、「人々が一般的規則を形成し、それが自分たちの判断に影響を与えるのを、現在の観察および経験に反してさえ許容するのはなぜか」（T 1.3.13.8）という問いに対して、こう答えている。「わたしの意見では、そうしたことは、原因と結果にかんするすべての判断が依拠しているのと同じ諸原理から生じる」（T 1.3.13.8）、と。すなわち、一般的規則の影響は、やはり「習慣と経験」（T 1.3.13.8）に基づくのであり、「わたしたちが見慣れてしまっているのとちょうど同じ対象が提示されるときに十分な力で作用するだけでなく、類似しているような対象をわたしたちが見出すときに劣った程度で作用することも、習慣の持つ本性である」（T 1.3.13.8）。言い換えれば、一般的規則は、たとえ実際に観察されている事態が過去の事例とは完全に合致していなくとも、やはり過去の事例と同じことを思い浮かべるように作用するという、習慣の拡張された影響力から出来する。習慣の持つこの性質に依拠して、わたしたちは、ひとたび経験によって習慣が獲得されてしまえば、たとえ原因が結果を実際には伴っていないような場合でも、やはり、想像のなかで自然と、当の原因に対して結果の観念を結び付ける。こうして、原因は結果を生み出すことが可能な力能を備えている、と想定されるのである。

力能の帰属にかんするヒュームのこうした理解を、性格と行為との関係に当てはめてみよう。たとえば、ある人物が、困窮している人に出会ったときに親切な行為をするのを、観察者がたびたび目撃してきたとする。このような観察の積み重ねによって、観察者の精神には、その人物が困窮している人に出会うときには親切な行為をする、と考える習慣が形成される。しかも、この習慣は、状況の類似性が部分的に不完全であっても作用するから、その人物が困窮している人に出会うという状況が成り立っていなくとも、その人物から親切な行為への想像を自然と成り立たせる。第二節第1項での【異論Ⅱ】に対する応答でヒュームが言っていたように、「一般的規則が、ある種の蓋然性を作り出す」（T 3.3.1.20）のである。こうして、この観察者にとっては、その人物に親切さが帰属するようになる。すなわち、困窮している人がいる状況であれば親切な行為をするという傾向性がその人物にはある、と観察者は考えるのである。かくして、当の人物には親切さという傾向性が帰属し、親切な行為はその性格の表れの一事例として理解されることになる。それゆえ、行為が性格の表れと見なされるためには、観察者の精神のなかに、一般的規則が定着していなければならない。

以上のような考察に基づけば、(H2)の主張の一部、すなわち、道徳的評価のためには一般的規則が必要であるという林の論点は、妥当であると結論できる。というのも、どのような道徳的評価も、性格に対する評価であるかぎり、それが成立するためにはつねに一般的規則を必要とするからである。

2　道徳的評価における共感の不可欠性

前項で示したように、たしかに道徳的評価には一般的規則が不可欠である。とはいえ、それでは、(H1)の主張および(H2)の主張の一部にあるように、一般的規則さえあれば一般的観点に立つことがなくとも道徳的評価が成立するのであろうか。

林が(H1)の主要な論拠としていたのは、道徳的感情が「性格および情念の単なる外観あるいは現れ」(T 3.3.1.27)から生じることがある、というヒュームの言明である。改めて、ヒューム自身の言葉を引いておこう。「そうした感情〔道徳的感情〕は、性格および情念の単なる外観あるいは現れから、あるいは、性格および情念の持つ、人類あるいは特定の人々の幸福に向かう傾向についての反省から、生じることができる」(T 3.3.1.27)。この二つの場合のうちの前者(林の言うところの、「道徳的評価の第一の体系」)では、「直接の趣味あるいは心情がわたしたちの是認を生み出す」(T 3.3.1.27)とヒュームが述べている。このような言明はたしかに、一見したところ、一般的観点に立つとか他人に共感するとかといった複雑な過程を抜きに、じかに性格に対する評価が生じるという意味にも理解できよう(林二〇一五、六六―六七;Garrett 2001, 213)。しかしながら、この「直接の趣味あるいは心情」とか、あるいは自他にとって「直接的に快適な」(T 3.3.1.27; T 3.3.1.28)とかという言葉でヒュームが念頭に置いているのは、はたして、性格が道徳的評価をする人にとって直接的に快を与える、という事態であろうか。

他人に直接的に快適であるのは、「機知」(T 3.3.1.27; T 3.3.4.8)とか「雄弁さ」(T 3.3.4.8)とかのような性格的特性である。あるいは、本人に直接的に快適であるのは、たとえば、「陽気な気質」(T 3.3.4.8)である。ここに挙がった機知とか陽気さとかは、第一節第1項の(Ex. 3)と(Ex. 4)で見たように、有徳な性格の四つの類型のうち、「他人に快を与える性格」と「本人に快を与える性格」の例である。この二つと対比的であるのは、「他人にとって通例有用な性格」と「本人に通例有用な性格」である。そうすると、ここでヒュームが「直接的に快適な」と対になると考えているのは、「通例有用な」という在り方と考えるのが妥当であろう。

そうであるとすれば、ここで問題になっている対比は、評価を行う観察者に対して性格が直接的に快をもたらすのか、それとも、観察者が快を感じるためには性格の影響を考慮しなければならないのか、ではない。そうではなく、ヒュームが意図しているのは、評価の対象である性格の表れとしての情念とか行為とか自体が本人ないし他人に快をもたらすか、それとも、当の情念とか行為とかが本人ないし他人にとって結果的に役に立つか、という区別である。具体例に沿って言えばこうである。機知は、機知の表れとしての機知に富んだ会話自体が、話し相手にとって快適である。陽気さは、その表れとしての陽気な気分そのものが、本人にとって快適である。それゆえに、それらは「直接的に快適」である。対して、恵み深さは、その表れとしての寄付という行為自体が誰かに快いというより、寄付された資金が結果として困窮している人に快を与える。思慮深さは、その表れである熟慮自体が心地よいのではなくて、慎重に物事を考察することから生じる賢明な行為が、結果として本人に快をもたらす。だから、それらは「通例有用な」性格であるのである。

それゆえ、道徳的評価を下す観察者は、自分自身に関わる場合を除いては、いずれにせよ、性格の影響を受ける人々の快苦を共感によって受け取らなければならない。だからこそ、ヒュームはこう述べている。「特定の性質がわたしたち自身あるいは他人に引き起こす直接の快あるいは不快から、徳と悪徳との区別がどれほど直ちに発出するように見えもするとしても、当の区別が、じつにしばしば力説されてきた共感の原理にかなりの程度依拠してもいることは、容易に観察できる」(T 3.3.1.29)、と。したがって、道徳的評価のために一般的観点は必要ない、という(H 1)の主張の根拠として林が挙げた「道徳的評価の第一の体系」のほとんどの場合について、性格に対する評価を下すためには共感の働きが必要となる。ところが、一般的観点は状況によって変動する共感の働きを修正するための観点であるから、「第一の体系」についても、基本的には、一般的観点が導入されなければならない。

もちろん、この立論だけでは、（H1）を完全に退けるには十分ではない。というのも、観察者が、性格の表れが自身に対して与える快苦に基づいて、性格に対する評価を下す可能性は残っているからである。しかし、そのような評価は、はたして道徳的な評価であろうか。次の点を思い出そう。道徳的感情は、「一般的に、わたしたちの特殊な利害を参照せずに」（T3.1.2.4）性格を考察するときにだけ生じる心情である。道徳的評価は評価者自身の利害についての考慮には由来しないことを、ヒュームは繰り返し確認している（T3.3.1.18; T3.3.1.30）。この事情に鑑みれば、観察者が、人物の性格から自分が獲得する快だけに基づいて下す、その性格に対する評価は、性格の評価ではあっても道徳的評価とは言えない。

かくして、すべての道徳的な種類の評価には共感の働きが関わっている。しかも、共感の変動と道徳的評価の事実的な安定性という、第二節第1項の【異論Ⅰ】で取り上げた点を考慮すれば、道徳的評価には、結局のところ、共感の変動の影響を取り除くための一般的観点がどうしても必要になるはずである。それゆえ、林による（H1）の主張と（H2）の主張の一部に反して、やはり、一般的観点は性格に対する道徳的な評価のために、欠かすことができないのである。

第四節　一般的観点に立つことの内実

1　一般的観点における「狭い範囲」への着目

以上の立論によって、道徳的評価にあって一般的観点と一般的規則がそれぞれどのような役割を果たしているのかが明確になる。ヒュームは道徳的評価について、こう言っていた。「性格が、一般的に、わたしたちの個別的な利害を参照せずに、考察されるときにだけ、当の性格は、それを道徳的に善いあるいは悪いと呼ばせるような感じないし感情を引き起こす」（T 3.1.2.4）、と。この文言の内実を、改めて見返してみよう。

林も言っていたように、一般的規則は性格に対するあらゆる評価の基底にある。評価の対象になっている人物について、その振舞いにかんする一般的規則を背景にして眺めることで、わたしたちは、当の人物を取り巻く偶然的な状況に左右されずに、行動の持続的な原理である性格を評価することができる。だから、わたしたちは道徳的評価にあたって、性格を「一般的に」考察しなければならない。とはいえ、人をその性格から評価するにはこれで十分であるにせよ、「わたしたちの個別的な利害を参照せずに」評価しようとすれば、共感の働きが不可欠となる。ところが共感は、観察者と評価される人物との関係にまつわるさまざまな事情によって変動するため、それだけでは安定した評価は望めない。そこで、共感を通じた観察者自身の利害を考慮しない評価という、道徳的評価のこの局面を確保するためにこそ、一般的観点は必要となるのである。

とはいえ、一般的観点は、具体的にはどのようにして、「わたしたちの個別的な利害を参照せずに」評価を下すことを可能にするのであろうか。一般的観点を採用するとき、わたしたちはどのような視座に立っているのか。一見したところ、ヒュームの一般的観点は、誰に対しても偏りのない観察者としての「理想的な観察者」の観点であるように思われるかもしれない。(5) しかしながら、ヒュームはこう述べている。

わたしたちは、そのときどきの自分に特異な立場を一度離れると、「その後には、わたしたちが考察している当の人と何であれある交際を持っている人々との共感によってほど都合よく自分たちを固定することは、どんな手段によってもできない」（T 3.3.1.18）、と。ここでは、道徳的評価を安定させるための方法として、評価対象と関係する人たちの持つ心情への共感によって獲得することが挙げられている。つまり、観察者が一般的観点として採用するのは、評価される人物と関わりのある人々の観点であるのである。このような立場は、なるほど、観察者自身の利害関心とは離れたところで評定を行うことを可能にする。けれども、わたしたちが共感する当の関係者たちは普通の人間であり、ヒュームによれば、「人々の寛大さは非常に限られている」（T 3.3.1.23）。だから、上の言明に従えば、多くの研究者たちがすでに指摘しているように（*e.g.* Sayre-McCord 1994, 212-213; 林二〇一五、七八―八〇）、ヒュームの言う一般的観点は、誰の利害にも中立的な理想的観察者の観点といったものではない。そうではなく、ヒュームの言葉を借りれば、それはあくまで、「その人が活動する狭い範囲（narrow circle）」（T 3.3.3.2）にいる人々の快苦と利害に焦点を絞った観点である。

しかし、道徳的評価にあたって観察者が目を向けるこの「狭い範囲」は、以下に挙げる二つの理由に鑑みて、評価対象を実際に取り巻いている人々であるとは考えるべきではない。第一の理由は、道徳的評価にあたって観察者は一般的規則に従って性格の影響を見定める、という事情である。評価対象に身近な人々が実際に存在するかどうかは偶然的な状況に依存する。けれども、第二節第1項でも確認したように、たとえ身近な人々がいない状況にあっても、善意に溢れた人をわたしたちは称賛できる（T 3.3.1.19-

21)。それゆえ、わたしたちは、シャーロット・ブラウン（Charlotte Brown）の言うように、「ある人の通常ないし通例の狭い範囲であるはずのものの見地を通じて」（Brown 1994, 24）、道徳的評価を行わなければならない。

第二の理由は、実際の「狭い範囲」に共感に絞ることによっては観察者の利害がつねに度外視されるとはかぎらない、という問題である。たとえば、わたしが評価したい人物がわたしの家族である場合、「その人が活動する狭い範囲」にいる実際の人々の快とか利益とかを考慮すれば、わたし自身の利害が入り込むことになる。このように、単に評価対象である人物および周囲の人々に共感の範囲を絞ることによっては、性格の影響を受ける人が誰であるかを考慮しないといった観点は出てこない。しかも、この問題は、一般的規則によって、通例その人物の性格の影響を受ける人々に目を向けたとしても解消されるわけではない。というのも、わたしの家族がその振舞いによって通例影響を与えるのは、まさにわたしであるからである。

したがって、以上の二つの考察に準拠すれば、ひとまずこう言える。一般的観点は、なるほど、評価の対象となる人物が活動する「狭い範囲」に考察を固定するけれども、そのときに観察者が目を向けるのは、当該の人物といま実際に関わりのある人々ではなく、その人と通例関わりのある人々である。しかも、それだけでは、観察者の立場に特有の利害を取り除くのに必ずしも十分ではない。それゆえ、一般的観点に立つことがどのようなことであるのかを、改めて問い直す必要がある。

2　性格それ自体の影響を取り出す視座としての一般的観点

この点について示唆的であるのは、ヒュームの次の言説である。かれはまず、道徳的評価にあっての一般的規則の役割について、こう述べる。「巡り合わせが変化すれば仁愛に富んだ気質がまったく無力になることもあると、わたしたちは知っている。そうであるがゆえに、わたしたちは、できるかぎり、巡り合わせを気質から分離する」(T 3.3.1.21)。ヒュームは、この文言にあって、一般的規則に従うことで性格をそれとは外的な状況から切り離せる、という点を説明している。注目すべきは、この後に続く言葉である。ヒュームはこう言う。「わたしたちからの異なる距離から出てくる、徳についての異なる感情を訂正するときと、事情は同じである」(T 3.3.1.21; cf. EPM 5.41n)、と。ここでヒュームが「徳についての異なる感情を訂正するとき」で指しているのは、一般的観点によって共感の変動を補正するときのことである。だから、ヒュームはこの一連の言明によって、こう主張している。わたしたちは、一般的規則に従うことで性格自体をその外的事情から切り離すように、一般的観点に立つことによってもやはり、ある仕方で、性格自体をその他の要素から切り離そうとしている、と。

もちろん、ここで問題になっている要素は「わたしたちからの異なる距離」であり、一般的に言えば、観察者と評価対象との特殊な関係である。それはたとえば、わたしがわたしの家族の性格を評価する場合には、わたしにとって評価の対象である人物は家族である、という関係である。あるいは、わたしが自らの敵の性格を評価するときには、わたしにとって評価の対象である人物もその取り巻きも敵である、という関係である。それでは、このような関係から分離して性格を考察するためにはどうすればよいのか。

外的な状況を性格から切り離すさいにわたしたちが行っていたのは、その性格を持つ人物が通例どのように振舞うかという一般的規則に従うことであった。これと類比的に考えるなら、わたしが自分の家族の性格を、わたしにとっての家族という関係から切り離して眺めるためには、その性格がわたしのいる立ち位置の人間に対して通例どのように影響を与えるのかという見地から、性格の影響を評価すればよい。あるいは、わたしが自分の敵の性格を、わたしにとっての敵という関係から切り離して眺めるためには、その性格がわたしの敵たちのいる立ち位置の人間に対して通例どのように影響するのかという見地から評価するのである。ようするに、一般的観点にあって、わたしたちは、影響を受ける人が誰であるのかには目を向けず、ただ性格の影響を受ける人として考える。「当の性質によって影響を受けている人々が、自らの知り合いであるのか見知らぬ人であるのか、自国人であるのか外国人であるのかを、考慮しない」(T 3.3.1.17) ことは、このように、個人ではなく性格とその通例の影響だけに注目することによって、可能になる。

このような理解からすれば、「性格について判断するにさいして、どの観察者にとっても同じであるように見える唯一の利益あるいは快は、その性格が吟味されている当の人物自身の利益のそれか、あるいは、その人物と関わりのある人々のそれ、である」(T 3.3.1.30) といったヒュームの言葉を、わたしたちは文字通りに受け取らなければならない。つまり、ある性格が、その性格を持つ本人ないしその影響を受ける身近な他人という位置にいる人々に対して生み出す利益と快だけが、当該の位置に実際に立っている個々人に対してどのような関係にいる観察者にとっても、同じに見えるのである。このときに、わたしたちが道徳的評価にさいして目を向けているのは、ある性格が本人ないし関係者に対して通例どのような快苦ないし利益と損益とを生み出すか、という因果的な諸連関の図式である。

最後に、一般的観点についてのこの理解を、ヒュームの取り上げる一つの事例に沿って具体化してみよう。わたしたちは、たとえば、「歴史のなかで読んだ悪い行為を、先日自分の近隣で行われた悪い行為と同等に非難する」(T 3.3.1.18)。ヒュームによれば、このことが意味するのは、「前者の行為は、もしそれが〔後者の行為と〕同じ位置に置かれるなら、後者の行為と同じくらい強い否認の感情を喚起するはずである、とわたしたちは反省から知っている」(T 3.3.1.18) ということである。ヒュームのこの説明の内実は、本章の立論に基づいて、次のように展開できよう。歴史のなかで読んだ悪事は、わたしたちの近隣で行われた悪事と、同じ因果的な図式に当てはまっている。それらは同じ仕方で、関係する人々に苦痛とか不利益とかをもたらしている。このことを、わたしたちは知っている。だから、わたしたちは、それぞれの悪事にあってそれぞれの人物の性格それ自体を眺めるとき、その性格に影響される立場の人に共感して、同じように道徳的な不快感を抱くことができる。

かくして、こう結論できる。わたしたちは、一般的観点にあって、性格が影響を与える個人にではなく、性格が人々に与える影響の因果的な諸連関にもっぱら着目することで、敵の性格とか友の性格とかではなく、性格それ自体の影響を、取り出すことができる。そのような観点から抱かれる快苦の心情として、道徳的評価は、親切さ、思慮深さ、機知、陽気さといった性格的特性そのものがわたしたちにとって善いものであるのかどうかを、浮き彫りにするのである。

おわりに

本章では、一般的観点をめぐる諸問題に照準を定めて、ヒュームの感情主義的な道徳論がどのようにして道徳的評価の共有可能性を確保できるのか、その機序を明らかにした。

まず、第一節では、ヒュームの道徳論の基本的な枠組みを確認した。ヒュームにあって、道徳的評価は、人物の性格を対象としており、誰かに快苦を与えたり有用ないし有害であったりする性格的特性をわたしたちが観察するときに感じる快苦に、依拠している。このような快苦は、基本的に共感を通じて感受されるものであり、そのため、道徳的評価の主要な源泉は共感の働きにある。

第二節では、それらを踏まえて、ヒュームが一般的観点を導入する経緯とその位置付けをめぐる問題に目を向けた。ヒュームが一般的観点にはじめて言及するのは、共感を道徳的評価の源泉とする考えへの異論を取り上げるときである。その箇所で、ヒュームは、道徳的評価が単なる好悪とは違って安定的であるという点を認めたうえで、そのような評価としての道徳的評価の成立には、一般的観点と一般的規則という二つの要因が関わっているとする。そうすると、問題となるのは、道徳的評価にあっての一般的観点と一般的規則との関係である。この点を比較的詳しく取り上げている林誓雄の論考によれば、実のところ、一般的観点は道徳的評価に不可欠ではなく、むしろ一般的規則こそが道徳的評価の基底にある。

とはいえ、林のこの論定はどこまで妥当であろうか。第三節では、林の見解の吟味を通じて、道徳的評価における一般的観点と一般的規則のそれぞれの位置付けを明らかにした。林の言うように、たしかに一般的規則は性格に対するあらゆる評価の基底にある。それは、そもそも、人への性格の帰属が、その人物の振舞いにかんする一般的規則に基づいているからである。とはいえ、一般的規則によるだけでは、わたしたちは、人物の性格に対する評価を行えても、観察者の利害を参照しないような道徳的評価を下すことはできない。そのためには共感の働きが必要であり、それゆえ、共感の変動による評価の変動を避けるために、一般的観点がなければならない。

このように、一般的観点が関わっているのは、道徳的評価の持つ、観察者の利害を度外視するという局面である。第四節では、この局面が一般的観点によってどのように達成されるのか、一般的観点に立つことの内実を問い直した。一般的観点は、ときにそう考えられるような、まったく偏りのない理想的観察者の観点であるわけではない。むしろ、一般的観点を採用するとき、観察者は評価される人物の活動する狭い範囲に考察の焦点を絞る。けれども、このとき観察者は、単にその範囲にいる実際の人々に共感しているわけではない。そうではなく、観察者は、問題となっている性格が、本人および直接に影響を受ける他人に対してどのような利益ないし損害を通例もたらすのか、その因果的連関の図式を辿っている。そうすることで、観察者は、性格それ自体から、観察者自身と評価に関わる人々との時々の関係性を切り離し、後者の影響を度外視した性格それ自体を評価するのである。

かくして、性格それ自体に属するこの因果的な図式が同じであるかぎりで、わたしたちは、自分の近隣にいる悪人にもはるか昔の悪人にも同じ道徳的不快感を抱き、あるいは、敵であっても友人であってもその勇敢さを同じく讃えることができる。このようにして、わたしたちは、自分にしか通用しない好悪の感情とは異なった、道徳的感情という、「聴衆すべてが自分に同意する、と期待するところの感情」(EPM 9.6) を持つことが可能になるのである。

注

(1)『人間本性論』からの引用・参照は、本書をTと略記し、ノートン版 (Hume 1739-40) の巻・部・節・段落番号を終止符で区切って示し、丸括弧に入れて本文中に挿入する。たとえば、(T 1.3.4.2) は、『人間本性論』第一巻第三部第四節第二段落からの引用あるいは参照を表す。

(2)『道徳原理探究』からの引用・参照は、本書をEPMと略記し、ビーチャム版 (Hume 1751) の章・段落番号を終止符で区切って示し、丸括弧に入れて本文中に挿入する。たとえば、(EPM 9.2) は『道徳原理探究』第九章第二段落からの引用あるいは参照を表す。

(3) たとえば、内井惣七は、一般的観点の導入に意義を認めながらも、その詳しい説明の欠如をヒュームの道徳論の弱点であるとしている (内井 一九八八、八五–八六)。

(4) なお、ドン・ガレット (Don Garrett) も、一般的観点は道徳的評価の必要条件ではないと主張している (Garrett 2001)。とはいえ、一般的規則の役割の検討については、林のほうがいっそう詳しい。

(5) たとえば、ジョン・ロールズ (John Rawls) は、ヒュームの道徳理論を理想的観察者説と理解できる可能性を認めている (Rawls 2000, 95)。

参考文献

Abramson, K. 1999. "Correcting *Our* Sentiments about Hume's Moral Point of View", *The Southern Journal of Phi-*

losophy, 37: 333–361.

Blackburn, S. 1993. *Essays in Quasi-Realism*, Oxford University Press.

Brown, C. 1994. “From Spectator to Agent: Hume’s Theory of Obligation”, *Hume Studies*, 20 (1) : 19–36.

Brown, C. 2001. “Is the General Point of View the Moral Point of View?”, *Philosophy and Phenomenological Research*, 62 (1) : 197–203.

Cohon, R. 1997. “The Common Point of View in Hume’s Ethics”, *Philosophy and Phenomenological Research*, 57 (4) : 827–850.

Foot, P. 1963. “Hume on Moral Judgement”, in Pears 1963, pp. 67–76.

Garrett, D. “Replies”, *Philosophy and Phenomenological Research*, 6 (1) : 205–215.

Hume, D. 1739–40. *A Treatise of Human Nature*, eds. by D. F. Norton and M. J. Norton, Oxford University Press, 2000.

Hume, D. 1751. *An Enquiry concerning the Principles of Morals*, ed. by T. L. Beauchamp, Oxford University Press, 1998.

Korsgaard, C. M. 1999. “The General Point of View: Love and Moral Approval in Hume’s Ethics”, *Hume Studies*, 25 (1&2) : 3–41.

Pears, D. F. (ed.) 1963. *David Hume: A Symposium*, Macmillan.

Radcliffe, E. S. 1994. “Hume on Motivating Sentiments, the General Point of View, and the Inculcation of “Morality””, *Hume Studies*, 20 (1) : 37–58.

Rawls, J. 2000. *Lectures on the History of Moral Philosophy*, ed. by B. Herman, Harvard University Press.

Sayre-McCord, G. 1994. “On Why Hume’s “General Point of View” Isn’t Ideal–and Shouldn’t Be”, *Social Philosophy and Policy*, 11 (1) : 202–228.

Stevenson, C. L. 1944. *Ethics and Language*, Yale University Press.
内井惣七 一九八八『自由の法則——利害の論理——』ミネルヴァ書房。
奥田太郎 二〇〇二「ヒューム道徳哲学における「一般的観点」」『倫理学研究』第三二号、六五—七五頁。
久米暁 二〇一〇「道徳感情と対人的態度——ヒュームの「一般的観点」に関する試論」『アルケー』第一八号、一五—二九頁。
柘植尚則 二〇一六『〔増補版〕良心の興亡——近代イギリス道徳哲学研究——』山川出版社。
林誓雄 二〇一五『襤褸を纏った徳——ヒューム 社交と時間の倫理学——』京都大学学術出版会。

第2章　「生に対する歴史の功罪」の循環説について

溝口　隆一

はじめに

アルゼンチンの作家ボルヘス（Jorge Luis Borges）によれば、「通例ニーチェのものとされている宇宙の循環説[1]」は次のような教説である。

宇宙を構成している原子全体の数は、途方もない数とはいえ、有限であり、ただ有限のものとして（これもまた途方もない数であるが）、有限数の順列組合せを許容し得るのである。無限の時間の中では、可能な順列組み合わせの数はいつかは到達されざるを得ず、宇宙は繰り返すはずだ[2]。

たしかに、ニーチェ哲学を代表する教説「同じものの永遠回帰」（以下、永遠回帰と略する）の宇宙論的な側面は、ボルヘスが述べているようなものである。しかし、ニーチェ（Friedrich Wilhelm Nietzsche）の思想的経歴において、循環説が常に「ニーチェのもの」であったわけではない。初期ニーチェの『反時代的考察（*Unzeitgemäße Betrachtungen*, 1873-76）』と題された一連の文明批判の第二篇「生に対する歴史の功罪」[3]（一八七四年）では、循環説が次のように軽く扱われている。

まあ結局、かつて現れ得たものが次に二度目に現れ得るということは、ピタゴラス学徒が正しいとでもいうときに可能なことである。ピタゴラス学徒は次のように信じる。すなわち、諸天体の同じ星位に際して地上でも同じことが、それも個々のことや小さいことに至るまで、繰り返されるはずである、と。[4]
（KSA 1, 261）

ニーチェは、この引用に続けて、ピタゴラス学派に従えば、星々が決まった位置にあるときにカエサル暗殺のような歴史的事件が生じることになるけれど、そう考えることは占星術への逆戻りだ、と述べている（KSA 1, 261）。つまり、初期ニーチェにおいて、循環説は、真面目に取り上げる値打ちのない教説であった。

ところが、後年（一八八一年）、ニーチェは次のようなメモを書く。

同じものの永遠回帰／草案／〔1から4は割愛〕／5　新しい重点：同じものの永遠回帰。すべての到来する者にとっての、私たちの知、思い違いの、私たちの習慣、生き方の無限の重要性。私たちの生の残りで私たちはなにをするのか——私たち、その大部分を本質的な無知のなかで生きた私たちは？　私たちはこの教説を教える。——それが、この教説を自身に体現するためにもっとも強い手段である。偉大な教説の教師としての、私たちのような至福。／一八八一年八月の初め、シルス・マリアにて／海を超えて六〇〇〇フィート、すべての人間的な物事をはるかに高く超えて！（KSA 9, 494）

これは、永遠回帰の発想の瞬間を伝える遺稿である。ニーチェはこの発想を展開して、『華やぐ知慧（*Die fröhliche Wissenschaft*, 1882）』[5]と『ツァラトゥストラはこう語った（*Also sprach Zarathustra*, 1883-85）』に発表し、最晩年の『この人を見よ（*Ecce homo*, 1888）』では、『ツァラトゥストラはこう語った』の根本概念としての永遠回帰の重要性と、その誕生の神秘性を強調した。

この作品の根本概念、同じものの永遠‐回帰、およそ到達されうる最高のこの肯定の方式は、——一八八一年の八月に属する。それは一枚の紙片のうえに「人間と時間から六〇〇〇フィートの彼方」という署名とともに書きなぐられている。私は、あの日々シルヴァプラーナの湖畔を、森を抜けて歩いた。力強く、ピラミッドの形に高く積み上った塊のそば、ズルライから遠くないところで、私は立ち止まった。そこでこの思想は私にやって来たのだ。（KSA 6, 335）

このように、循環説に対するニーチェの評価は、彼のキャリアの後半に高まったのであり、ニーチェは初めから永遠回帰の哲学者であったわけではない。

本章は、永遠回帰の哲学へと変貌していくニーチェ哲学が、初期段階を脱却するために克服しなければならなかった課題を、初期ニーチェの時間原子の教説と生のための歴史論の解釈によって明るみに出す試みである。そのために、まずは、時間原子の教説の解釈により、初期ニーチェが認識論的な議論構成に囚われていることを明らかにし、次に、生のための歴史論の解釈により、初期ニーチェが生尊重の立場に立ちながら生の内実を問うていないことを明らかにする。そして、結論として、循環説の基礎づけの放棄と生概念の深化とが永遠回帰の成立には必要であったことを示したい。

第一節　時間原子の教説

時間原子の教説は、初期ニーチェの遺稿にアウトラインだけ記されている未完の思想である。当時のニーチェは、『悲劇の誕生』の学者世界における失敗後、同時代の文明批判をテーマとした一連の書『反時代的考察』を計画しており、それに向けた（あるいは、さらにその後の著作計画を見越した）学習ノートやアイデア、単純な忘備録等、分類の困難な遺稿を残している。そのなかに、「時間における運動」（KSA 7, 575）という一文ではじまるテクストがあり、[6]そこに記されているのが時間原子の教説である。テクストの荒れた文言の意味を推量しつつ解釈すると、その教説はおおよそ次のようなものである。

1　時間原子の教説の概要

ニーチェによれば、ある空間点Aが別の空間点Bに作用するとき、両点間の作用にかかる時間を考慮すれば、作用した点Aは作用する前の点Aとは同じではなく、作用されるはずの点Bと実際に作用を受ける点Bとは同じではない。このように、二つの空間点の作用・反作用のような運動は、作用にかかる時間を考慮すると成立しない。だから、このような運動の空間法則はそもそも無時間的で、同時的即時的でなければならない。つまり、そうした法則の支配する「世界の全体は、一撃のもとに」(KSA 7, 576) ある。しかし、そうだとすると、運動は時間とともにあるのだから、無時間的な空間における「運動は存在しない」(KSA 7, 576) ことになってしまう。つまり、運動は、空間法則に従って存在しつつ、空間法則が時間と相容れないために存在できないのである。

ニーチェによると、この運動の苦境は、「時間か空間のどちらか＝ゼロ」(KSA 7, 576) という仮説で切り抜けられる (ニーチェは、明言してはいないが、この後の推論では、空間をゼロとする立場でこの仮説を用いている)。

さて、空間全体が無限に小さいとすれば、すべての「点的な原子」(KSA 7, 576) は一つの空間点に収束する。一方、時間点は、隣り合う時間点とのあいだにいくらでも中間の時間点を挟めるので無限の数あるけれど、一つの空間点に無限に存在できるので、全世界は時間的現象として存在できる。だから、作用・反作用のような運動は、一つの空間点の、異なる時間点間の関係である。「それゆえ、物体の本質として、時間点を判明に考えねばならない」(KSA 7, 576)。物体をもっぱら空間概念ととらえるのは不十分な理解の仕方なのである。「世界の実在性は、一つの持続する点に存立しよう」(KSA 7, 577)。この一つの持続する点に、物体の世界のすべては、無限に分割可能な時間線に解かれる仕方で、購われている。

物体の並立は表象であり、空間法則は構成物である（KSA 7, 577）。さまざまなものが目の前の世界にあるのは、表象する存在がいて、その存在が持続する一つの点を時間点においてとらえ、そのとらえられたものをそれぞれ別のものであり同時に存在するとみなすからである。まず感覚が、時間の形象をとらえて計り、そして表象が、時間の形象を並立に構成し、この並立に合わせて世界の進行を説明する。

本来、世界の秩序は時間の形象の規則性である。時間は、並立からのみ接近できる法則に従いつつ、恒常的な力とともに作用している。しかし、私たちには、時間の法則をそれ自体として定立する手段がない。私たちにわかるのは、後続の時間要素のどれとも関係する「点的な力」（KSA 7, 577）があることだけである。つまり、ある時間点は、別の時間点へ飛躍して作用する力をもつことはわかるが、どうしてこの時間点からあの時間点への飛躍が可能なのかは、わからない。

この力の比率の可視的、すなわち、空間的なものへの翻訳で、目の前にある世界は存立する。逆に、空間的な運動法則は、「時間の比率」（KSA 7, 577）に翻訳できる。すべての力は、「時間の関数」（KSA 7, 578）である。時間点間の作用の加速が力の大きさを決める。より遠い時間点間の作用はより遅くなり、そこに生まれる力は弱くなる。「時間は連続ではない。線ではなく、ただいろいろな時間点の全体があるだけである」（KSA 7, 579）。それらの時間点は、他の時間点に作用する「ダイナミックな」（KSA 7, 579）性質をもつ。「ダイナミックな時間点は、感覚点と同一である。というのも、感覚には、同時性はありえないのだから」（KSA 7, 579）。

ニーチェが空間＝ゼロの仮説から到達したのは、奇抜な原子論である。「通常、原子論的物理学においては、時間のなかに非可変的な原子－力、すなわちパルメニデス的な意味での存在を仮定する」（KSA 7, 578）。しかし、原子の力は、空間点Aと空間点Bの例で説明したように、作用することができない。作用できるのは、「絶対的に可変的な力」（KSA7, 578）であり、「その力はどの瞬間にも同じではない」（KSA7, 578）。

ニーチェは、以上の思想に「時間原子の教説」（KSA 7, 579）の名を与え、それを次の三つのことができる教説であると規定する。すなわち、第一に、「目の前の世界」（KSA 7, 579）を「点的な空間原子論」（KSA 7, 579）に還元すること、第二に、その空間原子論を「時間原子論」（KSA 7, 579）に還元すること、第三に、その時間原子論を「感覚の教説」（KSA 7, 579）と一緒にすることである。

2　時間原子の教説の弱点

時間原子の教説が、どこまでニーチェの独創かはわからない。パルメニデス（Parmenidēs）への言及があるように、この頃の遺稿には古代ギリシア哲学に関するメモも多いので、特定の古代哲学についての学習ノートである可能性はある。もちろん、そうであったとしても、これは個性的な教説である。ニーチェが提示しているのは、無限に増殖する時間点のすべてを内包する量的にゼロの一つの点、という世界の実相である。各時間点は、他の時間点に作用する力であり、表象する存在によって目の前の世界へと構成される際の起点となる感覚点である。このように、時間点を感覚点とすることで、イメージしにくいアルケーに関する存在論的な議論領域と、表象によるこの世界の構成という観念論的な傾向の認識論的な議論領域との接続が示唆されている。

もちろん、試案にも至らないアイデアであるこの教説の弱点を指摘することは容易である。第一に、この教説を原子論と呼ぶことは、言葉の乱用である。というのも、この教説で原子にあたるものは時間点であるけれど、それは分割不可能なもの（アトム）ではないからである。しかし、これはネーミングの問題であり、教説のアイデアを根本的に損なう弱点ではない。

第二に、ゼロである一点は、無限に小さい空間でもあるのだが、それははたして字義通りゼロなのかそれともほとんどゼロなのかが、はっきりしない。ゼロであることと無限にゼロに近いことは別の事態であるから、これは、点的な空間原子論を整合的に仕上げる際には、どちらかに決めねばならない。しかし、空間原子論を時間原子論に還元するときに、この弱点は致命的ではなくなる。原子の役割を担う無限に分裂増殖する時間点は時間概念であり、活動の空間的な場の量的規定を考える必要がない[7]。時間点を内包する点がゼロであろうと限りなくゼロに近づく値であろうと、時間点はそこで作用し続けられる。

第三に、この教説は、失敗した時間論である。ニーチェが到達したのは、時間点間の作用・反作用の飛躍までであり、その飛躍を時間の本質から理解するには至っていない。それどころか、時間点を感覚点と同じものとしたことで、表象する存在の認識が感覚よりも遠方に達することを原理的に塞いでしまった。ニーチェはこのことに自覚的であり、次のように述べている。すなわち、「語ることができるのは、ただ時間点についてだけであり、もはや時間についてではない」（KSA 7, 579）。時間原子論は、正確には、時間点という空間点とは別種の「点」という空間的比喩を用いた、時間そのものに論及しない時間の理解である。

第四に、目の前の世界の成立を説明する際、感覚と表象という認識論的概念を登用したのは、いかにも唐突である。はたしてニーチェは、表象する存在に言及する必要があったのだろうか、あるいは、この教説ができる三つ目のことは、すなわち、時間原子論の感覚の教説への接続は、必要なのだろうか――こうした疑問を初期ニーチェにぶつけるのはアナクロニズムではある。ニーチェ哲学の全発展段階を知り得る私たちの前には、後期ニーチェ哲学の力の理論あるいは力への意志の哲学がある。そこでは、認識は力概念によって説明される諸現象の一つであり、力概念の成立に認識が必須であるのではない。だから、後期思想を知る者には、力の発生機構として時間点の飛躍に論及するところに、時間原子の教説は価値があり、時間原子論から感覚の教説への接続は蛇足のように見える。しかし、同時代の文明批判を目論む初期ニーチェにとっては、教説における所与の必要性についての哲学的な問いは回り道である。初期ニーチェのメタファー論でもそうであるように、(8) 時間原子の教説においても、ニーチェは認識論的な議論構成に囚われている。

さて、時間原子の教説は、無限に分割できる時間を実在する一つの空間点に凝集させる。この教説の、一点の内包するものを濃厚にするという一点集中の考え方は、永遠回帰も同じである。というのも、永遠回帰も、『ツァラトゥストラはこう言った』の「幻影と謎」の章においては、後方の永遠の小路と前方の永遠の小路を瞬間という名の門道に結びつける教説だからである（KSA 4, 200）。永遠回帰は、宇宙論的側面においては循環説であるが、その世界に生きる主体にとっては、瞬間という一点に過去の永遠と未来の永遠という二つの永遠の時間を重ねる、一点集中説である。時間原子論は、同じく時間の一点集中説であるという意味では、永遠回帰の先行形態である。

第二節　生を活性化する歴史

永遠回帰以前の循環説への言及がある『反時代的考察』「生に対する歴史の功罪」の歴史論を、時間原子の教説の観点を保持しつつ、解釈する。まずは、この歴史論の基本的な立場について確認したい。

1　生尊重

「生に対する歴史の功罪」の冒頭には、次のようなゲーテ（Johann Wolfgang von Goethe）からの引用が置かれている。

> ところで、私の活動性を増すこと、あるいは直接に活性化することなしに、たんに私に教授するものすべては、私には嫌なものである（KSA 1, 245）

このゲーテの言葉に、初期ニーチェの歴史論の基本的視座が明確に表現されている。この歴史論は、「歴史の価値と無価値に関する考察」(KSA 1, 245) である。ニーチェが表現したいのは、「なぜ活性化することなしの教訓、それにおいて活動を弛緩させられる知、高価な認識過剰と贅沢としての歴史」(KSA 1, 245) が、「嫌なものでなければならないのか」(KSA 1, 245) ということである。ニーチェの歴史論は、歴史とはなにかを問うのではなく、生の活性化いかんという基準で歴史の価値を計るものである。もちろん、初期ニーチェでは、価値概念であらゆる事物を分析する後期ニーチェのような綜合的な哲学が目指されているのではない。初期ニーチェの目的は、「若者」(KSA 1, 324, 331) であり新世代の「初穂」(KSA 1, 311) である「私たち第一世代」(KSA 1, 328) の立場から、「教養俗物」(KSA 1, 326) の跋扈するビスマルク時代の文明を批判することである。

そのため、ニーチェの歴史論では、政治的なテーゼを思わす立場の表明がなされる。

ただ歴史が生に奉仕する限りでのみ、私たちはそれに奉仕することを欲する。(KSA 1, 245)

彼ら若者は、二世代続いている「勢力のある歴史時代傾向」(KSA 1, 246) が不満であり、「歴史熱」(KSA 1, 246) という病気から回復したい。それゆえ、引用にあるような生優先という立場は妥協を許さないものである。歴史も、その学問化である歴史学も、生への奉仕いかんによっては、断罪される。ニーチェによれば、「それにおいて生が萎縮し退化する歴史の尊重」(KSA 1, 245) が存在する。制御されずに結論まで突き進む歴史学的な感覚は、「未来を根絶する」(KSA 1, 295)。というのも、生への配慮のない純粋な歴史は、

「幻想」（KSA1, 295）を破壊し、そのなかでのみ諸事物が生きることのできる「雰囲気」（KSA 1, 295）を諸事物から奪うからである。「すべての生きているものは自分の周囲にある雰囲気を、秘密に満ちた靄を必要とする」（KSA 1, 298）。科学は、この「ある雰囲気」「秘密に満ちた靄」を払うように、歴史学に要求する。「生は滅びても、真理は行え」（KSA 1, 272）という科学からの、「歴史学は科学であるべきであるという要求」（KSA 1, 271）を、歴史学は受け入れるべきではない。

> 歴史学は、それが生への奉仕に存する限りで、非歴史的な権力への奉仕に存するのであり、それゆえ、この従属においては、数学が純粋科学であるように、純粋科学に決してなり得ないし、そうなるべきではない。（KSA 1, 257）

こうした科学化する歴史学への否定的な見解を、実証主義化していく古典文献学（西洋古典学）のホープであった新人学者が実際に表明したということは驚きである。若きニーチェは、この知に対する生の優位の立場を、歴史学を越えて科学全般に対しても貫徹する。

さて生が認識を、科学を支配するべきか、認識が生を支配するべきか。両強権のどちらがより高いもの、決定的なものか。誰も迷わないだろう。生がより高い強権、決定的な強権である。というのも、生を滅ぼす認識は、自分自身もまた滅ぼすであろうからである。認識は生を前提し、それゆえ生の保養に、ど

の存在もそれ自身のさらなる生存にもつのと同じ関心をもつ。（KSA 1, 331）

2　非歴史的なもの、超歴史的なもの

初期ニーチェの歴史論は、徹底的な生尊重の立場を打ち出す。しかし、肝心の生概念の内実について深く問うことはない。生を活性化するとはどういうことなのか、そもそも生とは活性化されるようなものなのか、――こうしたことは問われない。初期ニーチェの思考は表層的な文明批判にこだわり、歴史病からの快癒を、生の本質においてではなく、「非歴史的な」ものと「超歴史的な」ものという二つの類型において示している。次に、その類型から生の活性化の仕組みを探りたい。

ニーチェは、「非歴史的な」（KSA 1, 249）動物の生を評価する。動物の生は、体験を「忘却」（KSA 1, 248）し、「一瞬」（KSA 1, 248）につながれている。「動物が示しているように、ほとんど記憶なしに生きること、それどころか幸福に生きることは可能である。しかし、忘却なしに生きることはまったく不可能である」（KSA 1, 250）。というのも、「忘却する力をまったく所有していない人間」は、「いたるところに生成を見る」（KSA 1, 250）からである。彼にとって、すべての点は相互に入り混じりながら流れる運動体であり、彼は、自分自身の存在をも信じない。彼は「ヘラクレイトスの真の弟子のように」（KSA 1, 250）、指一本動かせなくなる。非歴史的なものは、こうした生を害する実相から生を保護する「雰囲気」に似ており、「生はそのなかでのみ生まれ、この雰囲気の破壊によって再び消滅する」（KSA 1, 252）[9]。

「超歴史的な」ものは、非歴史的なものと同様に、「歴史学的なものに対する解毒剤」（KSA 1, 330）とな

る。超歴史的な立場には、歴史を過度に真面目に受け取るという病気から癒えたものが立つ（KSA 1, 254）。それは、生成の実相から視線を外させて、現に存在するものに「永遠の」（KSA 1, 330）と「同じような」（KSA 1, 330）という特徴を与える権力、例えば芸術と宗教へと生者を向かわせる権力である。歴史的人間が、「始めのうち、元気快活に走っても、与えられなかったもの」を「生の滓《かす》から受けとることを望んでいる」（KSA 1, 255）[10]のに対して、超歴史的人間は、歴史の「過程」（KSA 1, 255）に、人生の苦しみに対する「癒し」（KSA 1, 255）を見ない。というのも、超歴史的人間にとっては、「世界は個々の一瞬それぞれすべてに完成し結末に達する」（KSA 1, 255）からである。

これら二つの歴史病から快癒した類型のうち、どちらがニーチェの本命なのだろうか。動物のような非歴史的な状態が、ニーチェの本来の理想ではないことは明白である。ニーチェが告発したいのは歴史的なものの過剰であり、歴史的知識の完全な放棄は行き過ぎである。ニーチェは、こう述べている。すなわち、「非歴史的なものと歴史的なものは、個々人の、民族の、文化の健康にとって、同じくらい必要である」（KSA 1, 252）、と。一方、超歴史的な状態にも、ニーチェは満足しているわけではない。ニーチェは、次のように問う。超歴史的な観点に立つ者は、非歴史的な動物のような忘却がもたらす幸福に至れるのか、それとも「諦念」（KSA 1, 256）に至るのか、と。超歴史的な者は、その知恵にともない「嘔吐」（KSA 1, 256）もする。彼は、次のレオパルディ（Giacomo Taldegardo Francesco di Sales Saverio Pietro Leopardi）の詩句のような境地に陥るのだ。「汚物だ／世界は——それ以外の何物でもない」（KSA 1, 256）[11]。

さて、ニーチェの本意はなんであれ、時間原子論の教説から、超歴史的な生の、非歴史的な生と歴史的な生とに対する優位性を説明することはできる。まず非歴史的な生は、「一瞬」(KSA 1, 248) につながれている。時間原子論では、時間点と時間点が近づくほど強い力が発生する。一瞬しか時間点をもたないのでは、力は発生しない。また、歴史的な者は、「過程」(KSA 1, 255) に生きている。時間原子の教説では、時間を過程という線的にとらえるのは誤りである。だから、歴史的な生は、力の存する時間点を理解できず、力と疎遠なままに終わる。一方で、超歴史的な生にとって、世界はそれぞれの一瞬すべてに完成・完結している (KSA 1, 255)。複数の完成・完結した時間点を抱えた一つの生は、時間点間の関数に強い力を発生させられる。したがって、強い力を発生させる仕組みをもつ超歴史的な生は、非歴史的な生や歴史的な生よりも、生を活性化できる可能性が高い。

もちろん、発生する力では処理できない量の時間点をもつ生は、世界への諦念に陥ったり嘔吐感に満たされたりするであろう。後期ニーチェのニヒリズム論を知り得る立場からは、世界に対するこの諦念や嘔吐の登場からが、ニーチェ哲学が本領を発揮する場面であるとわかる。しかし、初期ニーチェでは、生についての問いは深まらず、その歴史論は、文明批判に留まり続ける[12]。

第三節　主体的真理としての永遠回帰

1　初期歴史論にある永遠回帰を準備する要素

『反時代的考察』第二篇「生に対する歴史の功罪」には、永遠回帰を中心にした本格的なニーチェ哲学の始動を促す二つの要素がある。第一の要素は、先人の循環説についての知識である。その一つの例は、本章の「はじめに」に引用したピタゴラス学徒の循環説である（KSA 1, 261）。もう一つの例は、ニーチェが知っていたと確言はできないが、ヒューム（David Hume）の循環説である。

ニーチェは、超歴史的なものを説明するときに、ヒュームの自然宗教論『自然宗教をめぐる対話』から引用している（KSA 1, 255）。また、ニーチェの当時の遺稿には、実際に歴史論に引用された部分を含むその自然宗教論の三箇所からの写しがある（KSA 7, 667f.）。それゆえ、ニーチェはヒュームの自然宗教論を読んだのだろうと推測されるが[13]、その自然宗教論に、次のような説がある。

エピクロスのように物質は無限個とは想定せずに、有限個としてみましょう。有限個の粒子にできるのは、有限回の移動だけですが、永遠の時間のなかでは、可能性のある秩序や位置のすべてが、無限回にわたって試されることになるはずです。そうであるならば、この世界は、一切の出来事（どんな些細な出来事も含みます）とともに、これまでつくられたり壊されたりしてきたわけですし、これからもあらためてつくられたり壊されたりするでしょうが、そこには、限度も限界もまったくないのです[14]。

これは、ヒュームの創作した懐疑論者フィロによって改変された、エピクロス（Epikuros）の仮説である。この仮説を提示するフィロの目的は、秩序のある現今の宇宙の発生を、秩序を創作できる人間から類推できる創造神なしに説明することである。

ボルヘスは、このフィロの説を循環説ととらえている[15]。すでにニーチェの永遠回帰を知る者としては、それに同意せざるを得ない。というのも、この説は、シルス・マリアの体験以後にニーチェが遺稿で試考する、永遠回帰の理論的基礎づけの一部のようだからである。永遠回帰の理論的基礎づけの核となるのは、世界を構成する要素が有限であるのにその要素が離合集散する時間は無限であるという仮定である[16]。ニーチェは、あるいは永遠回帰の宇宙論的解釈を行うニーチェ研究者たちは、有限の要素と無限の時間から、その他いくつかの仮定を加えるなどしつつ、共時的な全事物の通時的な同一経緯による無限回の回帰という世界の根本法則を論証しようとする。フィロの説は、その永遠回帰の理論的考察の一部に見える。

初期ニーチェが既に知っていた循環説は、その他にもあるであろう。例えば、古代世界の専門家がエクピュローシス（世界燃焼）を知らないはずはない。その他、ボルヘスの挙げるすべてのニーチェ以前の循環論を検討するにはおよばない[17]。ニーチェが、シルス・マリアで無から永遠回帰を創造したわけではないことは確実である。

「生に対する歴史の功罪」にある永遠回帰の哲学の始動を促す要素は、既存の循環説の知識だけではない。第二の要素は、生概念への注目である。「生に対する歴史の功罪」は、徹底した生尊重の立場から、生を基準に歴史を含む知を審判にかける文明批判である。一方で、永遠回帰は、この生の病気を克服する道具立ての一つである。永遠回帰は、幸せを「生の澱滓《かす》から受けとることを望んでいる」（KSA 1, 255）歴史的な人間、すなわち現今まで苦しい人生を歩みながら未来へ希望をもつ人間に、そうした生き方は不可能だと断ずる。過去、現在、未来のすべてはそれぞれ無限に回帰する同一の事態であり、過去と現在の努力が未来に報われることはない。超歴史的な人間が考えるように、一つ一つの瞬間はそれぞれが完成・完結している（KSA 1, 255）。『華やぐ智慧』では、この思想を受け入れた者に、デーモンがこう迫る。

あらゆることに際して、「君はこのことをもう一度、そして無限回にわたって欲するか？」という問いが、最大の重しとして君の行為にのしかかるであろう！（KSA 3, 570）

この問いに肯定的に応答する強い生が、後期以降のニーチェの求める理想的な生の類型、すなわち、何度でも病気から回復する「大いなる健康[18]」を有する者である。

2　初期ニーチェの限界

初期ニーチェの歴史論には、既存の循環説の知識と生への注目という永遠回帰の哲学を始動させ得る要素があった。しかし、実際には、この歴史論は表層的な文明批判に留まった。永遠回帰が登場できなかった理由は二つある。一つは、生についての考察が未成熟であったことである。実際の病気の経験がニーチェの生概念に深みを与えるのは、まだ先である。初期ニーチェが暗に想定している生は、活動を阻害する外的要因がなければ元気を取り戻す若者の生であるように思う。プラトニズムにまで遡る根深い病気に処方される、永遠回帰のような劇薬を開発する動機が、初期ニーチェにはない。

しかし、たとえ永遠回帰をこの時期に思いついたとしても、もう一つの別の理由で、ニーチェはそれを仕上げられなかったであろう。そのもう一つの理由とは、時間原子の教説に見られた認識論的な議論構成にニーチェは囚われていた、ということである。

シルス・マリアでの永遠回帰の体験後、ニーチェは、永遠回帰の扱い方を大きく変更している。当時親交のあったルー・ザロメ (Lou Andreas-Salomé) によれば、ニーチェは、最初、永遠回帰を科学的に基礎づけようとしていた。彼女はこう述べている。ニーチェは、「物理学的研究と原子論にもとづいて、この理念のため一つの科学的に動かしがたい土台を獲得するのがあたかも可能であるような、誤った見解[19]」をもっていた。だから彼は、永遠回帰の科学的な土台を得るために、「ヴィーンかパリかの大学で十年もっぱら自然科学を研究しよう[20]」と決心した。しかし、ニーチェはすぐに、「回帰の教えを原子論的な理論を根拠として科学的に基礎づけることは遂行されえないということ[21]」を理解した。「ところが、何か特有なことが入り込んできたのだ[22]」。

科学的に立証された真理となるはずであったものが、一つの神秘的啓示という性格をおび、だから今後はニーチェは、おのれの哲学一般に、最終的な基盤として、科学的な土台の代わりに、内的な霊感を——おのれ固有の個人的な霊感を、与えるのだ[23]。

ニーチェを変心させた「特有なこと[24]」がなんであるかを、ルー・ザロメは述べていない。しかし、それがなんであれ、基礎づけの手法として科学を使うのを諦めて「個人的な霊感[25]」に頼ることにしたニーチェの方針転換は、彼の哲学に個性を与えた。実際、永遠回帰には土台も基礎も必要ではないし、時間原子の教説における感覚のような所与も必要ではない。永遠回帰は、生きる舞台としての世界全体の在り方を示す思想である。そうした思想は、そこに生きる者が信じる主体的真理として提示できればそれで成立する。提示後にそれをどう扱うかは提示された側の世界における主体的問題であり、提示する側がどうにかできるものでもない。

永遠回帰は、たしかに循環説ではあるが、主体の関与と無関係に成立する円運動の運動法則のようなものとは別種のものである。それは、歴史的知識の過多が生を害すると告発する初期ニーチェが求めた知の有り様でもある。しかし、その知は、基礎づけの放棄という大胆な一歩の先にある。認識論的な議論構成に囚われている初期ニーチェでは、根拠もなく新しい循環説（永遠回帰）を提示することはできなかったであろう。

おわりに

初期ニーチェには、永遠回帰の哲学に変貌する前に問わねばならない問いが二つあった。すなわち、その一つは、知は必ず基礎づけられねばならないのかという問いであり、もう一つは、生とはなにかという問いである。これらを問うて、循環説の基礎づけが放棄され、健康と病気に関する生概念が深化することで、永遠回帰はニヒリズムの対策としてニーチェ哲学の全体図のなかに求められよう。つまり、永遠回帰の哲学が成立するためには、循環説の基礎づけの放棄と生概念の深化という初期思想が残した課題を克服しなければならなかった、ということである。

ニーチェ哲学の発展のなかで起きた知の基礎づけの放棄と生概念の深化は、二〇世紀思想の先駆者とされるニーチェの思想史上の位置づけ問題に関係するであろう。その解明は今後の課題としたい。

注

ニーチェのテクストは次のものを用いた。

Friedrich Nietzsche, *Sämtliche Werke Kritische Studienausgabe* in 15 Bänden, hrsg. von Giorgio Colli und MazzinoMontinari, dtv/de Gruyter, Berlin/New York, 1988. ニーチェのテクストからの引用参照は、これを、KSAと略し、その後ろに巻数を付記する。

ニーチェの著作は複数の和訳があるが、本章では、著作名、章題、節題をKSAの和訳である白水社版の『ニーチェ全集』に統一する。

(1) J・L・ボルヘス／土岐恒二訳『永遠の歴史』ちくま学芸文庫、二〇〇一年、九九頁。
(2) 同上。
(3) 白水社版〈ニーチェ全集〉で「生に対する歴史の功罪」と訳された第二篇のタイトルには、補足説明が必要であろう。「生」と訳されたLebenは、生活と生命をともに意味する言葉である。日本語には対応する語がないため、しばしば哲学では「生」と訳される。「歴史」と訳されているHistrieは、Geschichteと同じように既に生じたこと（出来事・事件）を意味し、同時に、歴史学という学問・科学を意味する。「功罪」と訳されたNutzen und Nachtheil〔原文通り〕は、「有用性と不利益」という功利的な意味合いをもつ。したがって、第二篇のタイトルが意味するのは、

「生活・生命活動にとっての、既に生じたこと・事件や歴史学の、有用性と不利益」、といったものになる。

（4）この引用は「記念碑的な歴史」に関する説明中に現れる。「記念碑的な歴史」については註（12）を参照。

（5）『華やぐ智慧』の他に、『悦ばしき知識』『喜ばしき知恵』『愉しい学問』等と和訳される。

（6）遺稿群「一八七三年春」にあるテクストである。

（7）したがって、時間原子の教説には、原子論につきものの原子が活動する場としての空虚についての議論がない。

（8）初期の未完の作品「道徳外の意味における真理と虚偽について」においても、「物自体の謎めいたX」の「神経刺激」（KSA 1, 879）という所与が知の基礎にある。

（9）こうした「非歴史的な雰囲気」（KSA 1, 254）に、ニーチェは繰り返し言及している（KSA 1, 295, 298, 323）。

（10）ヒューム／犬塚元訳『自然宗教をめぐる対話』岩波文庫、二〇二〇年、一五三頁を参照。

（11）ニーチェはドイツ語で引用している。

（12）例えば、有名な三つの観点からの生きているものに属する歴史（KSA 1, 258）は、三つの歴史の利用方法に対応した生の分類をともなう。三つの歴史と生の類型を列挙すると、「記念碑的な歴史」は、活動し努力するものとしての生きているものに属し（KSA 1, 258ff.）、「骨董的な歴史」は、保持し尊敬するものに属し（KSA 1, 265ff.）、「批判的な歴史」は、受難し解放を欲するものに属する（KSA 1, 269ff.）。これら三つの歴史と生の類型がどのように生を活性化し、どのようなときに生に益しない堕落形態になるのかというニーチェの分析は、表層的な文化批判であり、生概念を深化させるものではない。

（13）ニーチェの遺稿での引用はドイツ語ベースなので、ニーチェはドイツ語訳で読んだのであろう。歴史論に引用されている詩句は英語であるが、それはもともとヒュームがジョン・ドライデンから引用したものであり、ニーチェはそれを孫引きしたことになる。

（14）ヒューム、前掲書、一二二頁。

（15）ボルヘス、前掲書、一二一頁。

(16) シルス・マリアの体験後の永遠回帰の理論的考察に関するものと思われる遺稿は、次のとおり。KSA 9, 498, 500, 502, 516, 523, 525, 530, 534f., 543, 544, 553, 558f. 561.

(17) ボルヘスが『永遠の歴史』で挙げているニーチェ以前の循環説への言及は、次のとおり。ロドスのエウデモスが書いたピタゴラス学派、ストア派の宇宙発生論、アウグスティヌス『神の国』第一二巻、J・S・ミル『論理学体系』（以上、一〇六―一〇八頁）、ブランキ『星による永遠』、ヒューム『自然宗教に関する対話』（以上、一一一頁）。

(18) 『華やぐ智慧』第三八二節（KSA 3, 635-637）、『この人を見よ』「ツァラトゥストラはこう言った」第二節（KSA 6, 337f.）を参照。

(19) ルー・ザロメ／原佑訳『ルー・ザロメ著作集3　ニーチェ：人と作品』以文社、一九八六年、二七七頁。以下、ルー・ザロメの著作からの引用は、原書では、Lou Andreas-Salomé, *Nietzsche in seinen Werken*, Frankfurt am Main/Leipzig, 2000 (1983), S. 257f. にあたる。

(20) 同上。

(21) 同上、二七八頁。

(22) 同上。

(23) 同上。

(24) 同上。

(25) 同上。ニーチェの哲学の神秘主義化は、それ自体が彼の哲学的帰結である。哲学は、世界と自己の綜合的な知であると言われることもあるが、ニーチェにとっては、舞台とキャラクターの綜合的な構築である。彼の哲学の芸術的側面は、彼の哲学から取り去ることはできない。

第3章　デューイにおける美的経験のコミュニケーション的様態

阿部康平

はじめに

本章の目的は、デューイ（John Dewey）の後期の著作『経験としての芸術（*Art as Experience*）』（LW 10, 1934）に照準を定めて、デューイの芸術論における美的経験と芸術作品の想像的な経験の構造を解明し、美的経験のコミュニケーション的様態を明らかにするところにある。

デューイは、かれの業績の前半に位置する『子どもとカリキュラム（*The Child and the Curriculum*）』（MW 2, 1902）では、「興味（interest）」と「修練（discipline）」とを対照的な概念として捉えている。この二つは、それぞれ対立する二つの教育学上の学派を象徴する用語でもある。デューイによれば、「修練」は、カリキュラムから教育を組み立てようとする学派が強調し、「興味」は、子どもを教育の中心に据える立場が重視する（MW 2: 277, 1903）。「一つの学派は、子ども自身の経験の内容に比べて、カリキュラムに属する題材の重要性に注意を置く」（MW 2: 275, 1903）。この学派の考え方によれば、「子どもが持つのは、拡張されるべき狭い経験である」（MW 2: 275, 1903）。ここで考えられなければならないのは、子どもの経験を一定の方向へと修練していくことである。その道筋を決めるのが「カリキュラム（curriculum）」である。というのも、カリキュラムにしたがって「教材（subject-matter）が目的を供給し、それが方法を決定する」からである（MW 2: 276, 1903）。それゆえ、この立場では、カリキュラムが、子どもの経験の進路を規定し、教育はカリキュラムに沿う修練として進む。デューイは、この立場を「旧教育」と呼び、一方で、「子ども中心」に教育を据える立場を「新教育」と呼ぶ（MW 2: 280, 1903）。デューイの見立てによれば、新教育は、旧教育を乗り越えようとする試みであり、旧教育にある難点を露わにし、それを克服しようとする。新教育の視点からすれば、旧教育は「大人の成熟性と子どもの未熟性との間に不当な対照を作った」（MW 2: 280, 1903）。この対照のもとで、学校で学ぶべき教材と子どもの経験とが分離され、子どもは、外発的に教材を学ぶように強いられる。そのとき、教育は、正気のない形式的な活動に堕してしまう。旧教育は、「子どもの現在の経験に内在する力動的な性質、展開する力を無視する傾向があった」（MW 2: 282, 1903）。これにたいして、新教育は、子ども自身の興味による、学習への内発的な参与に教育的な価値を見出そうとしている。とはいえ、この考え方には、「子どもの現在のもろもろの力能と興味をそれ自体で最終的に意義のある何物かと見なす危険」がある（MW 2: 280, 1903）。別言すれば、新教育の考え方では、興味そのものが肯定されるため、それに基づいてどのような成果が生じているか、あるいは、どのような達成につながっていくのかが問題にできず、子どもの経験の進みゆきが場当たり的になってしまう。

このようにデューイは、いずれの立場の問題点も指摘しているけれども、同書では、修練と興味という二つの用語の対立を調停する道筋ははっきりとは示されていない。しかしながら、デューイの教育哲学の主著である『民主主義と教育（*Democracy and Education*）』（MW 9, 1916）では、こうした二元論的な問題を回避する着想が提示される。同書でデューイは、「興味と修練はねらいを持った活動の相互的な関係である」と述べ、「興味」と「修練」とを一体的な概念として捕捉しなおしている（MW 9: 144, 1916）。「修練」は、「連続的な注意のための力能の展開」の結果である（MW 9: 145, 1916）。一方で、「興味」は、「予知された結果が、その実現のための行為へとある人を動かすさいに、その人を捕らえる力の深さ」であり、その興味に基づく行為の成果として修練がある。行為者がその行為の結果に鑑みて、意図的に何かを実行するための条件である（MW 9: 137, 1916）。興味は、行為者がその行為の結果に鑑みて、意図的に何かを実行するための条件であ

れる経験の展開は、どこに向かって行くべきなのであろうか。デューイによれば、「興味の理想は、芸術的な態度に例証されている」（MW 9: 142, 1916）。この文言に依拠して言えば、芸術に関わる振る舞いに、興味の働きがもっとも望ましい形で発揮されている。デューイは、『経験としての芸術』（LW 10, 1934）でもつぎのように主張している。「芸術の持つ自発性は、何らかのものにたいする対置の一つではなく、整然とした展開のなかへの完全な専心である。この専心は、美的経験の特徴であるけれども、それは、すべての経験にとっての理想であり、その理想は、自分の持つもろもろの欲望と切迫が客観的になされることに完全に従事しているときには、科学的探究者とか専門家とかの活動に現実化されている」（LW 10: 285,

1934)。こうした言説に明らかなように、経験の理想的な展開は、経験の進みゆきに集中し、そこに秩序を与えていく「芸術的な態度」として現れてくる。しかし、デューイは、その「芸術的な態度」を、いわゆる「芸術家」に限らず、ある活動をねらいをもって持続的に遂行することを要求される人の経験に見出している。その経験は、興味と修練を含み込む「連続的な経験」であり、それはデューイが唱導する成長の様態である(MW 9: 84, 1916)。それでは、なぜデューイは、そうした連続的な経験の理想を「芸術的な態度」に求めるのであろうか。この問いに応答するために、本章では、『経験としての芸術』に照準を絞り、デューイの芸術論の内実を露わにする。

そこで、まず、デューイの哲学にあって、『経験としての芸術』がどのような位置にあるのかを確認したうえで、美的経験の特性を掴み取る。次に、想像の所産としての芸術作品と生活のための機械との違いを想像的な効果という観点から明らかにする。しかしながら、デューイは、芸術作品の成り立ちを夢想とか幻想とかから説明しようとする「夢想理論(make-believe theory)」を退ける。その論難の根拠を示したうえで、最後に、美的経験を経験的視座から解明するデューイの方略の意義が、美的経験をコミュニケーションと同定するところにあることを証示する。

第一節　デューイにおける美的経験の位置づけ

アレグザンダーは、『経験としての芸術』について次のような評価を与えている。「デューイの中期のがっしりとした道具主義と自然主義からの晩年のデューイの気まぐれで感傷的な逸脱として当の著作を見る人たちとは対照的に、わたしが主張するのは、ここにこそ、わたしたちがデューイの生涯にわたる経験にかんする包括的な理論の探求の結実を見出すということである」[1]。アレグザンダーによると、『経験としての芸術』は、「デューイの思想の本流、すなわち、「道具主義」という表題で覆われる部分へのわずかに関係のある補足」[2]として見られることがある。つまり、それは、必ずしも、デューイの業績の主要な部分として扱われているわけではない。しかし、アレグザンダーは、その著作を、デューイの経験論の最終的な成果として捉えようとしている。

デューイ自身も、芸術にかんする哲学的な議論の意義をこう述べている。「美学理論は、経験そのものの本性を掴み取るためにその著者が提起する体系の持つ力量を検査するものである」(LW 10: 1934, 278)。つまり、ある哲学的体系での芸術への言及は、経験についての説明能力が問われる試金石となる。だから、同書の第一二章の標題にもあるように、芸術とそれに関わる経験にかんする立論は、「哲学への挑戦(The Challenge to Philosophy)」(LW 10: 1934, 276)である。アレグザンダーの指摘にもあるように、デューイは、芸術にかんする考察を展開させながら、経験の意義をいっそう包括的に究明しようとしたのである。したがって、『経験としての芸術』は、「デューイ自身が「経験」によって意味したものについての完全な理解を得るためにいかなければならない場所」なのである[3]。しかも、デューイは、こうも明言している。「芸術と美的経験にかんしてある哲学がする取り扱いほど、その哲学の持つ一面性を的確に露わにする検査はない」(LW 10: 278, 1934)。すなわち、芸術と美的経験にかんする論究によって、従前の哲学では議論し尽くせていない経験の領域が照らし出される可能性がある。それでは、なぜデューイは、ある哲学が経験の本性を十分に把握できているか、その資格を問う課題として芸術および美的経験にかんする議論を位置づけているのであろうか。

「あらゆる芸術作品それぞれでは、もろもろの意味がある物質に実際に具現化されており、それによって、その物質は、それらの意味の表現のための媒体となる」(LW 10: 277, 1934)。このデューイの述定によると、芸術作品は、意味を内包し、それを表象するための仲介者である。それゆえ、芸術作品がそれとして存在するためには、たんに物理的に存在するだけでなく、その存在を仲立ちにして、何らかの意味を表現していなければならない。たとえば、音楽であれば、それは物理的な存在としては、それは一定の時間に空間に起こる空気の振動にすぎない。しかし、音楽が芸術であるとき、一つ一つの振動は、ばらばらのものではなく、それぞれが関係し合っている。演奏者も鑑賞者も、それぞれの音の間に一定のまとまりとか連関を認めているはずである。あるいは、絵画であれば、壁に掛けられているのは、物質としての顔料の寄せ集めでありもするけれども、それを描いた画家は材料としての絵具の組み合わせによって、心に描いた像を表現していたり、あるいは、それを観る人はそこに何かしらの表象を看取していたりする。「この事実が組成するのは、明確に美的であるすべての経験の持つ特性である」(LW 10: 277, 1934) と、デューイは立言している。その事実とは、人が何らかの物理的素材と関わり、意味を付与する営みによって芸術作品が存立するということである。デューイは、その過程に「明確に美的である経験」、すなわち、「美的経験」の特性を見出している。

このように、デューイは、芸術の成り立ちを、物質的な事象に関与しながら意味を生成していく経験として捕捉している。つまり、芸術は、意味のある経験とともに生起する。とはいえ、どんな経験も意味を含んでいるというわけではない。デューイにしたがえば、「あらゆる経験それぞれの根は、生物とその環境との相互作用の中に見出される」(LW 10: 276, 1934)。経験それ自体は、もともとは有機体と環境が作用し合う場であり、人間だけでなくすべての生命体がそこに存在している。しかし、「その経験が意識的になる、すなわち、知覚の問題となるのは、先行する経験に由来する意味がその経験のなかに入っていくときだけである」(LW 10: 276, 1934)。たとえば、どんな動物にとっても「呼吸」という経験は、自分自身の身体器官を含め周囲の物理的な事物との相互作用として成立している。とはいえ、動物は、自分のしている「呼吸」そのものについての意識は持たない。それにたいして、人間は、自分の息が上がっているとき、その原因を求めて先立つ経験を振り返り、それを現在の経験と接続させる。早い歩調で進んでいたとか、坂道を上がっていたとか、あるいは、心的に緊張する事態が生じていたとかといった具合に、過去の事柄を思い起こし、それを現在の経験としての呼吸の乱れと結びつける。この段階にある経験は、「知覚の問題」、すなわち、物事の意味を掴み取っていく事態になる。上の例で言えば、現在と過去の経験との間には、原因と結果の関係性が掴み取られている。

しかしながら、現在の不調を引き起こしたであろう原因は、過去の事柄であり、それ自体としては現在には存在していない。意識的な経験の段階には、物理的には現存しない事象の想起があり、それが現在の経験に接合され、経験にあらたな進路を与える要素となる。「新しいものと古いものとの意識的な調整は、想像である」というデューイの言明に依拠してい言えば、意味の発見を可能にし、現在の経験に一定の導きを与えるのは、「想像」という力能である（LW 10: 276, 1934）。デューイは、この想像の有無によって経験の水準を峻別している。「成立している経験が人間的であり意識的であるのは、ここといまで与えられているものが意味と価値によって拡張されているときだけであり、その意味と価値は、事実上は不在であり想像的にだけ現前しているものから引き出される」（LW 10: 276, 1934）（傍点は引用者による）。すなわち、想像に基づく意味の把握が、人間に固有の経験としての美的経験を可能にするのである。

第二節　経験と芸術作品の意味

これまでの考察を踏まえて言えば、デューイが掴み取っている美的経験の特性は、物質的素材を媒介にした想像的な意味の把握の過程である。とはいえ、ある物質的素材と関わりながら、想像的に意味を見出し、経験を進展させるという営みは、その素材がいわゆる「芸術作品」である場合に限ったことであろうか。言い方を変えれば、想像によって意味を喚起するきっかけになる素材がたんなる人工物、すなわち、日用品とか産業的な機械とかである場合と、それが芸術作品である場合とには、違いがあるのであろうか。デューイによれば、「有用な物体でさえ、想像の介入なしでは、産み出されない」（LW 10: 277, 1934）（傍点は引用者による）。この言説に明らかなように、デューイは、実際に役立つ道具にも想像性を認めているどころか、それの必須の要素として想像を位置づけている。

デューイは、蒸気機関を例に挙げてつぎのように述べている。「蒸気機関が発明されたときには、何らかの存在する物質が、これまで現実化されていないもろもろの関係性と可能性に鑑みて知覚された」(LW 10: 277, 1934)。たとえば、タービンやピストン、シリンダーや歯車、あるいは、水とそれを沸騰させる燃料となる石炭といった物質は、蒸気機関が誕生する以前から存在している。しかし、蒸気機関という発明品は、そうした既存の素材をこれまでにない関係に配置し、その関係から必然的に帰結する効果を作り出した。蒸気機関が現実にはまだ存在していなかった時点で、これまでに発見されていない因果的連関に基づく機構を考案できたのは、想像という能力のためにほかならない。こうした事態は、独創的な画家や音楽家がカンバスや絵具とか和音やリズムとかといった、すでに誰にでも使われている素材を使いながら、誰も見たり聞いたりしたことのないような表現を想像から創り出すのと変わらない。

たしかに、わたしたちの身の回りにあるあらゆる考案物は、芸術作品と同じように想像の働きなしには存在し得なかったであろう。しかしながら、そうした普通の事物と芸術作品とには、やはり違いがあり、デューイはそれをこう説明している。「機械とは違って、芸術作品は、想像の成果であるだけではなく、物理的な存在の領域のなかでというよりは、想像的に作動している」(LW 10: 277, 1934)。芸術作品と機械との差異は、それが想像に由来する産物であるかどうかにあるのではない。両者は、ともに物理的に存在しているけれども、それらを特徴づける効果が現れる場所に違いがある。すなわち、機械は、その存在と同じく物理的な次元での効用に力点が置かれ、一方で、芸術作品は、想像の領域に作用する力にその本質的な特徴がある。

それゆえ、「想像されたもろもろの可能性が自然の諸物質からなる新しい集合のなかで実現されたとき、蒸気機関は、ほかの何らかの物理的物体に所属するものと同じ物理的効果を持つ物体として、事実上、位置を占めた」(LW 10: 277, 1934)。蒸気機関という発明品は、想像が現実の事物を再配列し、あらたな諸関係のもとに統合した所産である。この生成の道筋は、想像に基づいて事物を制作するという点で、芸術の創作と類似している。けれども、その存在意義は、一定の物理的効用の創出にある。したがって、蒸気機関は、そのほかの日用品とか機械とかがたどった運命と同じく、物理的な脈絡での原因と結果あるいは手段と目的の連関のなかでだけ意味を見出されるたんなる事物になるのである。

それにたいして、「芸術作品は、行為の明白な道筋にたいするたんなる刺激でもそのための手段でもない」(LW 10: 278, 1934)。たしかに、芸術作品は、物質な存在でもあるので、それはそれに関与する人に物理的な働きかけもするし、何か明確な理由を持って使われもする。たとえば、建築物は、物理の法則にしたがって人の生活を支え、一定の目的で利用される。だから、ある建物にたいして、実用性の観点でしかそれと関わらない人もいる。とはいえ、それが芸術としての建築物であるのかそうでないのかは、その建築物の存在そのものによって決まっているのではない。別言すれば、対象の物理的な機能にだけに着目しても、その対象の芸術性は掴み取れない。なぜなら、芸術作品の特有性は、想像的な効果の産出にあるからである。ある人が物理的な効果に限定されない様々な事柄を思い起こし、それにそってその建築物に関与してはじめて、それはその人にとって芸術作品となる。だから、デューイは、こう述定している。「芸術作品は、それを経験する人の側では、想像をとおした、喚起と組織化という類似する活動の遂行への挑戦である」(LW 10: 278, 1934)。すなわち、芸術作品を鑑賞するさいに、鑑賞者が試されているのは、芸術家がその作品を創作するにあたって経験したであろう想像の過程の再現的な実行である。

近年の音楽生理学の研究によると、ピアニストは、「ピアノの音を聴いているときには、音を聞くための神経細胞が働くだけでなく、指を動かすために働く脳部位の神経細胞も同時に活動している」[4]。それゆえ、ピアニストは、音楽を聴きながら、頭のなかで自分が指を動かしている心象を持てる[5]。しかし、ピアニストではない普通の人も、ちょっとした訓練を積むだけで同じ種類の反応を引き起こせるようになる。その研究によると、普通の人も、簡単なメロディを鍵盤で弾く訓練を数十分続けた後では、音にたいして指を動かす神経細胞が働く反応が見られるようになる[6]。しかも、その働きは、訓練を数週間続けるとより強まっていく[7]。すなわち、「ピアノの練習を積み重ねるなかで、音をイメージするだけで自動的に手指が反応する脳の回路が培われていく」のである[8]。このような回路の生成は、出鱈目に音を鳴らしていた場合には出来上がらない[9]。それゆえ、こうした反応に影響しているのは、メロディと一定の音がなる鍵盤という秩序だった素材を使って訓練していた経験である。この報告にしたがって言えば、鑑賞者がそれまでに積んできた経験の性質しだいで、ある作品にたいして想像を呼び起こす力が変わってくる。このような事例を参照しても、芸術にかんするデューイの立論を補強できる。デューイが美的経験について強調しているのは、鑑賞者側の担う想像の局面である。鑑賞者は、ある芸術作品にたいしてどのように想像を喚起できるかを問われている。その鑑賞者は、その試験を通過してようやく芸術作品の存在を認めることができ、それとともに経験を展開させられる。別言すれば、ある芸術作品の存立とそれとともに起動する経験は、鑑賞者のする想像の能力に委ねられているのであり、その能力の現れ方には、鑑賞者の持つ経験による違いが生じるのである。

とはいえ、芸術作品は、鑑賞者が過去に培った経験に由来する想像を試すだけではない。鑑賞者が将来にその作品の趣旨に接近するような想像を喚起できるかも試している。高階秀爾の言説を借用する。「われわれは、山道を歩きながら道端にふと一輪の淡い紫色の花を見つけ出した時、十七文字の中に凝縮された芭蕉の世界の微妙な戦慄を思い出さないわけにはいかないし、セザンヌ（Paul Cézanne）の絵を知った後には、それ以前と同じような眼でサント・ヴィクトワールの山を眺めるわけにはいかない」[10]。ここで言及されているのは、松尾芭蕉の「山路きて何やらゆかしすみれ草」という俳句とセザンヌが生涯描き続けた題材である故郷のサント・ヴィクトワールの山である。上述のように、芸術作品は、たしかに物理的な制約を持っているけれども、その効果が現れる主たる場所は、やはり想像である。文字から離れた芭蕉の句は、すみれ草を山路で見つけた人の心で響き、そこにはないセザンヌの絵もサント・ヴィクトワールの山をいま眺めている人の視線に影響する。そのとき人は、想像的に喚起している芸術作品を媒介にして、芸術家のように想像をとおして経験の意味を捉えている。たとえば、頭に浮かんだその俳句をとおして、そのときの自分の感情の移り変わりの関係性に気がついたり、その人が絵画のなかのサント・ヴィクトワールの山に抱いていた憧憬とのいま目にしている情景とのつながりを捉えたりする。しかも、想起した芸術作品を媒介にして捕捉する経験の意味は、その後の経験にも質的な変化を与える。なぜなら、その経験には、物理的な環境にそれとは別の水準にある想像という活動の条件が付与されているからである。このように、芸術作品は、鑑賞者がそれと出会った時間と場所に限らず、その後の経験のなかで意味を把握できるかを問うているのである。別言すれば、芸術作品への挑戦とは、芸術作品の物理的効果とは別に、鑑賞者が自身が自分の経験のなかで想像的に意味を掴み、それを経験を展開するためのあらたな要素に変容させる試みである。

第三節　美的経験と想像の働き

前節までの議論では、とくに芸術作品との関わりでデューイの言う美的経験の特性を論究してきた。美的経験は、普通の認知的な経験と同じく意味の把握によって展開する。しかし、芸術作品の作用が主として現れるのは、物理的な空間ではなく、それに関与する一人一人の想像であり、そこで作品の意味が把握される。その意味の把握をするための想像の働き方は、過去に培ってきた経験だけでなく、将来に起こる経験によっても変化していく。「美的経験は、想像的である」と端的に示されているように、美的経験を組成するための要は、想像である（LW 10: 276, 1934）。それゆえ、デューイは、こう言明している。「もろもろの古い意味と新しい状況の両方とを変形させるようなそれらの融合（想像を特徴づける変容）によって、経験が意識的にされるので、芸術は空想の一形式であるという理論は、手始めにある自然な理論の一つとして考えつく」（LW 10: 278, 1934）。デューイは、芸術にかんするこの考え方を「空想理論（make-believe theory）」、「夢幻理論（dreamlike theory）」、あるいは、「幻影理論（illusion theory）」と呼んでおり、これによると、「幻想（reverie）」とか「夢想（dream）」とかが芸術を生み出す根本的な要因である（LW 10: 280, 1934）。

デューイは、こう言明している。「幻想、すなわち夢想の状態への接近という要素は、ある芸術作品の創造のなかに入っていくし、その芸術作品が強烈であるときのそれにかんする経験は、しばしば、ある人を似たような状態に投げ入れる」（LW 10: 278, 1934）。幻想の状態は、芸術作品を創造する経験の構成要素になるし、その作品が持つ効果は、鑑賞者を制作者と類似した幻想とか夢想とかの状態に引き入れることである。前節でも議論したように、ある人が芸術作品を享受しているときの徴標になるのは、その人自身による想像の喚起であり、芸術家の経験の想像的な再現である。だから、芸術作品を作り出すうえでも美的経験を組成するうえでも、幻想は、必要な要素である。それゆえ、芸術作品を生む原動力として幻想の役割を強調する「空想理論」は、一見すると正鵠を射ているようにも思われもする。

しかし、デューイは、この「空想理論」をつぎのように論難している。「その理論の虚偽は、一つの構成要素を単離していくなかで、その理論がほかの等しく必須の要素を陽表的にあるいは陰伏的に否定しているという事実から生じてくる」（LW 10: 280, 1934）。すなわち、「空想理論」の難点は、「幻想」という要素だけを美的経験を構成する他の諸要素から分断してしまっているところにある。デューイによると、「芸術にかんする空想あるいは幻影理論の誤りは、美的経験がその理論の依って立つところの要素を欠いているという事実から生じるのではない」（LW 10: 280, 1934）。たしかに、「空想理論」が際立たせる幻想は、美的経験を成り立たせるための要件である。とはいえ、幻想が、美的経験を組成する他の諸要素と切り離されていて、それだけが美的経験の本質的な要素であるのではない。

デューイは、マティス（Henri Matisse）の「生きる喜び（“Joie de Vivre”）」という作品を取り上げ、それが芸術にかんする「空想理論」を擁護するには都合のいい例であるとしている（LW 10: 280-281, 1934）。なぜなら、その絵画で描かれている情景は、「きわめて想像的であり、そのような光景は、かつて一度も起きていなかった」からである（LW 10: 280, 1934）。その絵では、戯れたり踊ったりしている男女の姿とか草木とかが描かれているけれども、それらは、現実には目にすることのない配色を持ち、描かれている空間と像には独特の歪みがある。それゆえ、この絵画を生み出したものは、芸術家の「夢想」のようにも思える。しかしながら、デューイはつぎのように力説している。「想像的な材料は、その起源が何であれ、夢幻的なまま留まっていたことも、夢幻的なまま留まることもできなかった」（LW 10: 281, 1934）。すなわち、その作品が絵画として成立するためには、その芸術家の「空想」は、絵具やカンバスといった別の素材に結びつき、一定の構図のもとに表現されなければならない。たとえば、「踊りの宙に浮いている心象と感情は、空間とか、線とか、光と色の配置とかのもろもろの律動へと翻訳されなければならなかった」（LW 10: 281, 1934）。芸術家が思い描いたり感じていたりする情景は、一定の秩序を持って独自の絵画の様式にしたがって象られてはじめて、わたしたちが目にする絵画として存立する。デューイが強調するように、「その心象の材料は、物体的な材料と作業という点で組織化されなければならなかった」（LW 10: 281, 1934）。別言すれば、芸術作品を制作するにあたって、空想と物理的な材料は実際の経験のなかで融合していかなければならない。したがって、デューイはつぎのように立言している。その空想理論が「あからさまに否定していたり、あるいは、事実上無視していたりするのは、芸術のまさに本質である、物体的な材料と構成的な操作との同一化である」(LW 10: 281, 1934)。この言明に依拠して言えば、空想理論は、現実には存在していない場面を構成するための働きとしての想像の役割に光を当てている一方で、それが看過しているのは、想像によって作られる空想とか幻想とかを現実化していくときに制作者と鑑賞者が実際に関与する物理的な側面である。デューイにしたがえば、この両面がそろっていなければ、芸術作品と美的経験は産生しない。

デューイの叙述にそくして言えば、「空想理論」は、「経験としての芸術作品と「現実の」経験との間の対照から生じるし、その対照に依拠している」(LW 10: 278, 1934)。デューイが問題にする「空想理論」は、実際に作品と関わるために目で視たり聴いたりする、あるいは、制作したり演奏したりする、いわゆる「現実の」経験と、それらを統制して経験を美的にする特別な要因としての「幻想」とを切り分け、その区分によって美的経験の成り立ちを説明する。それゆえ、この理論は、美的経験を組成する超経験な要素としての「幻想」とそれに従属する諸経験という対立的構図を持っている。デューイがこの理論を引き合いに出して問題視しようとしているのは、「問題となる体系が、美的経験がそれ自体の物語を語ることを勧めたり、あるいは、許したりすることさえせずに、あらかじめ考えられている何らかの観念を、経験の上に載せてしまっている」という事態である(LW 10: 279, 1934)。つまり、デューイが斥けているのは、経験を下位に置きそれを統率する観念を措定し、これによって美的経験の成り立ちを説明しようとする二元論的思考である。

その一方で、デューイは、美的経験そのものに立脚し、その内実を掴み取っていく方途を示唆している。たしかに、デューイはつぎのように述べ、美的経験を作り出すさいの想像の働きを力説している。「想像的な見通しは、芸術作品の素材の持つ構成要素を統一させる力能であり、その構成要素それぞれの多様性のなかからそれらの全体を作っている」(LW 10: 278, 1934)。とはいえ、その諸要素を統合する想像そのものは、他の経験的な諸要素から単離できない。というのも、「想像そのものは、溶解している他のすべての要素を保持するもの」であるからである (LW 10: 278-279, 1934)。すなわち、美的経験には、想像によって種々の経験的な要素が包摂されているけれども、美的経験のなかで想像の働きとともにある各要素は、未分化な状態を保持している。デューイは、こうした実情を「美的なより糸 (esthetic strand)」という比喩で捕捉している (LW 10: 331, 1934)。「より糸」とは、一本の繊維だけから成り立っているのではなく、何本もの繊維が規則的に編み合わさってできる一まとまりの糸である。一つ一つの繊維がある特徴的なより糸を構成するように、経験の各要素は、ある美的経験を組成するうえでどれも欠かすことはできない。たとえば、あるより糸が様々な色の繊維から作られていたとしよう。そこには、それぞれの繊維の色と組み合わせのしかたによって独特の色彩が表れる。想像は、そうした様々な彩色を持ったもろもろの経験的要素を編み合わせており、それによって二つとない経験を組成する。とはいえ、前節で証示したように、想像の働き方も、経験の性質しだいで変化する。それゆえ、想像が独立して経験的要素を一方的に配列しているのではない。別言すれば、想像は他の経験的要素と相互に影響し合いながら、独特の秩序を持つ経験を作り出しているのである。

第四節　コミュニケーションとしての芸術

デューイの見立てでは、「美学にかんする哲学は、経験を組成するなかで役割を演じる一つの要素から、取り掛かってきたし、美的経験を単一の要素、つまり、活動にかんする感覚とか、感情とか、理性とかの点から見て、解釈したり、あるいは、「説明」したりしようと試みてきた」(LW 10: 278, 1934)。この言説によれば、従来の美学理論は、美的経験を各要素に分解し、そのなかから美的経験を作り出す単一の要因を見出そうとしてきた。それにたいして、デューイは、美的経験を組成する要因を限定せずに、それを相補的な諸要素の縫合として捉えている。そこには、経験に関わっている知覚的な経験、情緒的な心情、推論の働きといった多種多様な要素が含まれている。幻想とか夢想とかと呼ばれるものもそうした諸要素の一つである。それゆえ、デューイは、「空想理論は、美的なものの真正のより糸の一つを掴んできた」と述べている (LW 10: 279, 1934)。たしかに、幻想と夢想は、美的経験を組成するために必要である。しかし、それだけを単離しても、美的経験の意義は掴み取れない。なぜなら、美的経験は、それらを含めた多種多様な経験的要素を持ち、それらが想像の働きを借りて独特に組み合わさることで生成するからである。したがって、第一節で立てた問いには、こう応答しなければならない。美的経験が哲学への挑戦となるのは、美的経験は、想像を媒介にして多種多様な特殊の経験が縫合される連続的な複合体であり、美的経験を理解するためには、その多面的な全体を捕捉しなければならないからである、と。美的経験の全体の一部を切り取ったり、一つの切り口だけからそれを捉えようとしたり、あるいは、複数の要素に還元してから統合的に捉えようとしたりしても、美的経験を理解したことにはならない。前節で確認したように、デューイは、美的経験を「より糸」に喩えている。ある「より糸」の実相を捉えるためにそのより糸を繊維に分解し、一つ一つ観察してみたあとで、ばらばらになった繊維を寄せ集めても、それは元の「より糸」にかんする経験とは別のものになっているはずである。美的経験を経験にそくして掴み取ろうとするのであれば、こうした困難は避けられない。それにもかかわらず、デューイは、経験の内部に留まりながら、美的経験を究明しようとする。この試みの意義は、いったいどこにあるのであろうか。

デューイにしたがえば、芸術作品にかんする経験は、「芸術的な制作物と自己との相互作用の問題である」(LW 10: 279, 1934)。第一節でも確認したように、デューイは、経験の根本的なあり方を相互作用として捕捉している。その経験の理解は、日常的な生活の経験にも美的経験にも当てはまる。しかも、どちらの経験も想像の働きを必要とする。というのは、「想像は、もろもろの意味が現在の相互作用へ入っていく道を見つけるための、唯一の入り口」であり、意味のある経験が生起しているときには、想像がその経験の相互作用に参入していなければならないからである(LW 10: 279, 1934)。しかし、第二節の議論を踏まえて言えば、美的経験の場合は、この想像の働きは、物理的な次元だけでなく、想像の次元でも効果を発揮する。デューイは、この美的経験の特性をつぎのように述べている。「明確に美的である経験の想像的性質が優勢であるのは、もろもろの意味と価値が係留されているところの特殊なこといまよりもいっそう広くかついっそう深いもろもろの意味と価値が表現をとおして現実化しているからである」(LW 10: 277,

1934）（傍点は引用者による）。美的経験の特徴は、その経験で捉えられる意味の範囲がいま目の前で起きている具体的な事物との相互作用の範囲に制限されない点にある。

とはいえ、第三節の論考で強調したように、芸術を生み出していく過程には、実際にある物質的な素材への関与がある。その関与が一定の表現となり、いろいろな人がそれを鑑賞し、それぞれの経験のなかで意味を掴み取るとき、そこに作品が生まれる。しかし、「顔料、大理石と銅、音はそれ自体で媒体ではない」とデューイが強調するように、その芸術家が扱う物質的な材料は、最初から表現のための媒体であったわけではない（LW 10: 291, 1934）。そうした材料が「媒体の形成に入り込んでいくのは、それらが個人の精神と技術と相互作用するときだけである」（LW 10: 291, 1934）。この言説に依拠して言えば、芸術家は、自身の想像的な展望に鑑みながら素材の意味を捉え、自身の技能と材料とを突き合わせながら、一定の表現を作り出していく。芸術家は、想像に基づいて実際に素材を加工し、具体的な事物として作品を形作る。一方で、形作られていく素材は、物理的に変形する効果を持つだけでなく、芸術家の想像に作用し、まだ実現していない制作のあらたな局面に芸術家を向かわせる。こうした想像を媒介とする相互作用が芸術作品の生成過程では展開する。その材料と画家の作業は、「首尾一貫していて、中断することがなく、共通の世界のなかにある公共的な物体としての絵画へと完成していくように動いて行く」（LW 10: 281, 1934）。第三節の絵画の例では、画家が想像的に描いた情景も一つの材料であり、それは、絵筆とか絵具とかカンバスとかとともに、画家の技術のもとで一枚の絵画へと仕立てられていく。

しかも、右の引用によれば、芸術家が創り出す絵画は、「公共的な物体」でなければならない。すなわち、芸術作品は、その制作者だけの美的経験のなかに留まらない。第二節の議論を踏まえると、芸術作品は、鑑賞者の経験への挑戦でもあり、鑑賞者が作品の意味を捉えようとする限り、ここといまにある芸術作品との経験を想像によって拡張していく必要がある。だから、鑑賞者も製作者と同じように、芸術作品との想像的な相互作用によって美的経験を組成している。デューイにしたがえば、「美的経験のなかでは、それ自体では美的ではない一まとまりの素材と意味が仕上がりに向かって秩序づけられた律動的な運動へと入り込んでいくにつれて美的になる」(LW 10: 329, 1934)。第三節での立論に鑑みても、たしかに芸術家は、美的経験をしているときに、空想的な素材も物的な素材も美的経験の要素として、それらを想像の働きによって秩序のある全体へと統合していく。しかし、こうした様々な経験的要素が想像的に融合していく美的経験は、作品の製作者だけに限ったものではない。なぜなら、鑑賞者がある対象を芸術作品としてその意味を掴み取るとき、その人は想像を媒介にして自身の様々な経験の諸要素とその作品を結合させるからである。それゆえ、デューイは、次のように立言している。「わたしたちがこの統合に着手するとき、わたしたちはある程度わたしたち自身で芸術家になっている」(LW 10: 337, 1934)。つまり、鑑賞者も美的経験をしている限りで、製作者と同じく、あらたな経験の可能性を想像的に切り開いてく創造者なのである。

デューイは、こう明言する。「わたしたちは、他の人の創った芸術をわたしたちの態度の一部にするという段階で、その芸術を理解する」(LW 10: 337, 1934)。芸術作品の意味の把握は、作品と自分の経験とを想像的に結合させることであり、そのとき自分の経験は、あらたな展開の可能性に開かれる。デューイの言葉で言えば、「わたしたち自身の経験は「再び」方向づけられる（re-oriented）」（LW 10: 337, 1934）。このように、デューイが芸術に関わる営みに要求する成果は、人々が互いの経験の意味をそれぞれに分かち合いながら経験を更新していくことである。だからこそ、デューイは、「芸術は、現にあるコミュニケーションのもっとも効果的な様式である」と述定し、芸術をコミュニケーションとして把捉するのである（LW 10: 291, 1934）。たしかに、デューイは、「コミュニケーションは芸術家の意図」ではないとしている（LW 10: 110, 1934）。しかしながら、その芸術作品の効果は、それに関与する人の経験に与える想像的な作用でなければならない。そうでなければ、第二節でも議論したように、それは芸術作品としての存在意義を失う。したがって、芸術作品とそれにかんする美的経験を一貫して経験的事象として捕捉する意義は、製作者としてであれ鑑賞者としてであれ、それに関わるどんな人もそれぞれ独自のしかたで想像的な経験を創造しながら共有へと経験を進ませる理路に芸術作品を定位するところにある。端的に言えば、デューイの芸術論の要諦は、想像による経験の意味の多元的共有である。

おわりに

本章で明らかにしたように、デューイの芸術論における芸術作品とそれにかんする美的経験は、経験の想像的な共有の過程である。デューイは、芸術に関わる営みを須く経験的な事態として捕捉しており、その試みの意義は、芸術をコミュニケーションの営みとして定位するところにある。

デューイの言うコミュニケーションとは、人々が経験の意味を共有するための方途である。それゆえ、かれの教育論にあって、コミュニケーションは教育の過程そのものであり、それは行為者と環境とが想像的に協働することで生じる（MW 9: 8, 1916）。『子どもとカリキュラム』で露見した、子どもと教材との二元論的な対立は、『民主主義と教育』では、教育をコミュニケーション的な動態として捉えることで解消される[11]。その動態には、興味と修練の局面がある。興味は、連続的な経験の発露であり、それが持続することで一定の成果としての修練ができる。本章の知見に立てば、子どもと教材との対照は、鑑賞者と芸術作品との対立、あるいは、製作者と素材との対立に置き換えられる。しかし、本章で明らかにしたように、美的経験が生起しているときには、そのような対立項は、想像のもとで融合される経験の諸要素のどれかにすぎない。芸術作品は、鑑賞者の想像的な経験に融合し鑑賞者の態度を変容させるときに意義を持ち、芸術家にとっての素材も同じくその芸術家の想像のもとであらたな意味を付与され表現の媒体として機能する。しかも、「美的であるためには、こうした経験が同一であるべきどんな理由もない」とデューイが強調しているように、美的経験は、個人の経験とともに変化しながら進んでいく（LW 10: 334, 1934）。しかしながら、「美的経験は、個々人によって産み出されるし、享受される一方で、個々人が参加する文化があるおかげで、個々人は自分たちの経験の内容のなかにある何かである」（LW 10: 334, 1934）。この言明によれば、デューイは、美的経験が産生する要因として文化という局面に光を当てている。それゆえ、美的経験は、文化という視座からも議論しなくてはならない。本章で見てきたように、美的経験は「より糸」である。それは、個々人の経験だけでなく人類の経験全体をも縫合するような巨大で複合的な運動的組織体なのかもしれない。

〈デューイの著作〉

本章におけるデューイの著作からの引用は、つぎのデューイ著作全集に基づき、それぞれ、上から順にMW、LWと略記し、巻数、頁数、出版年を本文中に記入する。たとえば、（MW 9: 16, 1916）は、*The Middle Works*の第九巻に所収されている一九一六年に出版された著作の一六頁から引用しているか、あるいは、その箇所を参照しているか、いずれかであることを表している。

John Dewey, *The Middle Works: 1899–1925*, ed. by Jo Ann Boydston, 15 vols., Southern Illinois University Press, 1976–1983.

——. *The Later Works: 1925–1953*, ed. by Jo Ann Boydston. 17 vols., Southern Illinois University Press, 1981–1990.

〈デューイの著作の略記と著作の対応表〉

MW 2: *The Child and the Curriculum*
MW 9: *Democracy and Education*
LW 10: *Art as Experience*

注

（一）Thomas M. Alexander. *John Dewey's Theory of Art, Experinece and Nature: The Horizons of Feeling*, State Universty of New York Press, 1987, p. 266.

（2） *Ibid.*, p. 266.

（3） *Ibid.*

（4） 古屋晋一『ピアニストの脳を科学する』春秋社、二〇一二年、三六頁。

（5） 同上、三六頁。

（6） 同上、三八頁。

（7） 同上。

（8） 同上。

（9） 同上、三八―三九頁。

（10） 高階秀爾『日本近代の美意識』青土社、一九七八年、二八八―二八九頁。

（11） Gert Biesta, "Of all Affairs, Communication Is the Most Wonderful: The Communicative Turn in Dewey's *Democracy and Education*", John Dewey and Our Educational Prospect. ed. by David T. Hansen, State University of New York Press, 2006. pp. 23-37, p. 29.

第4章　デューイ倫理学における経験の共有

宮﨑宏志

第一節　問題の所在

ジョン・デューイ（John Dewey）の思想の大きな特徴のひとつは、典型的な思考に基づく認識の成立を目的とするような経験が遍在しているという見方を否定する点にある。彼によれば、「経験とは原初的には能動的であるとともに受動的な事柄であって、それは原初的には認識的ではないのである」(1)。デューイにとって、経験とは、有機体である人間が環境と相互作用することによって成立しているものである。したがって、典型的な思考に基づく認識活動は、そうした相互作用の一形態であり、その活動は、有機体である人間が既得の習慣ではうまく対処できない事態に遭遇したときに、自らを取り巻く状況を問題状況として把握することによって開始される営みである。このような見地に立てば、典型的な思考に従事するのではなく、わたしたちがもっぱら対象を享受しているような種類の経験があることになる。(もちろん、この場合の「享受」は、苦しみをも含めた広い意味における享受を意味している)。デューイは、この種の経験を「第一次的経験(primary experience)」とよび、典型的な思考に従事している経験を「第二次的経験(secondary experience)」とよんでいる。してみれば、デューイにとって、典型的な思考に従事する経験とは、新たな知識や技能を獲得して再び円滑に対象を享受できるような状態を取り戻すためのものであり、つまり、再び第一次的経験を成立させるためのものなのである。

本章の目的は、デューイ倫理学の枠組みでは、自分とはものの捉え方や価値観が異なるひと同士のあいだでいかにして経験が共有できるのかに関して考察することにある。具体的な問いの形で提示すれば、デューイにとって、他のひとをできるだけ理解し、協力し合ったり切磋琢磨しあったりするための土壌を形成するのは、第一次的経験にかかわるのか、それとも第二次的経験にかかわるのか、あるいは、二種類の経験のあいだの関係性についての事柄なのかということである。こうした問いの解答を得るために、まず、こんにちでいう選択的注意を重視するデューイの視点に関して概観し、次いで、デューイのいう第一次的経験の特質を検討し、そして、認識の成果が習慣のうちに反映されることを明らかにして、最後に、デューイ倫理学の枠組みにおいて、いかにして経験の共有が成り立ち得るのかについて吟味する。

第二節　デューイにおける選択的な注意

デューイの知識論では、与件は、わたしたちに単に与えられているものでもなければ、わたしたちの目の前にある客体のすべてでもない。彼の有名な言葉を引用すれば、「与件であるとき、それは、認識への刺激を与える原初的な素材の全体から選びだされたものである。それは、ある目的、すなわち、問題を明確にし位置づけるための徴表や証拠を提供し、それによって問題の解決への手がかりを与えるという目的のために識別されている[2]」ということである。デューイにとって、与件とは、自らの問題状況を克服ないし解消するための手がかりとして着目されるものなのである。しかも、デューイによれば、「状況の推移していく過程のどのような段階にあるどのような問題状況のうちにも疑われていないものが常に存在している[3]」のであり、言い換えれば、当然視されていて改めて気にも留められないようなものが、どのような問題状況にも常に存在しているのである。それだから、デューイの採用する視点に立てば、わたしたちは目の前のすべてのものに対して注意を払うことなどできない。そもそも主客の区別や諸対象間の区別は、わたしたちが問題状況に直面した際に、その問題状況を上首尾に克服ないし解消するための便宜的な手立てとして設けられるものであり、「まさに注目するということを通じて、つまり、選択的な強調を通じて、諸区別が生まれてくる[4]」わけである。

もっとも、どのような状況にも当然視されていて改めて気にも留められないものが存在するという見方は、C・S・パース（Charles Sanders Peirce）以来のプラグマティズムの基本的な視点であるし、わたしたちが目の前のすべてのものに対して注意を払うことができないという主張は、心理学の「選択的注意」という概念で表現されているような内容に重なり、これらの見解自体に目新しさは感じられないかもしれない。しかし、本章で取り上げたいのは、デューイ倫理学において、当然視されてきた事柄に対して疑問が提示されるといったことが起こるとき、そうした気づきをもたらすものは、知性だけであるのかという問いであり、換言すれば、そうした気づきは、もっぱら典型的な思考に基づく認識活動、すなわち、デューイのいう探究の範囲内だけの出来事であるのかという問いである。

わたしたちの日常的な判断は、およそ考えることのできるあらゆる可能性を検討したうえで形成されているものではない。それほど自覚的でなくとも、わたしたちは既得の知識を用いて効率的に物事を判定している。例えば、予め連絡もせずにふらっと友人の家を訪ねたときに、その友人の家に灯りがともっていなければ留守であると判断する。しかし、可能性という点でいえば、たまたま家のなかのすべての照明が壊れているのかもしれないし、居留守を使っているのかもしれないし、暗闇で鍋をつついているのかもしれない。あり得る可能性のすべてを吟味している時間もなければ、有限なわたしたちは、あらゆる可能性を吟味し尽くす能力ももち合わせていない。このことは、典型的な思考ないし探究においても同様であろう。パースやデューイが述べるように、それぞれの探究の場面で、あらゆる事柄を検討し尽くすことはできない。もちろん、従来の理論や知識で説明がつかないような現象が確認されたり、従来の制度やルールでは救済されないような思わぬ困難に直面したりしたときに、わたしたちは、新たな仮説を立てて当の仮説を吟味したり、従来の制度やルールの改正を試みたり新たな制度やルールを設計したりはしている。しかし、厄介なのは、従来当然視されてきた事柄がそのように点検される際にも、目を向けられていない何かが常に存在しているということなのである。

最近の情動研究の成果に基づけば、情動の働きの篩《ふるい》にかけられて残された選択肢に関して、わたしたち個人個人は思考できるにすぎない。新たな仮説の構想や新たな制度設計といっても、わたしたちは個人としては、情動の篩にかけられて残された可能性に関してしか検討していないのである。だからこそ、自分以外のひとによる探究や視点が重要なものになるわけである。

こうした実情を踏まえてデューイの思想を見つめ直せば、他のひとと共有できるような学問的な方法やアプローチの重視、対話や民主的なかかわりの重視などに窺われるように、自分ひとりでは気づけない物事の側面をわたしたちが把捉し、他のひとと共有できる経験的土壌を拡大しながら、わたしたちが直面する問題状況を克服ないし解消する能力を高めていこうという姿勢が明確である。実のところ、専門家集団から成る学問の世界を見た場合には、研究者たちは、デューイが強調する前述したような姿勢で日々の研究に取り組んでいると言っても差し支えはないと思われる。つまり、学問的知識の獲得という点では、他のひとと共有できる経験的土壌は実際に形成されていると見ることができる。そして、学問の世界において、従来当然視されてきた事柄に疑問が投げかけられるときも、その出来事は、主として、研究者たちの第二次的経験の範囲内のものと見ても論理的破綻はない。

しかし、他のひとを理解し他のひとと支え合う経験的土壌の形成という倫理学的な主題に関しては、事は複雑である。たしかに、対話や民主的なかかわりを通じて、自分とは異なるものの見方や価値観に遭遇できはする。とはいえ、そうした遭遇は、自分とは異なるものの見方や価値観をもつひとも存在するというだけの気づきにとどまるかもしれないし、また、自分とは異なるものの見方や価値観に触れて、自分のものの見方や価値観が相対化できるにとどまるかもしれない。わたしたちが属する社会のさまざまな差別や偏見を減殺させていくためにも、また、社会的弱者に真に必要な制度やルールを設計するためにも、他のひとをできるだけ理解していけるような経験的土壌を築くことが肝要であり、デューイ倫理学がそのような経験的土壌を築くための方途を示しているのかを考察しなければならない。そして、そうした考察のためには、デューイのいう第一次的経験の特質に目を向ける必要がある。

第三節　第一次的経験の特質

デューイによれば、「ひとは、ただ生きていることよりも生を向上させることに夢中になる。だから、生きているという感じは、骨の折れる仕事や効用に伴うときには、借りて来られているにすぎず、この場合、その感じは、活動が劇的である時期、すなわち、気持ちの解き放たれている時期に生みだされるような本来の感じではない(5)」。こうした文言からすれば、デューイにとって、充実して生を享受している種類の経験、すなわち、第一次的経験においては、起伏ある出来事の進行として自らの経験が脚色されている。第一次的経験の場面では、克服ないし解消すべき問題状況が成立しているわけではないから、目の前の事柄を冷徹に客観視して分析することを迫られてはいない。そうした経験では、「想像された対象が納得のいくものになっている限り、劇の論理、言い換えれば、はらはらわくわくする筋書きや上首尾な結果への筋書きの論理が、客観的な出来事の論理よりも優位を占める(6)」。デューイにしたがえば、第一次的経験の場面では、わたしたちは当の経験の過程を、起伏ある出来事として脚色して捉えているのである。いうまでもないが、起伏ある出来事とは、その経験をしている当人にとっての実情であり、第三者から見て起伏ある出来事が生じている必要はない。第一次的経験の過程にある当人が、その過程を起伏ある出来事として感じ取っているということである。デューイ自身は、はらはらわくわくするような筋書きや上首尾な結果への筋書きといったポジティブな例を挙げているけれども、苦しみや悲しみを味わうような経験に関しても事情は同じである。第三者から見て悲劇的でもない状況にありながら、自らを悲劇に見舞われた存在として落胆している人物の経験の過程の場合でも、その経験の過程は、起伏ある出来事の展開として脚色されている。デューイの視点を採用すれば、わたしたちは本来、自らの経験の内実を想像的に脚色する存在なのである。想像的に経験を彩るというありかたは、冷徹に客観的に状況を直視しなければならない第二次的経験の場面にさえも見いだすことができる。デューイが「観察のための適切な素材の選択を大いに助けるものは、物語あるいは劇の展開に伴うような観察への切望感や緊迫感についての考察から導きだされるであろう。「筋を思い描く興味（plot interest）」があるときにはいつでも、観察への集中の度合いが極まる(7)」と述べているように、典型的な思考に従事しているときでさえ、客観的な観察の原動力になっているものは、観察対象に確認されるはずであると期待される劇的展開のイメージなのである。してみれば、第二次的経験の場面では、問題状況の克服ないし解消のために方向づけられるという限定はあるにしても、想像力は、第一次的経験と第二次的経験に通底して働いているものなのである。

こうして見てくると、地域的にも経済的にも似通った状態にあるひとたちのあいだでさえも、互いを理解し合うことがなぜ難しいのかをデューイ倫理学の見地から説明できる。すなわち、第三者的観点からは同様の経験をしているように見えるひとたちの経験であっても、それぞれのひとは自らの経験に異なる脚色をしており、その意味で、大きく異なる経験の過程にあるといえるのである。例えば、デューイは「懐古趣味をもつ人物の環境は、自分が関心を払っている太古の人間の生活や、その時代との関連を築き上げるための遺物や碑文などから成り立っている(8)」と主張している。この主張から窺われるように、デューイのいう環境は、ある空間的範囲でもなければ、ある生活水準の状態でもない。環境とは、経験主体が興味を向けていたり、焦点を当てていたりする事柄を核にして構成されているものであり、しかも、そこには想像的脚色の要素も盛り込まれて構成されているものなのである。そうであれば、地域的にも経済的にも似通った状態にあるひとたちであったとしても、それぞれのひとに対して広がっている環境は、まったく別物であるかもしれないのであるから、ものの見方や感じ方が大きく異なっていても何ら不思議ではないことになる。ちなみに、望ましいことではないが、ヴァーチャルな世界に浸って生きるのが可能であるのも、デューイの環境観からすれば、容易に説明できる。つまり、ヴァーチャルな世界に浸っているひとにとって、現実社会でのさまざまな人間関係からなる空間よりもヴァーチャルな世界のほうが、リアルな環境なのである。このように、デューイに基づけば、想像力は、わたしたちそれぞれの環境の構成にも一役買っており、第二次的経験においても第一次的経験においても中心的な働きをしているのである。

ところで、デューイは、想像力に関して印象が異なるであろう複数の発言をしているから、これらの発言に関して一言述べておく必要がある。例えば、デューイは想像力に関して、「諸事物がひとつの全体を形成するような、事物の見方であり、感じ方である」(9)と語っていたり、また、「想像力の適正な機能は、現在の感覚知覚的条件下では明示できないような現実のあり様や可能なあり様を見通すことである。そうした条件からすれば、懸け離れていたり、欠如していたり、曖昧であったりするものに対する明晰な洞察が想像力の目的である」(10)と語っていたりする。しかし、デューイのいう想像力が第一次的経験においても第二次的経験においても働いているものであることを踏まえれば、想像力に関するデューイの諸発言に相違があるという印象も消え去るはずである。「諸事物がひとつの全体を形成するような、事物の見方であり、感じ方である」という発言は、第一次的経験と第二次的経験に通底して働いている想像力の特徴を述べたものであり、「想像力の適正な機能は、現在の感覚知覚的条件下では明示できないような現実のあり様や可能なあり様を見通すことである」という発言は、問題状況の克服ないし解消という目的のために方向づけられて機能する際の想像力の特徴を述べたものと解すれば、少しも不調和な発言ではないのである。

劇的な物語が展開していくような空想にふけっている経験の過程にあるひとであっても、また、空想的なこととは無縁で、もっぱら公算の高い将来の成り行きを思い描いているひとであっても、まとまりのある形で物事を捉えているという点では共通しているわけであるし、すでに見たように、まさにそのようにまとまりのある形で物事を捉えるという営みを通じて、その当人の環境が構成されているのである。そして、第二次的経験にあっては、直面している状況のなかには顕在的に現れていないような現実のあり様や可能なあり様を見通していくという形で想像力は働くということである。

このように、デューイのいう第一次的経験は、想像力によって脚色されながら諸対象を享受しているような経験なのであり、しかも、その際の経験主体の環境を構成しているものの中核は、経験主体の空間的、経済的な状態ではなく、経験主体が興味を向けていたり、焦点を当てていたりする事柄なのである。前述したように、第二次的経験、すなわち、もっぱら思考に従事する経験は、有機体である人間が既得の習慣ではうまく対処できない事態に遭遇したときに、自らを取り巻く状況を問題状況として把握することによって開始されるわけだから、第一次的経験とは、人間が既得の習慣によって円滑に生を享受している経験とも言い換えることができる。したがって、第一次的経験と第二次的経験との関係をさらに深く了解するためには、デューイのいう習慣に関して概観しておかなければならない。

第四節　習慣に反映される知識や価値

デューイは、経験に関して次のように述べている。すなわち、「活動が結果を被るところまで続けられるとき、つまり、行為によって引き起こされる変化が、今度は、わたしたちのうちに引き起こされる変化へと反映されるとき、単に流動していたものに意義が込められる。わたしたちは何かを学ぶのである。子どもが炎に指を突っ込むだけでは経験ではない。彼が結果として被る痛みとその動きが結びつけられるときに経験なのである[11]」と。この文言の「わたしたちのうちに引き起こされる変化」とは、炎に指を突っ込んだことのある子どもの例でいえば、火傷して以後は炎に指を突っ込まなくなることであるから、炎に触れると火傷するという知識は、炎に直接触れないようにするという行為として結実するのである。すると、炎に触れると火傷するという知識は、炎に対する行為の仕方という形で経験のうちに取り込まれたことになる。しかも、ひとたび炎に対する行為の仕方が確立されれば、ひとは特に意識しなくとも、炎に直接触れるような行為を回避するようになるから、その際には、炎に関する知識は習慣の一部をなしているのである。実際、デューイは、「能動的な習慣は、諸々の能力を新しい目的に適用するにあたっての思考、創意工夫、独創性を含んでいる[12]」と語り、習慣のうちには知的な成果が反映されるという捉え方をしている。

デューイの教育論では、知識が経験と結びついていなければならないことが力説されるから、上述した火傷の知識についても、炎に触れるのを回避するという行為の仕方として身につくことに焦点が当てられているが、火傷の経験が習慣に対してもたらす成果は、行為の仕方の確立という側面に尽きるわけではない。炎に触れて火傷を経験したひとにとって、炎は単に赤々と燃えるものではなく、痛みを与えるものの象徴になったり、激しさや強烈さを連想させるものになったりするはずである。しかも、頭に浮かぶイメージだけが変化するのではない。炎の近くにいると熱を感じるけれども、火傷を経験したひとにとっては、火傷して以後に炎から感じる熱の質が変わり得る。例えば、単に温かいという感覚で把握されていた炎が、熱いという感覚で把握されるものに変わる場合があるのである。

デューイは、すでに初期思想において、例えば、一八九六年の「心理学における反射弧の概念」という論文で、単純な刺激—反応図式を批判している。デューイが批判する単純な刺激—反応図式とは次のようなものである。すなわち、炎による光の刺激があり、その刺激によって子どもが炎に手を伸ばし、その結果として子どもが火傷を負い、その火傷が刺激となって手を引っ込めるという図式である。そのような刺激—反応図式を否定して、デューイは、炎を見るという行為や手を伸ばすという行為などの諸々の行為が調整されながら進行する形で火傷の経験が成立すると解するのである。つまり、視覚や触覚にかかわる感覚や運動だけにとどまらず他の多くの感覚や運動も相互に連関し合って調整を行いながら、火傷の経験が成り立っているということである。してみれば、火傷をした際の経験がもたらす成果は、炎に触れると火傷するという表現で言語化される類の知識だけではないし、炎に直接触れることを回避するという行為の仕方としてのみ結実しているわけではない。デューイの見解に基づけば、火傷を学習した後は、わたしたちの身体におけるさまざまな感覚や運動のすべてに何らかの変化が起きているはずであり、わたしたちは意識していなくても、そうした変化した部分が新たな経験の重要な構成要素になっているはずなのである。したがって、知識が獲得される際の経験の成果は、ある行為の仕方として具現する部分だけではなく、わたしたちの身体全体に行き渡っている。しかも、わたしたちの意識が向けられずに感覚や運動に行き渡っている事柄は、まさに習慣にかかわる事柄であるから、知識をはじめとしてわたしたちがその都度の第二次的経験において獲得する成果は、習慣に反映されていくのである。実際、デューイは、次のような興味深い発言をしている。すなわち、「例えば、新たな分野に取り組むにあたって、ハイスクールやカレッジにおける実験室での作業の一番の基礎的な役割は、生徒や学生たちが直接に、ある範囲の事実や問題に慣れ親しむことにあり、——すなわち、彼らにそうした事実や問題に関して「感じ取る」機会を与えることにある。一般化を行いそれをテストするための技術や方法を操れるようになることは、最初のうちは、味得することに対して二次的なのである。小学校での活動に関していえば、以下の点に留意すべきである。すなわち、その基本的な意図は、楽しませることでもなければ、苛立ちを最小限に抑えられる形で情報を伝達することでもなければ、技能の獲得ということでもない。——もっとも、これらは副産物として付け加わるかもしれない。——そうではなくて、経験の範囲を拡張し豊かにして、知的向上に関する関心に敏感で実効的にしておくことなのである、という点である[13]」と発言しているのである。この発言にしたがえば、デューイが直接的な経験を重んじるのは、学習者に楽しみながら学んでもらうためでもなければ、効率的に学んでもらうためでもない。認識や理解に関しては、直接的に経験する形でしか味得できない側面があり、そうした側面に関しては、言語的な表現によっては伝達できないということなのである。前述した火傷の経験の例でいえば、「炎に触れれば火傷する」という知識は言語によって表現可能であり、誰もがそれが真であるかどうかテストできるものであって、その意味で、他のひととの共通認識という形で共有されるものであるのに対して、直接的に経験する形でしか味得できない事柄の内実は、ひとそれぞれであろう。あるひとにとっては、炎は、恐ろしい対象として捉えられているかもしれないけれども、別のあるひとにとっては、ポジティブな意味で荒々しい対象として捉えられているかもしれない。しかし、このように直接的な経験で味得される事柄がひとによって異なることが、ものの捉え方の多様性を成立させているのであって、学問や芸術をはじめとするさまざまな文化の発展に寄与しているともいえるのである。しかも、第三節で取り上げた、想像力によって彩られる観察に関する事例が示唆するように、直接的な経験で味得された対象の内実こそ、観察者がわくわくするような劇的な展開をイメージするうえでの素材を提供していると考えられるから、味得された内実は、観察者それぞれの探究の原動力につながっているのである。

すでにこれまでの論述から明らかなように、このような味得するほかない側面が大きくかかわっているのが、習慣である。事実、デューイが、「習慣はまた、味わい見分ける力（taste）――好んだり尊重したりする際の馴じみ深い様式や、卓越したものについての効果的な感じ取り――であるのでなければ、習慣形成はまったく機械的な事柄になってしまう」[14]と述べているように、ひとが自らの身体全体で味得するものは、習慣自体の機能に基づきながら当の習慣のうちに取り込まれるものである。そして、先に見たように、そうした味得され習慣に取り込まれたものが認識や理解の一側面をなしているのである。もっとも、ここでいう認識や理解の一側面とは、知識をはじめとする第二次的経験の成果が習慣の一部となって、第一次的経験の場面におけるものの見方や感じ方のうちに反映されるという形で認識や理解に関係しているということである点は、強調しておかなければならない。また、第五節で取り上げることになるが、この引用文に基づけば、わたしたちそれぞれが何を好んだり尊重したりするのかを方向づけているのも、習慣であることにも注目しておかなければならない。

こうして見てくると、デューイの知識論では、認識や理解に関する問題は、習慣が機能している身体全体に関する問題とも大いに関係している。そうであれば、価値にかかわる認識や理解においても、習慣が機能している身体全体が重要になるはずである。実際、デューイは、こう述べている。すなわち、「実のところ、公言されるだけの基準とは異なる実際に機能している基準は、個人が具体的な状況において自分自身で極めて意義があると明確に味得したものに左右される(15)」と。すなわち、個人個人の採用する価値基準の実際は、当人が具体的な状況で感じ取った事柄に基づいているというのである。前述したように、同様の経験をしたとしても、そこから味得される事柄の内実は、ひとそれぞれであろうから、同様の経験のもとで複数の価値基準が生まれ得る。しかも、客観的な知識とは異なり、味得されるものは極めて個人的な認識的要素であり、その意味で、想像力によって脚色される格好の素材である。したがって、味得された内実が似ている場合でも、その内実に対してどのような脚色が施されるかに関しては、ひとによって違うはずであるから、同様の経験のもとで大いに異なる価値基準さえ生まれ得るのである。同様の経験をすれば同一の価値基準に行き着くのであれば、他のひととの経験の共有に関して殊更問うには及ばない。同様の経験をしても異なる価値基準が生まれ得るからこそ、異なる価値基準を採用するひと同士であっても協力したり意見をだし合ったりできるような経験的土壌を、さらには、分かり合えるための経験的土壌を形成するという意味での経験の共有が必要なのである。そして、直接的な経験を通じて味得する営みは、まさに習慣の機能であるから、デューイによれば、「自分の性向に組み込まれるほどに、他のひとに対する思いやりという価値の十分な意味を繰り返し経験した若者は、他人に物惜しみせず接するという価値尺度を得る(16)」のである。つまり、価値把握が性向という形で習慣の一部として結実しているときには、ひとはその価値を具現するようなふるまいが自然にできるようになる。このように、「価値づけに関する真の感じ取られる基準は、好ましいものを味わい見分ける力や習慣を形づくっている明確な感得のうちに見いだされる」[17]のである。しかも、先にも述べたことだが、習慣は、自分が好むものや尊重するものを選び取る働きでもあるから、自分が誰あるいは何を重んじながらふるまうかは、まさに習慣に基づいている。したがって、他のひとに対するふるまい方に悩むような場合でなければ、どのようなひとに対してどうふるまうかは、ふるまう当人の習慣によって決まる。しかも、紋切り型のふるまいでない限り、あるひとに対するふるまい方には、そのひとをどう見ているのか、また、そのひとの現状をどう感じているのかということが当然反映されるから、自然なふるまいがなされている第一次的経験の場面では、他のひとを理解したり他のひとと経験を共有したりするためには、習慣の様態が要点となってくるのである。それでは、他のひとを理解したり他のひとと経験を共有したりするために、第一次的経験における習慣の様態はどのように洗練されればよいのであろうか。

第五節　経験の共有のための想像力の駆使

第二節で確認したように、わたしたちは目の前のすべての事柄を視野に収められているわけではない。したがって、自分の現在の習慣によっては注意を向けられていないものが常にある。そして、第三節で論じたように、同じような地域に住み、同じような経済状態にあっても、まったく異なる環境に身を置いているということがあり得る。また、第四節で明らかにしたように、他のひとに関して改めて見つめ直してみなければならないような問題状況が生じない限り、他のひとに関する捉え方や、他のひとの置かれた現状に対する感じ方は、自分が形成している習慣に基づいている。これらの点を踏まえれば、デューイ倫理学の枠組みにおいて、他のひとを理解したり他のひとと経験を共有したりするためのどのような方途が考えられるのであろうか。

第四節で示したように、デューイは、直接的な経験によって味得するほかはない認識的要素の存在を認めている。そのうえで、『民主主義と教育』などの著作で、彼は、自由で広範なひとびとの交流の必要性を訴えている。たしかに、考え方や価値観の異なる他のさまざまなひとたちや、生活水準や職業などの異なる他のさまざまなひとたちと直接触れ合うことは、そのひとたちに関して間接的にことばだけから情報を得る場合に比べて、味得される認識的要素の質や量が圧倒的に違うであろう。そして、そうした自由で広範な交流が行われ、もし異質なものに触れた衝撃が自分にとっての問題状況を生じさせるならば、結果として他のひとを十分に理解できるかどうかは別問題であるとはいえ、他のひとを理解しようとする思考ないし探究が生じる可能性はある。けれども、単に自由で広範な交流を行うというだけでは、自分にとっての問題状況が生じる可能性はそれほど高いとは思われない。例えば、自分とは異なる文化圏のひとたちと当たり障りなく付き合っていても、依然としてそのひとたちに対して偏見をもっていて、しかも、自分がそのような偏見をもっていることさえ気づかないという事態が、しばしば指摘されている。デューイに基づいていえば、自分にとって異質であるひとたちとの触れ合いを通じて、そうしたひとたちが、自分の構成している環境の住人にならなければ、そのひとたちとの意見や価値観のほんとうの違いや、それぞれが抱えている事情の違いは見えてこないはずである。ヴァーチャルな世界に浸っているひとを無理やり連れだして多くのひとたちと触れ合わせたとしても、彼が生身のひとたちとの生活を選ぶようになるとは限らないことに関しても、同様である。重要なのは、他のひとたちが、自分の構成する環境の不可欠の成員となることであって、そうした条件が整ったときにはじめて、他のひとに対する心底からの関心や配慮が生まれてくるのである。したがって、他のひとに関して少しでも理解するためには、自分の環境と他のひとの環境とのあいだに重なり合う部分が必要であるということになる。そして、その重なり合う部分を広げていくことが、他のひとに関する理解をさらに深めるはずである。つまり、他のひとたちと真に共生するためには、自分自身の環境を再構成していくことが求められるのである。

環境の再構成という主題を論じるに先立って、第四節で言及した習慣の働き、すなわち、自分が好むものや尊重するものを選び取るという働きに着目しておかなければならない。自分が誰を、あるいは何を特に重んじるかは、習慣によって決定されている。そうであれば、自分が親身になって力を貸せる相手もいれば、冷淡に接してしまう相手もいるという現実は、デューイの倫理学的な枠組みからすれば、少しも不自然なことではない。習慣の働きを考慮に入れずに、ただ「誰に対しても公平で平等であれ」という基準をひとに要求すれば、その基準は、デューイのいう「公言されるだけの基準」となるだけである。デューイは、博愛主義にも立たないし、性善説にも立たない。例えば、デューイは、こう述べている。すなわち、「悪いひとというのは、これまではどれほど善いひとであったとしても、堕落し始めており、善いひとではなくなってきている人物である。善いひとというのは、これまではどれほど道徳的には賞賛できないひとであったとしても、善くなる方向に向かっている人物である[18]」と。デューイにとって、ひとは誰であれ、善人にも悪人にもなれる存在であって、本章での論述を顧慮していえば、自分自身の構成している環境や、自分に身についている習慣を変化させることによって、いまある自分とは異なる自分になり得る存在なのである。したがって、他のひととできるだけ経験を共有するような環境の構成を構想するうえでは、他のひとへの関心が高かったり、他のひとを尊重しようという性向が見られたりするような習慣へと現在の習慣が修正されるような方向性に関して考察しなければならない。

デューイの立場からすれば、それぞれの個人が現にいま関心をもっていたり重んじていたりするものに基づきながら、他のひとへの関心を育んでいくべきである。デューイの立場は、以下に示す見方のうちに如実に表れている。デューイは、農法や医術や航海術などが、そのそれぞれの領域での既存の方法の問題点をひとつひとつ克服しながら改善されてきたという事実を踏まえて、思考ないし探究にあたって採用されるべき方法に関して、「「いっそう優れた」方法とは、次のような方法である。すなわち、現在に至るまでの経験によって、その方法が、ある結果を獲得するために利用できる最上の方法と示されている一方で、こうした方法の抽象化によって、さらに新たな企てのための（相対的な）規範や基準が提供されるようなものなのである[19]」と語っている。この文言で表明されているのは、現実のうちに少しも実現されていないような理想に基づいて現状を変えようとする方針でもなければ、また、現状を全否定して、いきなり現状を抜本的に変えようとする方針でもない。ここに見られるのは、現状をある程度肯定し、現状の長所を伸ばしていくような方針であり、また、現状に基づきながらも、その問題点をひとつずつ改善していこうとするような方針なのである。したがって、わたしたちができるだけ他のひとと経験を共有するような環境の構成を構想するにあたって、わたしたちは、現にいま好んでいたり尊重していたりする事柄を放棄するには及ばない。第三節で取り上げた懐古趣味をもつ人物の例に基づいて考えれば、懐古趣味に浸っている人物は、周囲のひとたちをいっそう受け入れるために、無理に周囲の集団のなかに飛び込む必要はないし、無理にその集団のひとたちと付き合う必要もない。懐古趣味に浸っている人物にとって、その趣味をいっそう充実させるために他のひとの協力が不可欠であると分かれば、その趣味を充実させるために欠かせないひとは、自分の環境における貴重な成員となる。もちろん、懐古趣味に浸っていた人物にとって、その趣味を充実させるために欠かせないひとは、当の趣味を満喫するための手段としての存在にすぎないような場合もあり得はする。しかし、第三節で論じたように、デューイにしたがえば、趣味に浸っているような第一次的経験で大きな役割を果たしているのは、想像力であり、そうした経験場面で生じている出来事は、起伏ある物語として脚色されているはずである。懐古趣味に浸っていた人物にとって、その趣味のうえで欠かせないと思われる相手とは、行動を共にしたり語り合ったりする機会が頻繁にもたれるであろうし、その際には、そのような共に時間を過ごした出来事は、脚色されるべき格好の材料なのであり、その出来事で中心的な位置を占める当の相手は、それなりの重みをもつ存在となると思われる。そして、懐古趣味に浸っていた人物にとって、当該の相手がそのように重みをもった存在となるのであれば、当該の相手が好んでいたり尊重していたりするものに対しても敬意が払われるはずであり、その結果、彼らの経験で共有される部分が広がりをもっていくはずである。しかも、デューイの見解にしたがえば、そのように想像力によって彩られた経験においては、身体全体で味得されるものが豊かなのである。実際、デューイは、「おそらく、想像力にかかわる個人的な反応だけが、純然たる「事実」に関してさえ、感得を成立させることができる。想像力は、あらゆる領域における味得の媒体である。想像力の駆使は、どのような活動に関しても、それが機械的であるにとどまらないようにする唯一のものである[20]」と語っており、その発言からすれば、想像力が駆使されるような経験においてこそ、直接的に経験することでしか捉えられないものを的確に味得できるのである。そして、想像力が駆使される経験においてそのような的確な味得が成立するという事態は、想像力を駆使する経験においては、そこで展開する出来事が劇的に脚色されるという事態と密接に関連している。というのも、先に引用した発言の流れでデューイは次のように述べているからである。すなわち、「遊びの場合と同様に、手工活動や実験室での実習に関する教育的価値は、それらの活動が、現在起きている事柄の意味の感取を成立させることに寄与する度合いに左右される。実際、その名称でよばれることはないにしても、それらの活動は、脚色されてあるもの（dramatizations）なのである[21]」と。これまでの論述を踏まえていえば、出来事や活動が精彩を放つ形で脚色されるということは、そうした出来事や活動が真に自分の環境内に位置づけられる事柄になっているという証しなのであり、そして、真に自分の環境内に位置づけられる事柄は、前述の懐古趣味をもつ人物にとって自分の環境の構成要素としての太古に関する資料や遺物がそうであるように、当人が真剣に向き合い、ときに真剣に吟味する対象になるのである。このように、デューイの倫理学的な枠組みからすれば、誰もが最初から他のひとと向き合うことができる必要はない。他のひとと触れ合うことにそれほど魅力を感じられないひとや、他のひとと向き合うことが苦手なひとは、自分が好んだり尊重したりしているものを糸口として、他のひとたちを少しずつ自らが構成する環境の成員としていけばよいのである。そして、他のひととの経験の共有というテーマに関するこのような解釈は、他のテーマにおけるデューイの主張とも調和すると思われる。例えば、『価値づけの理論』において、真の価値づけは、思考ないし探究に基づいて行われるにしても、そうした価値づけの母胎になるのは、母親が我が子を大切にする場合に見られるような、大事にする、尊ぶというふるまいであるし、また、デューイの教育論においては、学習者が現在抱いている興味に基づいて学習は開始されるべきだとされている。他のひととの経験の共有というテーマにおいては、それぞれのひとが好んでいたり尊重していたりするものを出発点とするということである。

これまでの考察の結論を述べれば、他のひととできるだけ経験を共有していくためには、自分が現にいま好んでいたり尊重していたりするものに定位しながら、想像力を駆使して他のひとを自分の環境を構成する成員として、その環境のなかに招き入れていくことが要求されるのである。しかし、この結論においては、他のひとがデューイのいう意味での環境の成員になるという点に最も注意が払われなければならない。例えば、一昔前の日本においては、障がいのある子どもが産まれると、その子は、災いをもたらすものと見なされたり、また逆に、福をもたらすものと見なされたりしたという事実がある。障がいのある子どもが福をもたらすものと見なされた事例を取り上げれば、人間の子どもが福をもたらすような超自然的な存在として捉えられているのであるから、ここには想像力による脚色がある。また、福をもたらすと考えられている存在は、家族から大事にされているはずである。けれども、この事例では、障がいのある子どもに関する理解があるとは思えないし、その子どもと家族の他の成員とのあいだで共有されている経験の範囲が広いとも思えない。

この事例にそうした難点があるのは、障がいのある子どもが、家族の他の成員たちの構成している環境のなかに正規の住人としての居場所をもっていないからである。家族の成員たちにとって、自分たちが受け入れてきた理屈では、障がいのある子どもが産まれたことに説明がつかなかったり、そうした理屈とつじつまが合わなかったりするから、福をもたらす存在という超自然的な理由が与えられている。つまり、福をもたらすとされる当の子どもは、その超自然性ゆえに、家族の他の成員とは異なる世界の住人として位置づけられているのである。したがって、本章で提示した結論を実際に活かそうと試みるうえでは、他のひとが真に自分の環境の成員になるということが何よりも重要なのである。

前述した一昔前の日本の実情から得られる教訓に基づけば、わたしたちが当然視している理屈とはつじつまが合わない事態が生じたからといって、わたしたちにとっての問題状況が必ず生じるとは限らないということである。もし、わたしたちが異質なものに遭遇したときに常に自分にとっての問題状況が生じるならば、他のひとを理解したり、他のひととできるだけ経験を共有したりするという出来事は、もっぱら第二次的経験に関する出来事であるといえるだろう。しかし、異質なものとの遭遇が必ずしも問題状況を生みだすとは限らないからには、その出来事は、第一次的経験に関する出来事でもある。第一次的経験において重要な役割を担っているのは、想像力であるが、かつての日本における障がいのある子どもの受け止め方に見られるように、想像力は、他のひとを排除する方向にも働き得る。デューイによれば、直接的に触れ合う対象に対して、それが精彩を放つ形で想像力が駆使されたときにはじめて、触れ合う対象に関する的確な味得が成立するわけだから、想像力を空虚な方向に行使させないためには、わたしたちが真剣に向き合える事柄、すなわち、現にいま自分の環境の構成要素になっている事柄に定位しながら、他のひとへと接近していくというのが、ひとつの望ましい選択肢なのである。そして、第一次的経験で成立する味得によって、わたしたちが他のひとに存する異質なものに気づけば、その気づきは問題状況を生みだして、他のひとをいっそう理解するための思考ないし探究が行われることになり、わたしたちが他のひとと共有できる経験の範囲を広げてくれる。しかも、その思考ないし探究の成果がさらにわたしたちの習慣に組み込まれるから、それによって、わたしたちが第一次的経験の場面で直接触れ合う対象に関して味得する力は向上する。このような好循環を創出するためにも、わたしたちの現にいま構成している環境において重きが置かれている要素を出発点としなければならないのである。

注

（1） *The Middle Works of John Dewey*, ed. by J. A. Boydston, vol. 9: 1916, Southern Illinois University Press, 1980, p. 147.（以下、*The Middle Works of John Dewey* は、MWと略記）
（2） *The Later Works of John Dewey*, ed. by J. A. Boydston, vol. 4: 1929, Southern Illinois University Press, 1984, pp. 142-143.（以下、*The Later Works of John Dewey* は、LWと略記）
（3） MW, vol. 2: 1902-1903, 1976, p. 338.

(4) *The Early Works of John Dewey*, ed. by J. A. Boydston, vol. 4: 1893-1894, Southern Illinois University Press, 1971, p. 179.

(5) LW, vol. 1: 1925, 1981, p. 71.

(6) LW, vol. 1: 1925, p. 71.

(7) LW, vol. 8: 1933, 1986, p. 320.

(8) MW, vol. 9: 1916, p. 15.

(9) LW, vol. 10: 1934, 1987, p. 271.

(10) LW, vol. 8: 1933, p. 351.

(11) MW, vol. 9: 1916, p. 146.

(12) MW, vol. 9: 1916, pp. 57-58.

(13) MW, vol. 9: 1916, p. 242.

(14) MW, vol. 9: 1916, p. 244.

(15) MW, vol. 9: 1916, p. 243.

(16) MW, vol. 9: 1916, p. 243.

(17) MW, vol. 9: 1916, p. 252.

(18) MW, vol. 12: 1920, 1982, pp. 180-181.

(19) LW, vol. 12: 1938, 1986, p. 108.

(20) MW, vol. 9: 1916, p. 244.

(21) MW, vol. 9: 1916, p. 245.

第Ⅱ部

経験論と論理学

第1章　J・S・ミル『論理学体系』における幾何学の経験論的把握

——必然性の問題に照準を定めて——

新　茂之

はじめに

本章の狙いは、ミル（John Stuart Mill）が主著『論理学体系（*A System of Logic*, 1843）』のなかで、数学、わけても、幾何学を巡って展開している考査に嘱目して、ミルの経験論的な知見から、数学の担う演繹的推理の正体と、それに伴っているように見える必然性の内実を析出させるところにある。

デュシェインとマッカスキーの指摘にあるように、ミルは、真正の推論を、既知の事実から未知の事実に進む行程として捉えている。[1]それを踏まえたうえで、デュシェインとマッカスキーは、つぎのように主張する。すなわち、「帰納だけがその必要を満たしている」[2]、と。この述べかたに従えば、帰納のほかにはどのような推論もなく、その結果、演繹は、もはや推論ではなくなってしまう。しかしながら、ミルにあっては、演繹もやはり推論である。[3] すると、ミルに則って、すでに知っていることがらから、それまで知らなかった内容を引きだす、という役割を担うのが帰納であると考えるのであれば、演繹も帰納でなければならない。実際、デュシェインとマッカスキーも、ミルの言説を引きながら、ミルの叙述に従うかぎり、思想のあるゆる過程が等しく帰納になるのを認めている。[4] もしそうであるとすれば、なぜ演繹が帰納であるのか、その根拠を問う必要がある。それにもかかわらず、デュシェインとマッカスキーは、それを詳らかにできていない。

ゴドゥンは、ミルの経験論的な立ち位置を確認するために、ミルの、つぎの言説を引いている。[5] すなわち、「アプリオリな知識はなにもなく、心の内的な光によって認知でき、直観的な証拠に土台を置く真理はなにもない」[6]。この述べかたに明らかなように、ミルは、経験的な要素をまったく含まずに、経験を超えて経験を基礎づけたり経験の土台にあって経験を根源的に支えていたりするような知識も真理も拒否している。やはり、デュシェインとマッカスキーも、こう語っている。すなわち、「あらゆる有意味な言明は、数学的なものも含めて、特殊の諸事実にかんする経験から究極的には出てきている」[7]。この捉えかたからすれば、たとえ数学的な概念であっても、それは経験に由来している。したがって、あらゆる知識は、経験に出自を持ち、妥当性の基盤を経験に求めているのである。

だから、ゴドゥンも喝破しているように、「経験のなかにある諸源泉のために、わたくしたちの知識は、まずは個別的な事例で生起し獲得される」[8]。別言すれば、経験論的には、経験にわたくしたちの知識の土台があるので、わたくしたちの知識が言及できるのは、もっぱら、個々の場面である。それゆえ、わたくしたちの推理も、個別的な場合から始まって、経験の蓄積と更新とともに、それの及ぶ範囲を徐々に拡大していこうとする。ゴドゥンの言いかたを援用すれば、「帰納的推理によって、のちになってしか、個別的な事例にかんする、この知識は、集められ組織化されて、一般化には至らない[9]」。とはいえ、このような論述の組みたてかたでは、やはり、デュシェインとマッカスキーが陥ったように、ゴドゥンも、「帰納がほんとうの推論のただ一つの形式になる[10]」と言わざるをえず、演繹が帰納であるのを認めめないかぎり、演繹の推論的意義が消失してしまう。しかも、ミルは、一般的な言明について、つぎのように述定する。すなわち、「一般的な言明は、数多くの個別的な事実を記憶のなかに記録し保存するための簡便な形式にすぎないのではない[11]」、と。ミルの、このような証言があるにもかかわらず、ゴドゥンは、ミルの言う一般的な言明が「推論的に不活発である[12]」と強弁する。やはり、ゴドゥンも、デュシェインとマッカスキーと同じく、演繹にかんする、ミルの経験論的な着想を鮮明にできていない。しかし、なぜ、演繹は、帰納であるのであろうか。

本章では、まず、第一節で、ミルが物理学の演繹的性格と必然的性格を数学に帰着させている点に着眼して、ミルが数学をどのように扱おうとしているのか、数学にたいする、ミルの立ち位置を明確にする。とくに幾何学に目を向けて、ミルとともに、つぎの点を論証する。すなわち、幾何学が用いる概念は、その意味にかんする経験的充足をかならずしも求めていない、と。幾何学についての、この考えかたを受けて、第二節では、幾何学にたいする、ミルの経験論的な姿勢を明瞭にする。体系的に完備した幾何学の諸概念は、経験との係わりをことさらに必要としないけれども、そうであるからといって、そうした形式的な概念が経験を成立させるアプリオリな制約になるわけではない。ミルに従えば、幾何学の概念は、経験に出自を持ちながらも、一般化によって抽象性を獲得すると、大きさのない点が現実にはないように、虚構的局面を帯びるようになる。第二節では、このような捉えかたの意義をカントの取りくみと対比させて闡明する。しかしながら、ミルの『論理学体系』が提出している重要な論点の一つは、演繹が帰納であるという立言である。一般的な理解からすれば、演繹は、帰納とは異なる推論であり、前提が真であれば、真である結論をかならず与える分析的な推理である。ミルの提題は、演繹と帰納についてすでに確立している把握とは完全に対立している。なぜ、ミルは、そのような発想を提起するのであろうか。第三節では、この問いに答えるなかで、演繹的立論の、どのような局面を捕まえて、ミルは演繹が帰納的であると主張するのか、ミルの真意を見きわめる。こうした思索を踏まえて、第四節では、必然性を巡ってミルが述べている言説に着目し、必然性にかんするミルの観点を明別して、幾何学の数学的立論が具備している必然性の本性を浮かびあがらせたい。

第一節　幾何学的概念の、経験からの独立性

物理学は、数学を援用して厳密な理論の構築をめざしている。ミルに従って言えば、「そうした部門は、数学を媒介に、これまで、演繹的な科学に改変され、経験と観察の証拠からは独立し、必然的真理の体系

として特徴づけられてきた」[13]。周知のように、ニュートン（Sir Isaac Newton）が近代の古典的な物理学の集大成として著した書物の題名は、『自然哲学の数学的原理（*Philosophiae Naturalis Principia Mathematica*, 1687）』である。ニュートンは、自然的知識の諸原理を数学的に定式化して、演繹的な科学として近代的な物理学を確立したのである。ミルの言いかたからすれば、物理学は、数学を活用して演繹的な性格を持つようになると、観察と実験が供与する経験的な証拠からは離れていく。しかしながら、数学を十分に活用している物理学ですら、物理学が定式化する法則の妥当性は、経験的な根拠から完全に離脱してはいない。実験と観察に基づいて経験的に確認できることがなにもなければ、そのような物理学は、もはや自然科学ではないのではないか。

この疑問にたいして、ミルは、こう答えている。「必然性の、この性格は、数学の原理に帰着させられている[14]」。この言明に従えば、観察と実験にはどのような係わりも持たず、どのような場面でもかならず成立する、という必然性の性格は、物理学ではなく、数学に結びついている。しかも、ミルに従えば、「そうした真理に帰属させられている特有の確実性は、幻想である[15]」。たとえば、手もとにみかんが一つあり、箱からもう一つみかんを取りだしてくると、わたくしたちは、二つのみかんを手にする。これは、1に1を加えれば2になる、という算術の基本的な法則に依拠しているようにも見える。とはいえ、ほかのところで、一つのりんごに別のりんごを一つ加えてりんごが二つになったのを確かめたとしても、そのような実験と観察には依存せずに、1と1の和は2である。というのも、ミルの指摘にあるように、数学の考えかただけに従ってその計算を正当化できるからである。すなわち、「1を加える」という加法を「つぎの数を与える」という操作として定義すれば、1と1の和は、1のつぎの数を指している。このように、わたくしたちが日常に経験している「加える」という事態に加法を接続させなくても、それを純粋に数学的な演算として捉えて、そうした経験に訴えずに加法を構築できる。ミルの言うように、加法をことさらに経験に結びつける必要はない。このようなしかたで、ミルは、数学の性格を把捉しようとする。ミルは、そこに踏みとどまらず、数学のありようを「幻想」として定位する。なぜ、ミルは、そうした捉えかたを採用するのであろうか。

「つぎの数を与える」は、たとえば1に2を対応させるので、函数である。この言明は、幻想ではなく、一つの数学的事実ではないのか。うえで確認したように、そのような数学的事実は、具体的な経験との連絡を必要としていない。すると、ミルの立ち位置からすれば、経験に根ざしていない、どのようなことがらも幻想であるのかもしれない。実際、ミルは、つぎのように主張する。「数学の真理は、純粋に想像上の対象に関係し、それらの諸属性を表現している」[10]、と。たとえば、わたくしたちは、1を実際には経験していない。ほんとうに目にしているのは、1ではなく、一本とか一個とか一頭とかといった、1の具体例である。だから、1として把握しているような事態を2という数字で表現してもよい。集合という考えかたを援用して、数を規定すれば、数は、要素のあいだに一対一の対応を確立できるような集合を要素として取る集合であり、そうした集合を1とか2とか3とかと呼称しているにすぎない。ミルの述べかたに則れば、集合とか対応とかという概念を、確かに実際の経験に繋げて理解できはするけれども、それは、必須ではなく、それらをわたくしたちの想像力が構想する概念として定位しても、なにも問題はない。

数学の、このような特性は、一つの典型として幾何学に現れている。周知のように、幾何学的には、点には大きさがなく、線には幅がなく、面には厚みがない。しかしながら、経験的な見地からすれば、大きさのない点も、幅のない線も、厚みのない面も現実には存在しない。だから、幾何学の指定する点も線も面も、ある意味では、幻想である。ミルに従っても、「大きさのない点は、なに一つ存在せず、幅のない線も完全にまっすぐな線も存在せず、あらゆる半径が等しくなっているような円も、あらゆる角が直角になっているような正方形も存在しない[17]」。実際の点には大きさがある。どれほど精緻に円を書こうとも、わたくしたちが現実に手にする円の半径をすべて等しくなるようにするのは、不可能である。それと同じように、幾何学が定めている正方形を厳密に書くのもきわめて困難である。それでは、経験論的には、幾何学にはどのような意義もないのであろうか。

その一方で、ミルは、こうも述べている。「わたくしたちは、あたかも線に幅がないかのように、線について推理できる[18]」、と。この言明からすれば、確かに、幅のない線を引けないけれども、線を、幅という概念に言及せずに一定の幾何学的実体として位置づけられる。ヒルベルト（David Hilbert）は、そのような線を導入して、矛盾を含まない整合的な幾何学的体系を構築している。ヒルベルトは、『幾何学基礎論』のなかで、幾何学の基本的な構成的単位として、点、直線、平面を置いている[19]。しかも、そうした点とか直線とか平面とかは、ヒルベルトが組織化した五つの公理群の諸要請を満たしさえすればよく、わたくしたちがまさしく見たり書いたりする図形的対象がそれらである必要は、まったくない。というのも、ヒルベルトは、点と直線と平面を定義するとき、つぎのようにしか述べていないからである。すなわち、

「第一の集まりに属するものを点と名づけ、A、B、Cで表し、第二の集まりに属するものを直線と名づけ、a、b、cで表し、第三の集まりに属するものを平面と名づけ、α、β、γで表す」[20]。ここでヒルベルトが宣言しているのは、ある対象を、点と呼んだり、直線と呼んだり、平面と呼んだりすることだけであって、ヒルベルトは、それらの内実には言及していない。ミルの指摘に従って極論すれば、「わたくしたちは、そのような線にかんする精神的な描像をなに一つ形成できない」[21]。幾何学は、幅のない線を用いて、幾何学的論証を組みたてているけれども、わたくしたちは、幅のない線にかんする具体的な心象を成形しているわけではない。だから、ミルにあっては、幅のない線という概念にかんする形式的証明の成立と、幅のない線にかんする観念の存在とのあいだには、どのような結びつきもない。すると、なるほど、幾何学は、図形にかんするわたくしたちの具体的な観念に関係させて、線ということばを採用しているけれども、幾何学の論理的な構成を勘案すると、これに拘泥する理由は、なにもない。それゆえ、たとえば、「点」を「椅子」と呼び、「直線」を「机」と呼んで、ある点を直線が通る、という事態を、「ある椅子を机が収納する」と表現すれば、椅子と机の幾何学を建設できる。すなわち、そのような幾何学では、二つの異なる椅子を同時に収納できる机は、一つしかなく、ある椅子Aを収納していない机aにたいして、Aを収納し、かつ、aと共通して収納できるような椅子を一つも持たない机bは、一つしかない。この言明は、平行線にかんする、ユークリッド幾何学の考えかたに対応している。

このように、幾何学の言う点とか線とかと、経験的に確認できる点とか線とかとは、かならずしも緊密に結びついてるわけではない。それらを切りはなして、それぞれを別々に検討できる。ミルのことばを借りれば、「自然のなかにも、人間の精神のなかにも、幾何学の定義に厳密に対応する、どのような対象も存在しない」[22]。この見たてに準拠するかぎり、幾何学は、わたくしたちが点とか直線とかに実際に見いだしている事実を定式化しているわけではない。とはいえ、それでは、幾何学の言う点とか直線とかは、現実的な世界とどのような連絡も保持していないのであろうか。このような問いかけについては、ミルは、こう答える。「幾何学は現実に存在するような線とか角とか図形とかに精通している、と考える以外にはなにも残っていない」[23]、と。わたくしたちが実際に扱える点と幾何学が定義する点とを合致させる必要はないけれども、幾何学は、経験の領域に現れる具体的な点の諸特性を提示している。たとえば、わたくしたちが紙に書いた二つの点のいちばん短い距離を知ろうとすると、それらをできるかぎりまっすぐな線で結ばなければならず、そのような線は、そのような直接性を可能なかぎり実現していくと、かぎりなく一つに定まってくる。これは、異なる二点を通る直線は一つしかない、という幾何学的言明の経験的内実である。しかし、そうであるからと言って、これまで論証してきたように、幾何学は、わたくしたちの経験に依拠せず、はじめに要請した条件の論理的帰結として形式的にさまざまな幾何学的言明を導出できるのである。

第二節　幾何学的概念の出自にかんする経験論的理解

幾何学にかんする上述の考察は、いったい、なにを意味しているのであろうか。ミルによれば、幾何学の導入している概念に対応する対象は、心のなかにも自然のなかにもない。別言すれば、ミルは、幾何学の概念と、それに結びついていると考えられるわたくしたちの経験とを分離させようとしている。この発想は、ある点では、カント（Immanuel Kant）が『純粋理性批判（*Kritik der reinen Vernunft*, 1787）』のなかで提示した視点に結びつく。というのも、カントは、つぎのように述べているからである。「二等辺三角形の図形について、それが目のまえに横たわっているように、あるいは、それにかんする考えかたについて、それが精神に存在しているように、考えを巡らすだけでは不十分であった[24]」、と。第一節で確認したように、幾何学が想定する、大きさのない点も、幅のない線も、厚みのない面も、経験の対象として、実際にはないし、わたくしたちの観念にもない。ヒルベルトの視角からすれば、幾何学の導入する点に大きさがある必要はないし、線も幅を持たなくてもよく、面もかならずしも厚みを求めていない。それゆえ、カントの述定にあるように、わたくしたちが実際に見ている点をいくら凝視したとしても、あるいは、わたくしたちが思い浮かべる点を頭のなかでいくら点検したとしても、それだけでは幾何学的な点の本性は、明らかにならない。

それでは、それを捉えるために、いったい、なにをしなければならないのか。カントの指摘に則れば、「必要であるのは、こうした特性を、いわば、積極的なアプリオリな構成によって産出することであった[25]」。カントの捉えかたでは、幾何学的な図形の特性を把握しようとすれば、具体的に現前している図形に拘泥してはならない。むしろ、そのような所与の図形からは離れて、かつ、そのような経験には先だって、それをみずから能動的に産出しなければならない。そのようなしかたで生みだす図形こそ、大きさのない点であり、幅のない線であり、厚みのない面であるのである。

その一方で、前節で見たように、ミルに言わせれば、それらは、虚構にすぎない。すると、カントの企てをつぎのように言いなおせもする。すなわち、そのような仮構的構成によって、わたくしたちは、客体である図形のほうからではなく、主体であるわたくしたちのほうから、目のまえにある幾何学的な図形の本質を看破できる、と。なるほど、ミルも述べているように、「あらゆる半径が等しくなっているような円」を書けない。[26]そうであるので、カントの立ち位置では、そのように経験には現出しない概念に基づいて、目のまえにある円の幾何学的特性を掴もうとしなければならない。かくして、ほんとうはたがいに等距離にはない二つの直線を平行とみなして、そこに平行線の性質を読み取ることが可能になる。このように述べてくると、カントが幾何学的な思考に当てようとした光は、それの所有する一側面を浮かびあがらせている。ことばを換えれば、図形を経験的に確認するまえにあらかじめ用意している幾何学の概念で、目のまえにある図形の幾何学的特性を捉えようとしなければならない。というのも、そうでなければ、実際に見ている幾何学的な図形の本質的な性格を精密には掴めないからである。

しかしながら、ヒルベルトの洞察を勘案すれば、幾何学の基本的単位として要請している直線は、実際に書いたり見たりしている直線でなくてもよい。幾何学の「点」とか「線」とか「面」とかは、目前にある点とか線とか面とかを指していなくてもよい。その意味あいでは、幾何学的実体は、ミルが喝破したように、現実とは特段の係わりを持たなくてもよい論理的構成体である。

幾何学にかんするミルの理解にかんして、こうした把握が成立すれば、なぜミルが幾何学の基本的単位を仮構とみなすのか、その理由が露わになる。幾何学が論理的な体系として組織的な整合性を獲得すれば、たとえそのような幾何学がわたくしたちの日常に関係している概念を援用していたとしても、幾何学的考察は、それからは独立して無関係に展開していく。だから、幾何学が定式化している図形の特質は、経験的認識の対象となる図形をまえもって規定する条件であるわけではない。あるいは、いっそう正確に言えば、幾何学にそのような位置を与えられはするけれども、そうでなければならない理由はない。幾何学の体系を矛盾なく構築できれば、幾何学の言う図形とわたくしたちの経験する図形とを別々にして考えられる。このときには、幾何学が示す図形は、それを心のなかですら表出できず、虚妄になる。それでは、幾何学が想定している図形と、わたくしたちが実際に見たり書いたり想起したりする図形とのあいだに、どのような接続もないのであろうか。カントは、その連絡を、コペルニクス的転回として、幾何学の虚構的描像が経験的図形の可能性を担保するというしかたで捕捉しようとした。すなわち、「対象が直観のわたくしたちの能力の本性に合致するとき、そのとき、わたくしは、そのようなアプリオリな知識の可能性を容易に考えられる」[27]。カントの考えかたでは、わたくしたちは、経験的対象の認識に先行して成立している概念でその対象を規定して、経験を成立させているのである。

すると、幾何学にかんするカントの捉えかたで要になるのは、幾何学が用意している概念は、わたくしたちの経験とは独立して完結的に存立していなければならない、という視点である。これにたいして、ミルは、つぎのように述定する。「幾何学の定義は、それらが呼ばれているように、そうした自然の対象にかんする、わたくしたちの、最初で、いちばん明白な一般化のいくつかとしてみなされなければならない」[28]。この言明から読みとれるように、幾何学の導入する点とわたくしたちの目にする点とのあいだに合致があるのをことさらに要求しなくてもよいからと言って、ミルは、両者を完全に分離させているわけではない。ミルは、幾何学の概念を、経験からの一般化に結びつけようとしている。これは、カントの採用した方針とは逆の道を辿っている。カントは、幾何学の概念に依拠して経験を捉えようとしたけれども、ミルは、経験から一般化を通して幾何学の概念が産生すると考えているのである。

一方、ミルの言説を引けば、「ある円のあらゆる半径の同等性は、それが任意の円について真であるかぎりで、あるゆる円について真である」[29]。幾何学が明らかにしているように、円にかんする定義に従うかぎり、それを充足するどのような図形でも、その半径は、すべてたがいに等しい。すなわち、半径の同等性は、包括的にあらゆる円で成立する。とはいうものの、ミルに則れば、「それは、任意の円について厳密に真ではなく、ほとんど真であるにすぎない」[30]。円の定義に準拠して幾何学の言う円を論証的に把握すれば、一般には、どのような円であろうと、例外なく、その半径は、すべてたがいに等しいはずである。それにもかかわらず、ミルの言いかたは、あらゆる半径が等しいわけではないような円が存在する可能性を排除していない。幾何学の体系的な一貫性を勘案すれば、ミルの考えかたを支持できないのではないか。なぜ、ミルは、幾何学の論理的な整合性と齟齬を来すようなことがらに言及しているのであろうか。

ミルの述べかたを正当化するための方途の一つは、つぎのような理解である。すなわち、ミルが注目しているのは、幾何学の想定している円ではなく、わたくしたちが実際に書く円である、と。幾何学の要求する完璧な円を与えるのは、不可能である。というのも、わたくしたちは、幅のある線しか書けないからである。だから、個別に作図した円では、すべての半径がたがいに等しいわけではない。とはいえ、それを円とみなせはするので、実際の円では、半径の同等性は、なにもないのではなくて、ミルの言うように、おおかたの半径は、等しくなっている。このようにして、ミルの言う「ほとんど」は、幾何学の想定している円ではなく、いつも目にしている円である。とはいうものの、ミルの視点は、ほんとうに、幾何学の規定する円ではなく、経験可能な円にあるのであろうか。

さきほど引用した文言に続けて、ミルは、こう語る。「こうした帰納、すなわち、それらの帰結を、誤りを感得できもするはずの事例、たとえば、知覚可能な幅もしくは厚みを持った線とか、感じ取れるほどに等距離からは逸れている平行線とか、そういったものに拡張する機会がわたくしたちにあるときには、わたくしたちは、わたくしたちのもろもろの結論を正そうとして、当の逸脱に関係している、新たなひとそろいの命題とそうした結論とを組みあわせようとする」[31]、と。文脈からすれば、ミルの言う「こうした帰納」は、ミルが直前の言明のなかで言及している、ほどんどの半径が等しいという状況である。他方、幅とか厚みとかのある線は、経験の対象である。逆に言えば、わたくしたちは、経験の領域のなかでは、厳密に等距離にある二つの直線には携われない。ミルのことばを借りれば、それらは、「誤りを感得できもするはずの事例」、すなわち、少し歪んでいたり曲がっていたりして、ずれのある図形である。ミルの述べかたは、むしろ、幾何学のなかで論証的に確認したことを、ずれを含みこんでしまっている図形に適用して、たとえば、目のまえにある円の面積とか円周の長さとかを求める、という方向にも進もうとている。言いかえれば、ミルは、大多数の半径が等しいという内容のほうを、わたくしたちが実際に遂行している作図のほうに適用しようとしている。したがって、ミルは、同等性をほとんどの半径で確認できる、というみずからの発言を、わたくしたちが現実に直面している円ではなく、幾何学が構想する円にかんする論証に結びつけているのである。

第三節　枚挙的全称性としての「あらゆる」

こうした読解が正当であったとしても、新たな難点が浮上してくる。ミルに従えば、円のあらゆる半径がたがいに等しいという立言は、帰納の帰結であるので、うえのような読みかたでは、幾何学の論証は帰納に基づいていることになる。とはいえ、幾何学は、ヒルベルトが果たしたように、演繹的な公理的体系を提示する。幾何学は、いくつかの原初的な言明を公理として持ち、それらから論理的な手つづきだけでいろいろな言明を定理として導出していく。このような幾何学に帰納の入る余地は、ないはずである。というのも、一般に、帰納は、部分で確認できた内容を全体にまで拡張しようとする蓋然的な立論であるからである。それゆえ、帰納は、部分の観察に依拠するので、全体にかんしては、「あらゆる」ではなく、「ほとんど」を主張する。これにたいして、幾何学では、どのような円の半径もすべてたがいに等しいし、どのような平行線でも、二つの直線はつねに等距離にある。だから、幾何学の論証は、「ほとんど」ではなく、「あらゆる」を結論として与える。演繹的な組織化に直結する幾何学と、蓋然的な立論としての帰納とにかんする、上述の一般的な理解に反対して、ミルは、すでに看取したように、幾何学の言明が「ほとんど真であるにすぎない[32]」と明言する。ミルに準拠するかぎり、幾何学は、演繹的ではなく、帰納的である。しかし、なぜ、そのような主張が出てくるのであろうか。その根拠は、いったい、どこにあるのであろうか。

ミルも述べているように、「人間が観察できるあらゆることは個別的な事例である[33]」。この言説に則れば、幾何学のなかで検討する事例ですら、それは、個々の状況に留まる。たとえば、三角形の内角の和が二直角であることを証明するために、実際的には、三角形を具体的に書いて、それにかんして証明を組みたてる。とはいえ、ミルの洞察に従えば、当の三角形は、あくまでも個別的な三角形である。言うまでもなく、個別的な事例をいくら多く集めてみたところで、そのような企ては、あらゆる事例を網羅できる包括的な全称性には至らない。せいぜいのところ、それは、枚挙的な全称性の範囲を示すだけである。別言すれば、わたくしたちは、観察できた場合を一つ一つ数えあげて、それらだけを「あらゆる」として纏めあげているにすぎない。このように、ミルの見地からすれば、幾何学といえども、それは、枚挙的全称性のもとで「あらゆる」を主張しているのである。

それにもかかわらず、ミルは、一方で、こう立言する。「個別的な事例からあらゆる一般的な真理は引きだされなければならないし、個別的な事例にあらゆる一般的な真理はふたたび分解できる[34]」、と。この文言を額面通りに受け取れば、個別に点検した三角形の内角の和に依拠して、あらゆる三角形の内角の和が二直角であるのを立言できる。しかも、そのような一般的な言明に依拠して、個々の三角形について、その内角の和が二直角であるのを言明できる。しかし、ミルは、「あらゆる」を、字義通りに一切を網羅する包括的全称性ではなく、実際に確認できた範囲に限局しなければならない枚挙的全称性として定位している。そうであれば、個々の場合から帰結する「あらゆる」の作用域は、そうした場合にしか及んでいないし、「あらゆる」から引きだす個々の場合は、その作用域のなかに入っていて、すでに枚挙の対象になっている。それゆえ、「あらゆる」を枚挙的全称性とするかぎり、特殊から一般に進もうとも、一般から特殊に進もうとも、そこでは、あくまでもすでに観察していることがらを、「あらゆる」ということばのもとで、一括したり確かめたりしているだけである。それゆえ、こうした推論は、新たな情報をなにももたらしていないのである。

そうはいうものの、みぎに引いたミルの文言にあるように、わたくしたちは、包括的な観点から、こう推断しているように見えはする。すなわち、あらゆる三角形の内角の和が二直角であるから、この三角形の内角の和も二直角である、と。あるいは、逆に、いろいろな三角形の内角の和が二直角であるから、どのような三角形についても、その内角の和は、おしなべて二直角である、と。しかしながら、ミルの言う「あらゆる」は、これまでの考究に準拠すれば、枚挙的全称性である。だから、いずれの推論でも、それ以前に分かっている内容を、一方では「あらゆる」のなかにある特殊にかんして、他方ではいままでの特殊を纏める「あらゆる」にかんして、それぞれ再認しているにすぎない。このように、ミルの見地からすれば、両方の推論では、知識は、なにも増えていない。そうであるにもかかわらず、ミルは、そのような推論の過程を「既知から未知への進展」とみなす[35]。本節で展開してきた論述を踏まえれば、未知の内容は、うえの二つの推論にはなにもないはずである。どのようにして未知のことがらがそれらから生まれてべているのであろうか。こうした読解では、ミルは、新たな内容がないと言っておきながら、それがあると述べていることになる。結局のところ、ミルの論述は、自家撞着に陥っているのではないか。

これまでの考究を整理しよう。第一に、ミルが推論に提供している規定に従って、推論は、すでに知っていることがらから、それまで知らなかった内容に進んでいくための理知的な企てである。第二に、その一方で、ミルの言う「あらゆる」ではその成員を一つ一つ数えあげられ、それは、「あらゆる」の作用域が枚挙的全称性であることを意味するので、そこには新奇な事態への言及を備えていない。一見したところ、たがいに対立しあっているように思える、ミルの、こうした見かたは、『論理学体系』という、同じ一つの論考のなかにある。それらは、矛盾しあったまま、『論理学体系』のなかで、たんに並存しているだけであるのであろうか。あるいは、これら二つの論点は、ミルにあっては、たがいに結びつきあっているのであろうか。

帰納は、部分から全体に移行するための立論である。これまで導入してきた用語を使って言いかえれば、帰納は、枚挙的全称性に依拠して、包括的全称性を主張しようとする。すなわち、帰納は、枚挙的全称性のもとで、それだけでは作用域に組みこめなかった特殊を作用域の成員として新たに加えようとしている。ここに帰納の論理的飛躍がある。というのも、ある一定の範囲のなかで観察できた内容を、それを超えて他の対象に適用するための保証は、論理的にはどこにもないからである。このような論理的飛躍のもとで、わたくしたちは、この三角形についても、その三角形についても、あの三角形についても、それらの内角の和は、二直角であるから、あらゆる三角形の内角の和は、二直角である、と主張して、前者の作用域のなかに別の三角形も追加できると考えている。すると、逆に言えば、ミルの考えかたに準拠して、「あらゆる」を枚挙的全称性として捉え、それが及ぶ作用域を限定すれば、みぎの立論は、「あらゆる」の作用域に帰属する成員でなかった対象を新たにそこに追加しようとしている帰納であることになる。このようにして、帰納は、すでに知っていることがらに基づいて、いまだ知らなかった内容に向かう。しかも、そのような帰納は、論理的飛躍を胚胎している。それゆえ、帰納は、「あらゆる」が与える作用域の枚挙的全称性に立って、論理的飛躍を犯しながら、その範囲を広げていくための立論として、既知から未知に進んでいこうとするのである。

ミルの注目する「あらゆる」の作用域は、枚挙的全称性のもとにある。幾何学もその例外ではない。だから、あらゆる三角形の内角の和は、二直角である、という言明は、どのような三角形をも包みこもうとする全称性に関与してはいない。その言明が含む「あらゆる」の作用域は、それが網羅する範囲を経験的に限定している。なるほど、目のまえの図形が三角形であれば、当の言明から、その内角の和が二直角である、という帰結を出せはする。一般的な理解では、この論証は、演繹的である。しかしながら、これまで述べてきたように、考察の対象となっている三角形は、「あらゆる」の作用域にはないから、当該の言明との関連では未知の三角形である。だから、あらゆる三角形の内角の和が二直角であるので、この三角形の内角の和も二直角である、という論証で組みたてている立論は、つぎのようになる。すなわち、これまで確認してきたあらゆる三角形の内角の和が二直角であるのを根拠にして、いまだ確認の済んでいない三角形にも、その特徴を帰属させようとしている。

しかも、このような進みゆきは、既知から未知に向かっており、その点で、ミルの言う推論であり、それは、帰納的である。それゆえ、あらゆる三角形の内角の和は、二直角であり、この図形は、三角形であるから、その内角の和は、二直角である、という演繹は、「あらゆる」の作用域を特徴づけている枚挙的全称性の飛躍的拡張に依拠した帰納である。このように、枚挙的全称性を内属させている「あらゆる」から進む論証が推論であるためには、それは、枚挙的全称性が成立させている「あらゆる」の作用域を論理的飛躍によって拡張していく帰納でなければならない。かくして、一見したところ対立しあっているように見える、ミルの二つの視点、具体的には、既知の事実に閉じている枚挙的全称性と、既知の事実から未知の事実を捉えようとする推論は、たがいに結びつきあって、ミルに特有の発想を鋳だしている。一般的な言明から個別的な言明を引きだそうとする演繹は、一般的な言明の本性である枚挙的全称性が具体的に定位している作用域の飛躍的拡張を通して個別的言明が言及している対象を当の作用域に新たに組みいれようとする帰納にほかならないのである。

第四節　論証域の枚挙的全称性としての必然性

前節の考究を勘案すれば、演繹に分類できる幾何学の論証ですら、ミルにあっては、それは、帰納である。そうであるから、ミルは、こう断言する。「究極的な前提が特殊となっているような、思想のあらゆる過程は、わたくしたちが特殊から一般的な形式を結論しようと、その定式に従って特殊から他の特殊を結論しようと、等しく帰納である」[36]、と。経験の水準に留まるかぎり、ほんとうに確認できているのは、個別的な事例だけである。前節で明別したように、この三角形も、その三角形も、あの三角形も、それらの内角の和が二直角であるから、ほかの三角形の内角の和も二直角であると考えて、あらゆる三角形の和が二直角であると述定する。これは、個別的な事例から一般的な言明を引きだそうとしているので、帰納である。帰納の要諦は、枚挙的全称性のもとにある作用域の飛躍的拡張にある。この推論は、前段のところで、個別的に点検した内容に基づいて別の特殊にかんして判断を下すための立論も含んでいる。これも、枚挙的全称性のもとにある作用域の飛躍的拡張に準拠しているので、帰納である。

こうした理解が帰納について成立すれば、なぜ、ミルは、幾何学のなかで半径の同等性が任意の円でほとんど真である、と立言するのか、その理由が浮かびあがってくる。どのような円でも、その円のあらゆる半径がたがいに等しい、という命題の合意は、こうである。枚挙的全称性という制約のなかで「あらゆる」を主張しているので、それの網羅する作用域には限定があり、それを構成していない、ほかの円も、そこに含めようとすると、論理的な担保のないまま、その作用域を拡張することになる、と。それゆえ、ミルは、具体的な確認を超えた包括的全称性ではなく、個別性に踏みとどまる枚挙的全称性が提示する作用域の飛躍的拡張に注視しており、それをはっきりと示すために、「ほとんど」に言及しているのである。

ミルに従うかぎり、演繹は、帰納である。だから、言明が演繹から帰結していても、それは、必然的ではない。別言すれば、幾何学的論証の結論は、それが示しているのとは異なる事態が生じるという可能性を排除できないでいる。それにもかかわらず、ミルによれば、「幾何学の結論の必然的な真理であるのが肯定されるとき、その必然性は、ほんとうのところは、つぎのところにしかなく、そうした結論は、仮定から正しく出てきているのであって、その仮定から演繹されている[37]」、と。この言説からすれば、一見したところ、ミルは、幾何学的な論証の結論に必然的な真理性を認めたうえで、その出自を、仮定から正当に当の結論を演繹できているところに求めているように思える。なぜ、ミルは、幾何学的な論証が帰納に基づいているのを承認しているのに、幾何学に係わる言明については必然性を持ちだすのであろうか。

すでに明らかにしたように、ミルは、三角形の内角の和は、二直角である、という言明がほとんど真であることを容認している。この理屈からすれば　ミルは、幾何学的論証の結論は、かならず真である、と述定するのではなくて、それは、だいたい真である、と主張すべきではないのか。前節で証示したように、ミルは、経験論を徹底して演繹の帰納的特性を剔りだそうとしている。しかも、経験の可謬性を考えあわせれば、経験に依拠するかぎり、どのようなときにでもかならず言えることがらを提示できない。ミルの例示を援用すれば、これまで見てきた雪が白かったという理由を持ちだして、「あらゆる雪が白いという ことさえ、その完全な保証をわたくしには与えられないし、ましてや、雪は白くなければならない、という保証を与えられない[38]」。帰納と経験は、雪の白さにかんして、包括的全称性も必然性も確保できない。

第一節の論定によれば、幾何学の仮定は、仮構である。ミルは、つぎのようにも言明している。「そうした仮定は、必然的であることからかなり離れているので、それらは、真ですらない[39]」、と。公理的体系としての形式的な幾何学が想定する点とか直線とか平面とかは、実際に存在している実体とはどのような関係も持っていない、経験的には空虚な想定である。だから、幾何学の想定は、わたくしたちの経験に照らして、それが指定している内容を持っていなければならないという必然性を備えていない。それは、要請であり、要請に必然性は、ない。たとえば、ユークリッド幾何学では、ある直線のうえにはない点を通って、その直線と平行な直線は、一つしかない。とはいえ、そうでなければならない理由は、なにもない。そのような直線が一つもないのを要請すれば、非ユークリッド幾何学の一つを構築できる。当の直線が二つ以上あると仮定すれば、もう一つの非ユークリッド幾何学が立ちあがってくる。ヒルベルトが完遂したように、幾何学は、有限個の言明から展開する公理的体系を成形している。幾何学のなかでは、あらゆる定理を公理に還元できる。なるほど、第二節で捕捉したように、公理の出自は、ミルにあっては、経験にある。それにもかかわらず、ミルも認めているように、経験との接続は、公理であるための必須の要件ではない。幾何学が公理的体系として完備した組織を獲得すれば、公理がたとえ虚構であっても、それは、幾何学のなかではまったく問題とはならない。

こうした述べかたに準拠すれば、ミルの、つぎのような立ち位置が露わになってくる。すなわち、わたくしたちは、経験の領分であろうと、幾何学の領域であろうと、前提とか結論とかを構成する言明には必然性を付与できない。とはいえ、うえでミルにたいして提起した問いと併せて、つぎのような疑念をいまだ払拭できていない。これまで見てきた雪が白かったので、ほとんどの雪は、白い、という発言と、ほとんどの円でその半径の長さは、すべて等しい、という立言とのあいだには、ほんとうに、どのような差異もないのであろうか。確かに、どのような言明であろうと、ミルの経験論的な立場からすれば、それが必然的であると断定するための論拠はない。そうではあるものの、ミルは、幾何学から必然性を完全に取りさっていないようにも見える。やはり、ミルに従っても、「どのような科学的探索であれ、必然性が結論に帰せられるさいの唯一の意味あいは、なにかしらの想定から正当に出てきているということのそれである」[40]。だから、たとえば、幾何学の必然性は、仮定として定位できる公理から正しく演繹的に幾何学的言明を導出できているところにある。これには、ふたたび、こう言わざるをえない。ミルの考えかたに則るかぎり、演繹は、帰納であるから、一般的な把握とは異なり、演繹は、必然性を担えないのでないか、と。

わたくしたちは、雪が白いという文の帰納的確証と比較して、円では半径の長さがすべて等しくなっているという文のそれのほうにいっそうの強度を認めようとする。なぜか。ミルは、つぎのように説明する。すなわち、「それは、真実には、おおいに偶然のことがらであって、わたくしたち自身の精神の過去の歴史と習慣に依存している」[41]、と。この言説に従えば、幾何学的論証の強さは、わたくしたちが幾何学的論証を駆使して展開してきた実際的な成果に依拠している。ミルは、演繹を、枚挙的全称性しか持たない作用域の論理的飛躍を内蔵した帰納とみなすから　わたくしたちが一般に思いえがいているような必然性を幾何学的論証に帰着させるわけにはいかない。あるいは、どのような立言も、探究の妥当性を請けおえる論証域に依拠しているのであって、それを離れては、その正当性を当然視できなくなる。とはいうものの、ミルの言いかたは、一見したところ、論理をわたくしたちの心のありかたに還元しようとする心理主義的な傾向を保存しているように思えもする。

しかしながら、たとえば、標準的な形式論理学では、ある文とその否定文のいずれかを容認する排中律は、真理である。それゆえ、排中律は、わたくしたちの感じかたに関係なく、必然的に真であるはずである。それにもかかわらず、実際には、たとえ真偽の二値を取る形式論理学であっても、直観主義的には、排中律は、自明の真理ではない。だから、ミルの洞察にあるように、確かに、標準的な形式論理学をもっぱら運用しそこで論理的思考の訓練を重ねてきたひとには、排中律は、必然的な真理のように映りはする。けれども、直観主義の視点を勘案すれば、そうした事態は、これまでの探究の脈絡に依拠しているにすぎない。すなわち、限定的な範囲で排中律の正当性を唱道しているだけであって、一定の仮設的な状況から出てしまえば、排中律の必然性は、その論理的担保を喪失してしまう。わたくしたちの獲得する全称性が枚挙的であるように、ミルが幾何学的論証に見いだそうとしている必然性は、字義通りにあらゆる論証域を貫いて包括的にそれらを網羅しているのではない。つまり、必然性は、枚挙的に確認してきた論証域の広さを示しているにすぎないのである。

ミルは、ヒューエル（William Whewell）のことばをそのまま引いて、みずからの姿勢を表明している。「真理の勝利は、わたくしたちが拒絶する見かたを、偽であるだけでなく考えられないものとみなすように、わたくしたちを導く」(42)、と。すなわち、どのような意見であろうと、それ以外には考えられず、かならずそう言わなければならない、と信じるようになるのは、これまでの探究が上首尾に進み、これからの探究にも一定の成功を見こんでいるときである。なるほど、そのような探究のなかで固めてきた意見を、当の探究が枚挙的に示す論証域のなかでは、全面的に述定できはする。しかしながら、その論証域のそとに出てしまえば、その意見は、正当性を喪失してしまいかねない。換言すれば、わたくしたちが保持できる見解は、枚挙的全称性を確保できるような圏域では、あらゆる論証域を拾いあげられ、その範囲に限定的な必然性を具備できはするものの、当の見解は、それを踏みでては、いつでもどこでもだれにでもかならず通用するわけではない。したがって、幾何学あるいは数学の必然性は、ミルにあっては、虚構的な設定を布置し、作用域にかんして枚挙的全称性の拡張が可能になるように、論証域を確定しながら成立させていく、論証域にかんする限定的な枚挙的全称性の拡充可能性にあるのである。

おわりに

本章では、数学の必然性を巡って、ミルが『論理学体系』のなかで開陳している言説、とくに幾何学にかんする主張に焦点を絞って、ミルの考える必然性の内実を闡明しようとした。本章の探索に基づけば、つぎのように結論づけられる。(1)『論理学体系』の見地に立つかぎり、必然性は、あるゆる論証域を包括的に貫く、絶対的に普遍的な妥当性ではない。(2)『論理学体系』の諸言説から帰結する必然性は、あくまでも枚挙的全称性によって立つ、特定の想定が指定する論証域を、枚挙的に網羅していく限定的な全称性に結びついている。

わたくしたちの手もとには正格法がある。すなわち、ある言明が別の言明を含意しているときに、前者の言明を肯定できれば、後者だけを単独で立言できる。たとえば、稲光が走れば雷鳴が轟くのを知っているので、稲光を実際に観察すれば、つぎに起こる雷鳴に身がまえる。この推理を、上述のしかたで、いわゆる正格法として定式化できる。正格法は、推理の基本的な形式であり、標準的な形式論理学のどのような体系でも妥当である。しかしながら、本章で解きあかしてきた視座からすれば、正格法に看てとれる必然性は、上首尾に進んできた探究を通して、それ以外の可能性を考えられなくなった結果にすぎない。別様に述定すれば、その必然性は、これまでの探究によって枚挙的に確定してきた論証域の範囲で成立している全称性を示しているにすぎない。このようにして、これまでいろいろな場面で正格法を使用し、そうした場面のそれぞれで正格法がうまく機能し、それを通して正確な情報を獲得できているときに、わたくしたちは、そうした場面を一つに括って、正格法があるゆる場面で妥当である、と判断する。しかも、この認定を踏まえて、他の場面にも正格法を適用しようとする。そのときの立論は、つぎのような論証によっている。(a)二つの命題がどのような言明であろうとも、一方が他方を含意しており、前者の命題が成立しているとき、そのとき、後者の命題だけを立言できる。(b)いま、手もとにある具体的な命題が別の命題を含意しており、前者の命題は、真である。それゆえ、(c)後者の命題は、真である。

本章で証示したように、ミルの言う全称性は、個々の対象を具体的に数えあげられる、という枚挙性に基づいている。だから、みぎの論証のなかで、最初の一般的な言明は、枚挙的全称性のもとにあり、それの及ぶ論証域の範囲で正格法が正しいことを強調している。つまり、正格法は、かならず成りたつのである。しかしながら、論証域の、そのような枚挙的全称性にある範囲から、いったん、そとに出てしまえば、はたして正格法が必然性を維持できるのかどうか、それは、保証のかぎりでない。それにもかかわらず、わたくしたちは、論証域に係わって「あらゆる」が指定する枚挙的全称性を足かがりに、そこにはなかった新たな論証域をそこに組み入れて、いま考察の対象になっている場面を当の「あるゆる」のもとに置こうとする。本章の言いかたを援用すれば、正格法は、枚挙的全称性の飛躍的拡張に依拠して、既知から未知に進んで、その正当性を漸進的に拡充していく。これこそ、必然性の意味であるのである。

それでは、こうした探査から、ミルの、どのような経験論が立ちあがっているのであろうか。ミルは、「あらゆる」の意味を枚挙的全称性に置いている。これは、わたくしたちが経験の個別性を超えられない、という事実の表明である。これを貫こうとすると、一般的な言明から個別的な言明を導出するとき、前者が後者をすでに含んでいるとすれば、その導出は、なにも新たな情報を提示していない。そうでなければ、個別的な言明によってはじめて一般的な言明を主張できるのに、くだんの導出では、その順序が逆になっていて、論点先取の誤謬が生じている。本章で提起した、枚挙的全称性の飛躍的拡張は、経験論の、こうした隘路から脱けだすための方策である。これの意義は、経験には限界があり、わたくしたちにはそれを超克することができない、という経験論的態度を墨守しようとしているところにある。それゆえ、経験の個別性と探究の暫定性をいつも力説する経験論にあっては、演繹は、帰納でなければならない。このような経験論がミルの『論理学体系』をしっかりと通っている。したがって、帰納の正当化のためには帰納でしか保証できない自然の斉一性を想定せざるをえない、という論難は、もしそれがミルの『論理学体系』を標的にしているとすれば、的を完全に外した理解でしかない。これにかんする詳細な論証を残された課題としたい。

注

(1) S. Ducheyne and J. P. McCaskey, "The Sources of Mill's Views of Ratiocination and Induction", *Mill's A System of Logic — Critical Appraisals*, ed. by Antis Loizides, Routledge, 2014, p. 68.

(2) *Ibid.*

(3) J. S. Mill, *A System of Logic, Ratiocinative and Inductive : Being a Connected View of the Principles of Evidence, and the Methods of Scientific Investigation,* 1843, Cambridge University Press, 2012, pp. 287-289.

(4) Ducheyne and J. P. McCaskey, *op. cit.*, p. 70.

(5) D. Godden, "Mill on Logic", *A Companion to Mill*, eds. by C. Macleod and D. E. Miller, John Wiley & Sons, 2017, p. 178.

(6) J. S. Mill, *Coleridge, Collected Works of John Stuart Mill,* vol. 10, ed. by J. M. Robson, Routledge & Kegan Paul, 1969, p. 125.

(7) Ducheyne and J. P. McCaskey, *op. cit.*, p. 75.

(8) Godden, *op. cit.*, p. 178.

(9) *Ibid.*

(10) *Ibid.*, p. 179.

(11) Mill, *op. cit.*, p. 249.

(12) D. Godden, *op. cit.*, p. 179.

(13) Mill, *op. cit.*, p. 29.

(14) *Ibid.*

(15) *Ibid.*

(16) *Ibid.*

(17) *Ibid.*, p. 297.
(18) *Ibid.*, p. 298.
(19) D. Hilbert, *Grundlage der Geometrie*, B. G. Teubner, 1903, S. 2.
(20) *Ibid.*
(21) Mill, *op. cit.*, p. 298.
(22) *Ibid.*
(23) *Ibid.*
(24) I. Kant, *Kritik der reinen Vernunft*, hrsg. von R. Schmidt, PhB 37a, Hamburg, 1971, S. 26.
(25) *Ibid.*
(26) Mill, *op. cit.*, p. 297.
(27) Kant., *op. cit.*, S. 33.
(28) Mill, *op. cit.*, p. 298.
(29) *Ibid.*
(30) *Ibid.*
(31) *Ibid.*, p. 299.
(32) *Ibid.*, p. 298.
(33) *Ibid.*, p. 249.
(34) *Ibid.*
(35) *Ibid.*, p. 244.
(36) *Ibid.*, p. 274.
(37) *Ibid.*, p. 300.

(38) *Ibid.*, p. 311.
(39) *Ibid.*, p. 300.
(40) *Ibid.*, p. 300.
(41) *Ibid.*, p. 313.
(42) *Ibid.*, pp. 319–320.

第2章　カルナップ「哲学の疑似問題」における「合理的な再構築」の認識論的意義

小川　雄

はじめに

本章の目的は、カルナップ（Rudolf Carnap, 1891-1970）がその論考「哲学の疑似問題（"Scheinproblem in der Philosophie", 1928）[1]」で唱導している「合理的な再構築（rationale Nachkonstruktion）」（SP 10, 1928）を精査して、それの認識論的な意義を明らかにするところにある。

カルナップの主著『世界の論理的構築（*Der logische Aufbau der Welt*, 1928）[2]』と同年に世に出た「哲学の疑似問題」は、この頃のカルナップの認識論的な立ち位置をはっきりと示している。すなわち、この論考のなかで、カルナップは、認識論をこう規定している。「認識論の課題は、認知の正当化のためのあるやり方を打ち立てることである」(SP 3, 1928)、と。だから、カルナップにあっては、認識論は、「ある自称(vorgebliche)の認知がどのようにして妥当な認知として正当化され、根拠づけられるのか」(SP 3, 1928)という問いを探究する営みである。

認知の正当化を認識論の主要な問題として捉えるカルナップのこの言説をめぐって、カルナップ研究者であるツーは、「受け入れられている見解」(JCC 674, 2003)[3]として、つぎの理解を提示している。「カルナップの還元主義的な企図は、科学的な概念を(現象的な)確実な基礎に置くところにある」(JCC 674, 2003)。すなわち、この見立てに従えば、カルナップの言う認知の正当化は、体験を直接的で明証的な立脚点として見定めながら、科学的な認知をそこに基礎づけていくというこころみである。

しかし、カルナップがうえの論考のなかで念頭に置いている認知の正当化は、確実性の付与をねらってはいない。むしろ、カルナップは、本章が証示していくように、根拠となるある情報が正しいからそれが根拠づけている情報も正しいに違いないという想定に対して、「錯誤の可能性」(SP 16, 1928)を突きつけている。言い換えれば、カルナップの枠組みでの認知の正当化は、根拠となるある情報が正しいにもかかわらず、その根拠が支持しているべつの情報が正しくないという場合を許容している。だから、わたしたちは、うえで述べた通俗的なカルナップ理解を退けなければならない。とはいえ、わたしたちは、カルナップの言う認知の正当化を、いったい、どのような営為として捉えればよいのであろうか。

本章では、まず、第一節で、カルナップが「哲学の疑似問題」で展開している「合理的な再構築」に注目しながら、それが体験の成素を推論的に再編成する企てであることを示す。それを踏まえ、第二節では、「合理的な再構築」によるそうした再編成が論理的な推論であることを明らかにして、つぎのように問う。なぜ、体験の成素を論理的に結びつけなければならないのか、と。第三節では、この問いに応えるために、認知の正当化に照準を定めて、カルナップの認識論的な立ち位置を明述する。さいごに、こうした考究を踏まえて、認知の正当化と「合理的な再構築」とがどのように関連しているのかをはっきりさせる。

第一節　合理的な再構築

カルナップに倣って、つぎの場面を考えてみよう。「わたしは、以前に何度か見たことのある特定の鍵を、それを見ないまま、触れることで認知する」(SP 7, 1928)。カルナップによれば、そのとき、わたしたちにはつぎのような体験が起こっている。「そのさいに、わたしは、たとえ目を閉じていたとしても、当該の鍵の触覚的な像にかんする表象だけではなく、それと同時に(だから、事後的に推論の助けを借りてようやくというわけではなく)、くだんの鍵の視覚的な像にかんする表象も体験する」(SP 7-8, 1928)。すなわち、いま触れている事物からわたしたちが見知っている鍵に特有の触覚的な感覚が伝わってくると、ただちに、その鍵を見たときの記憶、言い換えれば、それのかたちや色についての視覚的な情報がわたしたちのこころのなかに蘇ってくる。すると、わたしたちは、いま触れている事物を馴染みのある鍵、たとえば、自宅の鍵として同定しながら、その事物が自宅の鍵と同じかたちや色をしていると認知する。だから、カルナップによれば、鍵の事例でのわたしたちの体験を組成している二つの「表象」は、触覚的な「表象」から視覚的な「表象」に至る推論的な過程を経てわたしたちのこころのなかに漸進的に生起してはいない。それらは、一挙に立ち現れている。

カルナップは、「表象」のこのようなあり方を事実として認定したうえで、こう主張する。「しかし、わたしたちは、それでも、事後的に、合理的な再構築を遂行できる」（SP 10, 1928）、と。カルナップに倣って、鍵にかんする触覚的な「表象」を「体験の要素であるa」（SP 9, 1928）とし、視覚的な「表象」を「体験の要素であるb」（SP 9, 1928）とする。このとき、カルナップは、つぎのように述べている。「bをaとすでにある知識から推論することを、わたしたちは、bにかんする「合理的な再構築」と呼ぶことにする」（SP 10, 1928）、と。すなわち、わたしたちが自宅の鍵を触れたり見たりしたことがあれば、わたしたちは、その知識と、いま目を閉じながら鍵に触れたときに知った触覚的な情報とから、当の鍵の色とかかたちとかといった視覚的な情報を推論的に導出できる。このように、カルナップが「合理的な再構築」と呼んでいるのは、体験の内容の推論的な再編成である。とはいえ、なぜ、カルナップは、「合理的な再構築」に言及するのであろうか。

上述した鍵の事例では、「合理的な再構築」はつぎのように進む。まず、「触覚的な像（aという体験の要素）から、わたしは、以前の触覚的な知覚に基づいて、触れている対象が自宅の鍵であると推論する」（SP 9, 1928）。言い換えれば、わたしたちは、鍵にかんする、現在の触覚的な「表象」と、自宅の鍵に触れたときの過去の触覚的な「表象」という二つの前提に基づいて、いま触れている事物を自宅の鍵であると結論づけている。すなわち、いま触れている事物から取得した一定の触覚的な情報は、まえに自宅の鍵を触ったときの感触と合致するから、わたしたちは その一致を根拠に、当の事物を自宅の鍵として同定する。しかも、「自宅の鍵には、以前の視覚的な知覚からわたしが知っているように、一定の視覚的な像が伴う」（SP 9, 1928）。だから、わたしたちは、自宅の鍵にかんして、その色とかかたちとかをすでに視認している。すると、「このことから、わたしは、触っている対象には、いまも、これと同じ視覚的な像がある（bという体験の要素）と推論する」（SP 9, 1928）。このように、自宅の鍵に触れたりそれを見たりしたことがわたしたちにすでにあれば、わたしたちは、目を閉じながら鍵に触れてそれのかたちとか色とかを思い浮かべている。すなわち、カルナップの言う「合理的な再構築」は、いま触れている事物の触覚的な情報から出発しながら、それを自宅の鍵にかんする過去の記憶に繋いで、当の事物が自宅の鍵であると結論づける、一連の過程である。

ところが、カルナップは、「「合理的な再構築」というわたしたちの考えは、bという要素がaから実際の体験のなかで推論されているということを意味しない」（SP 10, 1928）と主張したうえで、つぎのように明言している。「わたしたちは、「無意識的な推論」という言い回しを用いるつもりもない」（SP 10, 1928）、と。これらの言説からわかるように、カルナップは、わたしたちの体験のなかで、意識的にも無意識的にも、推論が起こっているとは想定していない。この点を踏まえて言えば、カルナップは、「合理的な再構築」をとおして、体験のもろもろの「表象」のあいだに伏在している推論的な関係を発見しようとしているわけではない。カルナップに従えば、そのような連絡は、体験には内在していないから、「合理的な再構築」は、その結びつきを、わたしたちの体験にむしろ外挿している。だから、「合理的な再構築」によって再編したわたしたちの体験は、体験の実際のありようとは異なっている。したがって、カルナップの「合理的な再構築」は、わたしたちが気がついていない体験の実相を明らかにするためのこころみではない。それでは、カルナップは、「合理的な再構築」によって、いったい、なにをもくろんでいるのであろうか。

カルナップは、鍵の事例でのわたしたちの体験を合理的に再構築した後で、つぎのように述定している。「それゆえ、わたしたちは、触覚的な像を当該の体験の「十分な要素」と呼び、視覚的な像を（触覚的な像との関連で）「余剰な要素」と呼ぶことにしよう」（SP 8, 1928）、と。たしかに、カルナップも認めているように、「体験それ自体にとっては、ある要素が余剰であるとかべつの要素が十分であるとかといったことはない」（SP 8, 1928）。たとえば、目を閉じたまま鍵に触れてそれを自宅の鍵であると実際に認めている場面では、その過程で生起する「表象」は、わたしたちにとっては、体験の成素としてどれも同じように必要であり、この点で異ならない。

とはいえ、これに対して、カルナップはこう主張する。「わたしになんらかの体験が起こったとき、わたしは、それを、つぎのようにして「認知的に評価」できる」（SP 8, 1928）、と。すなわち、「その体験がわたしの（理論的な）知識の増加という点でなにをもたらしたのかを、わたしが述べることである」（SP 8, 1928）。この言説に従えば、わたしたちは、すでに起こったある体験からわたしたちがなにをあらたに知ったのか、それを明らかにして、その体験を認知的に評価する。たとえば、鍵の事例での体験を「認知的に評価」するとしよう。そのとき、自宅の鍵の色が鉄錆色をしていて、しかも、わたしたちがその事実をすでに知っているとしよう。すると、わたしたちは、当該の体験をとおして、触れている事物の触覚的な情報とかそれが鉄錆色をした自宅の鍵であるとかと知り、それだけ、知識を増やしている。カルナップは、こうして増えた知識をつぎのように列挙している。「この事物はかくかくのかたちをしている、この事物は自宅の鍵である、この事物は鉄錆色をしている」(SP 8, 1928)。

このように、わたしたちは、目を閉じながら鍵に触れている体験のなかで、実際に、触れている事物を目視していないにもかかわらず、自宅の鍵のかたちとか色とかを、触れている事物にかんする視覚的な「表象」として思い浮かべている。すなわち、その「表象」は、うえでカルナップが挙げているように、触れている事物が鉄錆色であるとわたしたちに知らせている。

しかし、カルナップに従えば、その情報を獲得するためには、わたしたちは、自宅の鍵にかんする視覚的な「表象」に頼らなくてもよい。カルナップは、その理由をつぎのように言明している。「わたしは、自宅の鍵にかんする視覚的な像、すなわち、色等々を推論できる立ち位置にある」(SP 8, 1928) からである、と。「この事物は鉄錆色をしている」という情報を推論できるかどうかは、「合理的な再構築」によって明示できる。実際、上述した「合理的な再構築」の過程を踏まえれば、わたしたちは、触れている事物についての触覚的な情報と自宅の鍵にかんする一定の記憶から、最終的に、当該の事物が鉄錆色をしていると結論できる。すると、カルナップのうえの言明はこう理解しなければならない。「合理的な再構築」をとおして、触れている事物は鉄錆色をしているという情報が推論の結論に現れるから、その情報を体験のなかで知ることは必須ではない、と。

第二節　論理的な依存関係

カルナップは、「合理的な再構築」の意義を「直観的に把握できるようにする」(SP 10, 1928) ために、つぎのような「虚構」(SP 10, 1928) に言及している。「こう想像せよ。ある要素、すなわち、十分な要素（事例で言えば、鍵の触覚的な像）しか体験に存在しておらず、そこで、わたしたちは、第二の要素（事例で言えば、視覚的な像）を、合理的な再構築をとおして付け加えようとこころみている」(SP 10, 1928)。すでに見たように、自宅の鍵について一定の知識があるわたしたちにとっては、通例、目を閉じていたとしても鍵に触れるとすぐに、体験のなかに、一定の触覚的な「表象」とともに、自宅の鍵にかんする視覚的な「表象」が生起してくる。カルナップがここで語っているのは、実際のそのような体験に反して、後者の視覚的な「表象」が生起してこなかったという体験である。だから、その体験は、わたしたちにとっては虚構的である。

体験のなかに自宅の鍵にかんする視覚的な「表象」が立ち現れてこない場合であっても、わたしたちには、触れている事物にかんする触覚的な「表象」と自宅の鍵についての一定の知識とがある。それゆえ、前節で明らかにした「合理的な再構築」の手続きに則れば、わたしたちは、そうした情報から、わたしたちが体験していない当該の「表象」にかんして、それの認知的な内容を推論的に獲得できる。すると、カルナップがうえの言明で述べているように、自宅の鍵にかんする視覚的な表象が立ち現れていない、虚構的な体験であっても、それを合理的に再構築すれば、わたしたちは、体験しなかった「表象」の認知的な内容を、わたしたちの知識にあらたに加えられる。

この結果から、カルナップはこう指摘する。「合理的な再構築が上首尾に行けば、くだんの視覚的な表象が余剰な要素であると明らかになる」(SP 10 1928)、と。虚構的な体験の事例で見たように、当該の「表象」がわたしたちの体験の成素として生起してこなかったとしても、それの認知的な内容は、わたしたちの手元にある情報から推論的に出てくる。だから、カルナップは、自宅の鍵にかんする視覚的な「表象」を「余剰」と呼んでいるのである。すなわち、その「表象」は、触れている事物がどのような対象であるのかを知るためには、かならずしも体験しなくてよいという意味合いで、「余剰な要素」としてある。

自宅の鍵にかんする視覚的な「表象」がこのように「余剰」であるという点にかんして、カルナップはこう語っている。「ある体験のbという要素(たとえば、鍵の視覚的な像)がaという要素(たとえば、触覚的な像)との関連で余剰であることが意味しているのは、こうである。bはaとわたしがすでに所持している知識のなかに含み込まれていないものをわたしになにももたらさない、と」(SP 9, 1928)。この言説に従えば、「合理的な再構築」によって視覚的な「表象」を「余剰な要素」として特定できるとき、その事実は、つぎの点をわたしたちに伝えている。すなわち、当の「表象」の内容は、それを導く前提がすでに含み込んでいる情報に尽きている、と。言い換えれば、「合理的な再構築」のなかでは、自宅の鍵にかんする視覚的な「表象」の認知的な内容は、いま触れている事物がわたしたちに伝えている触覚的な「表象」

と自宅の鍵に触れたりそれを見たりしたときの一定の知識とから引き出せる情報としてある。「余剰な要素」にかんしてこのような理解が成立するのは、「bの理論的な内容は、aとすでに所持している知識のなかに論理的に伴立されている」(SP 9, 1928)からである。言い換えれば、「合理的な再構築」のなかの「aという成素とすでにある知識とからのbという成素の推論」(SP 9-10, 1928)は、それら三つの情報をつぎのように関連づけている。触れている事物は鉄錆色であるという視覚的な情報が、触れている事物はかくかくのかたちをしているという触覚的な情報と自宅の鍵にかんする一定の知識とから、論理的に出てくる、と。

カルナップによれば、このような論理的な推論の特質は、つぎのところにある。すなわち、「認知の量という点ではなく、ただ認知の純度という点で、利益をもたらす」(SP 6, 1928)。言い換えれば、前提から結論へと論理的に推論するとき、その手続きは、前提がすでに含み込んでいる以上の情報を結論として導いてはいない。むしろ、当該の推論の役割は、前提が保有している情報を結論として明示的に引き出すところにある。こうして、「余剰な要素」がわたしたちの知識を増やさないのは、「合理的な再構築」をとおして、当の要素がほかのもろもろの情報と論理的な推論のなかで関連しているからである。

カルナップのこれまでの言説に従えば、体験にかんする「合理的な再構築」は、わたしたちの体験をつぎのように再編成している。すなわち、その体験のある成素がもつ認知的な内容と一定の知識とがべつの成素の認知的な内容を論理的に導出する、と。この点を踏まえて、カルナップは、ある体験を合理的に再構築するねらいにかんして、こう語っている。「合理的な再構築」は、「当の体験の特定の成素のあいだに一定の論理的な依存関係があるかどうかを探査するという目的のための、推論的な取り組みである」(SP 10, 1928)、と。言い換えれば、体験にかんする「合理的な再構築」は、「それの成素であるaとすでにある知識とからのbという成素への推論」(SP 10, 1928) を組み立てながら、それら二つの成素のあいだに「論理的な依存関係」を探り出そうとしている。とはいえ、カルナップの言う「論理的な依存関係」は、具体的にどのような結びつきであるのであろうか。

前節で述べたように、わたしたちには、自宅の鍵に触れたりそれを見たりしたときの記憶がある。カルナップは、過去の知覚をとおして獲得できるそのような知識の事例として、「ひとの眉間がかくかくのかたちをしているときには、たいていの場合、怒りの態度が予期できる」(SP 20, 1928) という言明を挙げている。この言明が明確にしているように、自宅の鍵にかんする当該の知識は、「Pであるとき、そのとき、Qである」という条件文の形式をもつ。この把握に従えば、自宅の鍵に触れたときに知ったそれについての触覚的な知識と自宅の鍵を見たときの視覚的な知識は、「含意、すなわち、条件という関係」(SP 4, 1928) を具備している。だから、そうした知識は、たとえば、つぎのような条件的な言明として言い表せる。すなわち、一方の触覚的な知識は、ある事物がかくかくのかたちをしているとき、それは自宅の鍵であるという言明であり、他方の視覚的な知識は　ある事物が自宅の鍵であるとき、そのとき、それは鉄錆色であるという言明である。

条件文は、前件に現れているある情報と後件のべつの情報とを含意的に接続させている。その連絡に基づけば、条件文とそれの前件に合致する言明とが手元にあるとき、わたしたちは、前件肯定式という論理的に妥当な規則に従って、はじめの二つの言明から、条件文の後件に該当する言明を導出できる。だから、わたしたちが過去の記憶からうえの二つの知識をすでに知っているとすれば、そうした知識は、鍵の事例での体験に現れている二つの成素をつぎのように接続させる。

まず、当の事物に触れたときの触覚的な「表象」という一方の成素は、自宅の鍵にかんする触覚的な知識の前件を肯定する。それゆえ、当の「表象」にかんする認知的内容は、前件肯定式に準拠した論理的な推論をとおって、触れている事物が自宅の鍵であるという結論を導く。すると、そのようにして出てきた当の情報は、自宅の鍵にかんする視覚的な知識の前件に適合する。したがって、触覚的な知識の場合と同じように、触れている事物は鉄錆色であるという情報が論理的に帰結する。こうして、わたしたちは、触覚的な「表象」にかんする認知的な内容から出発しながら、前件肯定式に基づく論理的な推論を二度経由して、最終的に、わたしたちの体験のもう一つの成素にかんする認知的な内容に行き着く。

これまでの解析を踏まえれば、「合理的な再構築」という推論的な取り組みが体験の成素のあいだに樹立しようとしているのは、つぎのような「論理的な依存関係」である。すなわち、含意を備えた一定の知識を媒介にして成立する、演繹的な結びつきである。とはいえ、前節で確認したように、体験のなかに現れているもろもろの「表象」は、推論的な媒介がないままに、同時に生起してくる。だから、「体験のもろもろの内容は、論理的に厳密な意味合いで、たがいに依存してはいない」(SP 13, 1928)。すると、「合理的な再構築」にかんしては、つぎの点が依然として不分明である。いったい、なぜ、カルナップは、体験の成素を、わざわざ論理的な関係で繋ごうとしているのであろうか。

第三節　認知の正当化

カルナップは、「哲学の疑似問題」の冒頭で、こう宣言している。「認識論の課題は、認知の正当化のためのあるやり方を打ち立てることである」、と。この言説が明らかにしているように、カルナップの当の論考は、認知を正当化する方法の究明のために認識論を立ち上げようとしている。認知の正当化にかんして、カルナップはつぎのように説明している。「ある一定の認知の内容は、妥当であると想定されるべつの認知の内容との関連づけをとおして正当化される」（SP 3, 1928）。この言説に従えば、カルナップの言う認知の正当化は、つぎのような営為である。すなわち、わたしたちが体験的に捉えたある認知的な内容をわたしたちにとっては妥当であると思えるべつの認知的な内容で根拠づけることである。

このような認知の正当化の例として、カルナップは、心理学のつぎの知見を取り上げている。「あるほかのひとの意識の状態にかんする認知は、そのひとのふるまいとかことばによる表現とかにかんする知覚に「依拠している」」（SP 5, 1928）。実際、ほかのひとの表情とか発話とかを見たり聞いたりしたときの認知的な内容は、当の観察者に幻視とか幻聴とかが起こっていないかぎり、そのひとがすでに知覚をとおして実情であると確かめた情報である。心理学者は、そのような情報を手がかりにしながら、当のほかのひとの感情とか思いとかを推測する。言い換えれば、心理学は、知覚的な情報のこの特質に鑑みて、その情報に一定の妥当性を付与しながら、知覚による認知を、「ほかのひとのこころにかんする認知」（SP 17,

1928）の根拠とみなしている。

認識論にかんするカルナップの上述の理解からすると、認識論の中心的な問題は、ある認知的な内容をどのようにして根拠づけるのかという問いである。とはいえ、うえで見たように、心理学は、知覚的な情報という根拠を見つけている。事情は、ほかの諸科学でも同じである。すなわち、科学は、根拠づけの問いに対して、すでに、「もろもろの答えを獲得してきた」（SP 5, 1928）。しかも、カルナップによれば、それらは「正しい答え」（SP 4, 1928）でさえある。だから、一見したところでは、認知の正当化にかんする問題については、科学がすでに解決しているように思える。そうであるとすれば、カルナップが認識論を展開する必要はない。なぜ、カルナップは、認識論を唱導して、認知の正当化のための方法を樹立しようとしているのであろうか。

カルナップに倣って、ある心理学者が、「A氏という被験者の表情（顔つきとか身振りとか）、あるいは、ふるまいを知覚して」（SP 18, 1928）、その被験者の「一定の意識の状態」（SP 18, 1928）を見て取ろうとしているとしよう。そのとき、その心理学者がA氏の顔つきを見るやいなや、かれのこころにつぎのような体験が起こったとしよう。「わたしが、たとえば、A氏の非常に幸せそうな顔つきを見ると、それと同時に、A氏の喜びにかんする表象が、わたしがなんらかの推論を行う必要なく、わたしの体験のなかにともに含み込まれている」（SP 19, 1928）。すなわち、この心理学者は、A氏のある一定の顔つきを見ながら、A氏は喜んでいると認めている。

なるほど、A氏の喜びにかんする「表象」の生起を体験した当の心理学者にとっては、A氏が喜んでいることは、疑いを挟む余地のない自明な情報としてあるかもしれない。とはいうものの、ほかのだれもが、この心理学者と同じ体験をするとはかぎらない。別言すれば、あるほかのひとが心理学者と同じようにA氏の顔つきを観察したとしても、そのひとのこころには、A氏の喜びにかんする「表象」が立ち現れてこないかもしれない。だから、「心理学者が、被験者であるAはかくかくの意識の状態であるという主張を申し立てたとき」(SP 22, 1928)、ほかのひとは、心理学者に対してこう尋ねるはずである。なぜ、A氏が喜んでいるとわかるのか、と。

その場合、心理学者は、「まさにそう体験したとか、そのようにはっきりと感じ取ったとか」(SP 22, 1928)と力説して、当の懐疑に対抗しようとするかもしれない。しかしながら、そのようにいくら強弁したとしても、カルナップの指摘にもあるように、「ひとは満足しないはずである」(SP 22, 1928)。というのも、ほかのひとがA氏の喜びにかんする「表象」を感じとっている保証はないからである。このとき、心理学者は、つぎの問いに直面する。「くだんの体験であるSがわたしに起こったとき、わたしは、懐疑に対抗して、その体験の内容であるbにかんするわたしの(自称の)認知を、どのような手段で正当化するのか」(SP 14, 1928)、と。心理学者は、みずからの体験した特定の「表象」に訴えるのとはほかの手段で、A氏が喜んでいると言える理由を明示しなければならない。

先述したように、心理学には、そうした問いに対する「正しい答え」がある。すなわち、「あるほかのひとの意識の状態にかんする認知は、そのひとのふるまいとかことばによる表現とかにかんする知覚に「依拠している」」。だから、心理学者は、この知見を手引きにしながら、こう考える。「もっとも確実で不足がないと考えられる正当化は、観察された表情、あるいは、それ以外のふるまいを申し立てることである」(SP 22, 1928)、と。すなわち、心理学者は、かれが視認したA氏の顔の様子を記述することでA氏が喜んでいるという認知を根拠づけ、そのようにして、当該の認知を正当化しようとする。

カルナップによれば、うえの心理学者のやり方のような、個別的な科学がそれぞれの領域で採用している正当化の方略は、「方法的な原理」(SP 15, 1928)としてある。言い換えれば、当の心理学者の場合のように、ほかのひとの表情にかんする視覚的な情報でそのひとの心理的な状態にかんする認知を根拠づけるというやり方は、個々の具体的な場面で「実際に採用されている」(SP 15, 1928)。しかしながら、当の方法が「意識され、はっきりと明示されるのは、後になってようやくである」(SP 15, 1928)。すなわち、科学は、ある一定の「答え」に則って認知の正当化を推し進めるけれども、その実践が続いているあいだは、採用している当の方法を考察の対象にしたり、それに批判的な検討を加えたりすることはない。

こうした理解に従って、カルナップはこう主張する。「科学は、答えのほんとうの意味を、まだ手に入れていない」(SP 6, 1928)、と。すなわち、心理学の場合で言えば、心理学は、つぎの問いにはっきりと応答しないままに、認知の正当化を実践している。ほかのひとの挙動にかんする知覚的な情報がそのひとの心理的な状態にかんする認知的な内容の根拠になるとは、いったい、どういうことであるのか、と。この脈絡からすると、「認知の正当化のためのあるやり方を打ち立てること」を掲げるカルナップの認識論をこう把握できる。それは、すなわち、科学がなおざりにしているうえの問いへの応答をとおして、科学的な実践としての認知の正当化の実相に迫ろうとする企てである、と。

カルナップは、この視座から、心理学者による正当化にかんして、つぎのように述べている。「その正当化のために不可欠であるのは、知覚されたA氏のふるまいがつぎのような性質をもつと報告できることである」(SP 22, 1928)、と。すなわち、「そのA氏のふるまいから、主張されているA氏の意識の状態が推論される」(SP 22, 1928)。このように、カルナップは、心理学者が正当化の際に暗々裏に想定している前提を露わにしている。その前提はこうである。A氏の顔つきによってA氏が喜んでいるのを根拠づけるためには、A氏の当の表情にかんする視覚的な情報からA氏の心理的な状態が喜びであると推論できなければならない。

それでは、その推論は、どのようにして可能になるのであろうか。カルナップは、前者の視覚的な「表象」を「a2」とし(SP 19, 1928)、A氏の喜びにかんする、後者の「表象」を「b2」として(SP 19, 1928)、こう主張する。「わたしは、わたしの体験の構成要素であるb2を、顔の表情の意味についてのわたしの過去のもろもろの経験(Erfahrungen)に基づいて、a2から推論できる」(SP 19, 1928)、と。したがって、a2とb2とのあいだの推論的な連関を保証しているのは、あるひとの一定の顔つきを喜びの感情の表出に結びつける、過去の「経験」である。とはいえ、すでに確認したように、「体験のもろもろの内容は、論理的に厳密な意味合いで、たがいに依存してはいない」。この理解に従えば、一定の顔つきにかんする視覚的な「表象」と喜びの感情にかんする「表象」とは、実際の体験の水準では、たがいに結びついていない。すると、両者を接合させる「経験」は、体験には内属していないことになる。そのような「経験」は、いったいどのようにして、立ち現れてくるのであろうか。

カルナップは、「火は熱い」(SP 20, 1928) とわたしたちが知る過程を、つぎのように説明している。「わたしたちは、もろもろの知覚（あるいは、すくなくとも、ある知覚）を所持していなければならず、そうした知覚から、帰納をとおして、かくかくの見かけをしている事物は熱く感じられる傾向にあると、推論できなければならない」(SP 20, 1928)。

カルナップは、「帰納、すなわち、体験の内容を比較すること」(SP 12, 1928) と述定している。この述べ方からすると、わたしたちが「火は熱い」と知るためには、これまでの体験を比較するという操作が要る。別言すれば、わたしたちは、過去の体験を通覧しながら、それらを、つぎの視点から比べあわせている。すなわち、火を見たときの視覚的な「表象」とその熱さを感じたときの「表象」とが同時に現れているという点で類似しているかどうかという観点である。このような比較をとおして、当該の二つの「表象」を成素としてもつ諸体験がたがいに類似している集まりとしてまとまる。わたしたちは、この集合に帰属している諸体験の共通性に基づいて、火ということばが指し示している一定の事物を熱さという感覚に結びつける。

こうした「経験」を一般化することによって、わたしたちは、「かくかくの見かけをしている事物は熱く感じられる傾向にある」と知り、「火は熱い」という一般的な知識を獲得する。同じようにして、心理学者も、これまで観察してきた被験者にかんするもろもろの体験を比較しながら、一定の顔つきと喜びの表情を結びつける「経験」を作成し、そうした「経験」を一般化して、たとえば、つぎのように知る。かくかくの顔つきをしているひとは喜んでいる、と。

第四節　錯誤の可能性

第二節で示したように、過去の知覚を一般化して作成できる知識は、カルナップの枠組みでは、条件文の形式を具備している。この捉え方に従えば、心理学者が過去の知覚にかんする「経験」を一般化して作り上げている知識も、たとえば、つぎのような条件的な言明として書き換えられる。すなわち、ひとがかくかくの顔つきをしているとき、そのとき、そのひとは喜んでいる、と。すると、当の経験的な知識を携えている心理学者は、それの含意に依拠しながら、こう推論できる。すなわち、A氏が「かくかくの顔つき」(SP 38, 1928) をしているという視覚的な情報から、前件肯定式に従って、A氏が喜んでいると論理的に導き出せる。前節で引いたカルナップの言説によれば、このような推論が可能になってようやく、A氏の一定の顔つきがA氏は喜んでいることの根拠となる。

A氏がかくかくの顔つきをしているという視覚的な情報と、A氏が喜んでいるという認知的な内容は、心理学者の体験の二つの成素としてある。だから、心理学者がうえで述べたように論理的な推論を組み立てるとき、心理学者は、一定の知識の助けを借りながら、それらの成素のあいだに、演繹的な連絡を築いている。「合理的な再構築」にかんする第二節の規定を踏まえれば、そのような推論的な取り組みは、体験にかんする「合理的な再構築」にほかならない。このように、カルナップは、観察したA氏の顔つきでA氏が喜んでいることを根拠づけるという正当化のやり方を、体験にかんする「合理的な再構築」という観点から捕捉している。

カルナップによれば、心理学者のようにある認知的な内容をべつの認知的な内容で根拠づけるという方略は、「絶対的ではない」(SP3, 1928)。すなわち、A氏がたしかにかくかくの顔つきをしているとしても、その認知的な内容が根拠づけているべつの認知的な内容、言い換えれば、A氏が喜んでいることは、実情ではないかもしれない。

カルナップは、そのような場合を「錯誤の可能性」と呼称し、こう定式化している。「aにかんする認知的な内容が実際に起こったにもかかわらず、bにかんする認知的な内容はそうではない」(SP 23, 1928)、と。心理学者からすると、A氏がかくかくの顔つきをしているという根拠を実際に見てとっているので、当然、その根拠に根差している認知的な内容、すなわち、A氏が喜んでいることも同じように実情であるように思える。しかし、カルナップによれば、そのような期待が思い違いであると判明する可能性はつねにある。とはいえ、なぜ、心理学者による認知の正当化は、このような「錯誤の可能性」を避けられないのであろうか。

すでに述べたように、A氏の顔つきにかんする視覚的な情報でA氏は喜んでいると根拠づけるためには、「合理的な再構築」をとおして論理的な推論をかたちづくる必要がある。言い換えれば、両者を含意で繋ぐ一定の知識を媒介にして、前者の視覚的な情報から後者の認知的な内容へと前件肯定式に従って推論できなければならない。カルナップは、論理的な推論の特質について、つぎのように述べている。「論理学が教えているのは、(言明によって表現されている)一定の命題の妥当性をべつの命題の仮定されている妥当性から導くこと（推論）である」（SP 3, 1928）。すなわち、論理的な推論のなかである情報をべつのもろもろの情報から導出できるとき、わたしたちはこう主張できる。前提に位置しているそれらの情報がどちらも正しいとすれば、結論にくる情報も正しい、と。

鍵の事例では、わたしたちは、目を閉じているので、触れている事物がどのような色をしているのかを視覚的に捉えていない。だから、当の事物が鉄錆色をしているという認知的な内容にかんしては、わたしたちは、体験の水準に留まるかぎり、それが実情であるかどうかはわからない。しかし、わたしたちの体験を合理的に再構築して、事物に触れたときの触覚的な「表象」と自宅の鍵についての一定の知識とからくだんの認知的な内容を論理的に導出したとき、うえの述定に基づけば、わたしたちはこう主張できる。はじめの二つの情報が確かであるのであれば、触れている事物は鉄錆色であるとわかる、と。

心理学者の事例でも事情は同じである。心理学者は、A氏のこころの有り様を知覚で直接的に知ることはできないから、体験のなかでは、A氏がほんとうに喜んでいるかどうかわからない。とはいえ、鍵の事例と同じように、「合理的な再構築」をとおして、A氏が喜んでいるという認知的な内容を、一定の知識に基づきながら、A氏の顔つきにかんする視覚的な情報から論理的に導けば、心理学者は、こう申し立てられる。後者の二つの情報が正しいと想定するなら、A氏が喜んでいるとわかる、と。

二つの事例にかんするうえの解析が明らかにしているように、「合理的な再構築」は、知覚をとおして確認できない認知的な内容を、わたしたちが妥当であると考えている情報から演繹的に導き出している。このような推論的な結びつきのなかで、はじめの知覚不能な認知的内容は、それを導き出しているほかの情報が妥当であるときに、妥当性を保持できるようになる。こうして、「合理的な再構築」は、体験のなかでは実情であるかどうかが不分明な認知的な内容の妥当性を、一定の条件のもとで担保するように働いている。

とはいえ、そのような保証は確実ではない。すなわち、心理学者の事例で言えば、A氏が喜びという意識の状態にあるのは、「合理的な再構築」のなかで、絶対的に確かであるわけではない。というのも、A氏が喜んでいるという言明の正しさを支えているのは、それを導出している二つの情報をどちらも正しいとみなすという想定にすぎないからである。なるほど、その想定どおりに、二つの情報の正しさを確認できれば、A氏は喜んでいると確言してよい。しかし、その想定に反して、現実には、どちらかの情報が虚偽であるかもしれない。そのとき、心理学者は、当該の主張の正しさを保証できなくなる。このように、A氏が喜んでいるかどうかは、その認知的な内容を導き出している情報が正しいかどうかという点に懸かってくる。

そうした情報は、A氏の表情がかくかくかくの顔つきをしているという視覚的な情報と、ひとがかくかくかくの顔つきをしているとき、そのとき、そのひとは喜んでいるという経験的な知識である。前者の視覚的な情報にかんしては、カルナップも認めているように、観察をとおして、「知覚された顔つきとかふるまいとかが実情である」(SP 23, 1928) と肯定的に確認できもする。とはいえ、後者の経験的な知識にかんしては、わたしたちはつぎの点を確かめなければならない。すなわち、その一般的な言明が立言している内容、だから、任意のあるひとにかんして、そのひとがかくかくかくの顔つきをしているにもかかわらず喜んではいないという事態は起こらない、と。

カルナップは、ひとの表情とかふるまいとかを見てそのひとの意識の状態を認める体験を「E2」と呼び、こう指摘している。「E2という種類の体験では、（意図的に騙すための、あるいは、演技をしている最中の）偽装という可能性がある」(SP 23, 1928)。たとえば、A氏は実際にかくかくの顔つきをしているものの、その表情は、喜びの表出ではなく、ただのふりであるという可能性である。この事例が明確にしているように、ひとがかくかくの顔つきをしているとき、そのとき、そのひとは喜んでいるという経験的な知識には、それを虚偽にする事例が存在する。

前節の末尾で述べたように、心理学者は、「ひとがかくかくの顔つきをしているとき、そのとき、そのひとは喜んでいる」という知識を、みずからの過去の「経験」を一般化して獲得している。言い換えれば、かくかくの顔つきをしていた被験者はこれまで喜んでいたという既知の事実を、未知の事例にまで適用できように、全称化している。しかし、この全称的な拡張を支えているのは、つぎのような蓋然的な予測である。過去に観察したかくかくの顔つきをした被験者が喜んでいたので、これから観察する同じ表情の被験者もおそらく喜んでいるはずである、と。

だから、当該の一般的な知識は、たとえば、A氏という未知の被験者がかくかくの顔をしているとしても、A氏が喜んでいると確約できない。別言すれば、この知識のなかでは、かくかくの顔つきと喜びという感情との結びつきは必然的ではない。経験的な知識にこのような不確実性があるから、カルナップが指摘していたように、「（意図的に騙すための、あるいは、演技をしている最中の）偽装という可能性」が現れるのである。かくして、経験的な知識を未知の事例に適用するとき、その事例は、当の知識を虚偽にする反証例であるかもしれない。すなわち、A氏がかくかくの顔つきをしているにもかかわらず、A氏は喜んでいないかもしれない。この可能性は、A氏がかくかくの顔つきをしているからA氏は喜んでいるに違いないという想定を「錯誤」として覆す。

このような「錯誤の可能性」がなぜ避けられないのかは、いまや明らかである。「合理的な再構築」の視点からすると、心理学者による正当化を成立させているのは、つぎのような推論である。すなわち、一定の顔つきと喜びの感情とを結びつける経験的な知識を媒介とした、A氏の表情にかんする視覚的な情報からA氏が喜んでいるという認知的な内容への論理的な推論である。この推論は、A氏は喜んでいるという結論の正しさを、前提にある二つの情報はどちらも正しいという仮定のもとで保証する。しかし、その仮定は盤石ではない。というのも、うえで見たように、当の経験的な知識にかんして、つぎの可能性を否定できないからである。すなわち、A氏というあらたな事例への適用をとおして、その知識が虚偽であると判明するかもしれない、と。かくして、心理学者による認知の正当化は、A氏がかくかくの顔つきをしているにもかかわらずA氏は喜んでいないという事態を、回避できないのである。

前節で示したように、心理学は、認知の正当化のために、つぎのような方法的な原理を採用している。「あるほかのひとの意識の状態にかんする認知は、そのひとのふるまいとかことばによる表現とかにかんする知覚に「依拠している」」。これまで獲得してきた視座から、この原理の「ほんとうの意味」をこう析出させることができる。それは、そうした二つの認知的な内容が成素として現れている体験を合理的に再構築して、つぎのような推論を打ち立てることである。すなわち、一方の知覚的な情報と他方の認知的な内容を含意で結びつける経験的な知識に基づきながら、前件肯定式に従って、前者から後者を導出する論理的な推論である。このようにして、カルナップの認識論は、認知の正当化という科学的な実践の論理的な構造を「合理的な再構築」として明晰にしているのである。

おわりに

本章では、カルナップの「哲学の疑似問題」に焦点を絞り、カルナップがそこで企てている「合理的な再構築」にかんして、それの認識論的な意義を露わにした。すなわち、本章の解析に従えば、ある認知的な内容をべつの認知的な内容で根拠づけるという科学の正当化は、体験にかんする「合理的な再構築」をそれの成立基盤としている。

これを立証するために、まず、カルナップの言う「合理的な再構築」が体験に内在している推論的な連関の発見ではなく、むしろ、体験の特定の成素のあいだに推論的な結びつきをつくるという外在的なこころみであると指摘した。つぎに、カルナップの言明に従って、「合理的な再構築」のねらいを、体験の特定の成素のあいだに一定の「論理的な依存関係」があるかどうかを探査するところに求めながら、その関係をつぎのように明示した。それは、すなわち、含意を備えた一定の知識を媒介にして成立する、演繹的な結びつきである。しかし、なぜ、カルナップは、体験の成素のあいだにそのような論理的な連絡を築こうとしているのであろうか。この問いに答えるために、「哲学の疑似問題」の主題である認識論に着目して、つぎの点を明らかにした。すなわち、カルナップの認識論的な企図は、科学的な取り組みとしての認知の正当化に照準を定めながら、それの方法的な原理の「ほんとうの意味」を解明するところにある、と。さいごに、心理学の領域での認知の正当化を事例にしながら、その方法が「合理的な再構築」に準拠していることを、「錯誤の可能性」という視点からはっきりさせた。

第二節と第三節の考究に基づけば、カルナップの「合理的な再構築」には帰納的な局面と演繹的な局面とがある。すなわち、一方の帰納的な局面では、わたしたちは、過去の体験を類似性という観点から比較しながら、特定の諸「表象」を含んでいる「経験」を作成し、そうした「経験」を一般化して、含意を内蔵する一般的な知識を獲得している。このように、帰納的な局面は、法則を発見する段階である。他方の演繹的な局面では、帰納的な局面で取得した経験的な知識を現在の体験に適用して、それの成素のあいだに演繹的な連絡をつけている。第四節で示したように、認知の正当化は、この「論理的な依存関係」に立脚している。すると、演繹的な局面は、法則を使ってわたしたちの認知の正当性を説明する段階である。したがって、つぎのように言える。カルナップの「合理的な再構築」は、発見と説明という科学的な営為を一体的に捉えようとするもくろみである、と。

近年、カルナップ研究者のあいだで半ば定説化しているのは、一九二八年頃のカルナップの認識論的な関心を新カント派的な問題圏から捉えるという見方である。たとえば、フリードマンは、「『構築』における認識論」という論文のなかで、カルナップの問題意識をこう理解する。すなわち、「どのようにして秘私的で主観的な感覚の印象からほんとうに客観的な判断へと移行できるのか」（EA 126, 1992）という問題である。

カルナップは、『世界の論理的な構築』のなかで、つぎのように述べている。「あらゆる認知の主観的な出発点がもろもろの体験の内容とそれらの編み合わせにあるにもかかわらず」（LAW 3, 1928）、依然として可能であるのは、「概念的に把握でき、しかも、あらゆる主観にとって同一であるような、相互主観的な世界、言い換えれば、客観的な世界に到達することである」（LAW 3, 1928）。だから、たしかに、フリードマンが申し立てているように、『世界の論理的構築』は、わたしたちの主観的な体験的圏域と客観的な領域とのあいだを架橋することをねらっていると言える。

とはいうものの、本章が取り扱った、『世界の論理的構築』と同時期の論考である「哲学の疑似問題」では、客観性という主題は表には出てきていない。すなわち、この論考では、カルナップの認識論は、客観的な判断の可能性を理論的に保証するという役割は担っていない。むしろ、本章の理解からすると、当の認識論は、科学の営みの内部に分け入って、それの構造を論理的な見地から析出させるという企てである。このように、『世界の論理的構築』と「哲学の疑似問題」は同じ時期であるにもかかわらず、認識論にかんして役割の違いがある。この差異は、いったい、なにを意味しているのであろうか。客観性の確保と認知を正当化する方法の樹立という二つの機能は、カルナップのなかでは両立しているのであろうか。「哲学の疑似問題」と『世界の論理的構築』が認識論的に接続するかどうかを確かめなければならない。

しかしながら、それは、すでに本章の目的を越えているので、稿をあらためて議論したい。

注

（１） Rudolf Carnap, “Scheinprobleme in der Philosophie”, 1928, *Scheinprobleme in der Philosophie und andere metaphysikklitische Schriften,* hrsg. Thomas Mormann, Felix Meiner Verlag, 2004. pp. 3-48. 本論文からの引用と参照にかんしては、本論文をSPと略記し、該当箇所の頁数を示して、出版年（1928）を併記する。

（２） Rudolf Carnap, *Der logische Aufbau der Welt,* 1928, Felix Meiner Verlag, 1998. 本著作からの引用と参照にかんしては、本著作をLAWと略記し、該当箇所の頁数を示して、出版年（1928）を併記する。

（３） Jonathan Y. Tsou, “The Justification of Concepts in Carnap's Aufbau”, *Philosophy of Science,* vol. 70, no. 4, 2003, pp. 671-689. 本論文からの引用と参照に関しては、これをJCCと略記し、該当箇所の頁数を示して、その発表年（2003）を併記する。

（４） FriedmanMichael, “Epistemology in the *Aufbau*”, *Reconsidering Logical Positivism,* Cambridge University Press, 1999, pp. 114-162.

第3章　論理学と認知研究の接続

——認知への適応論的アプローチにおける論理研究の可能性——

下嶋　篤／Dave Baker-Plummer

はじめに

本章の目的は、論理学と認知研究の再接続のビジョンを提供することである。この二つの研究領域は、一九六〇年～八〇年代にきわめて近い関係にあったが、一九九〇年代以降、急速に分離が進んだ。本章では、この接近と分離の背後にある概念的な問題を分析し、それを解くことで、両者がふたたび協働できることを示す。

その問題とは、従来から論理学の研究の対象となってきた、いわゆる「論理規則（logical rules）」の理解に関わるものであり、論理学者と認知研究者の双方に共有されてきたある伝統的な理解が実はかなり一面的であったという問題である。その理解によれば、論理規則は人間もしくは機械が行う推論のパターンを規範的もしくは記述的に表すものである。こうした理解に対し、本章では、論理規則が世界の規則性のあり方を捉えるものという理解を対立させる。それに基づけば、論理学には、人間の認知システムが適応している環境の規則性をメタ理論的な見地から特定する能力があり、この点で認知研究と接続する。本章では、便宜的に、前者のより伝統的な理解を「理解A」と呼び、後者を「理解B」と呼ぶが、もちろん、これは二律背反を意図しない。論理規則に関するAともBとも異なる典型的な理解として、論理規則を証明のパターンを表すとする理解が挙げられる。

以下、まず第一節で、理解Aが論理学における伝統的な理解であったとともに、人工知能や認知心理学においても共有されていたことを確認した上で、過去に生じた論理学と認知研究の接近と分離が、この共通の理解に基づくものであったことを示す。第二節では、バーワイズとセリグマン［3］の研究に依拠して、そこに内在する理解Bを析出するとともに、その理解が一九三〇年代に遡る論理学のメタ理論的洗練化に多くを負うことを示す。第三節では、とくにアンダーソン［1, 2］に依拠して、認知研究における適応論的アプローチを紹介し、そこに論理学と認知研究の重要な結節点があることを論じる。

本章の最後に、本書第Ⅱ部のテーマである「論理学にかんする研究は、経験論の視座にどのような光を投げかけているのか」という問題について触れる。論理規則に関する理解Bは、論理学と認知研究を再接続する基礎となりうるが、それにとどまらず、より一般的に、論理学と経験科学の新たな接続の方途を示唆している。

第一節　推論のパターンを表すものとしての論理規則

理解Aは、論理規則が推論のパターンを表すとする。その推論の担い手が誰であるか、それを行うのがいつであるかについては、理解Aが置かれる理論や技術の文脈によって変わる。また、理解Bが対象とする論理規則も、そうした文脈によって変わる。ここでいう論理規則に共通なことは、それが何らかの前提が成立すれば一定の結論が成立することを前提と結論の形式のみから特定している規則であるということである。理解Aでは、前提は推論の前提であり、結論は推論の結果である。理解Bでは、前提は世界で成立する規則性であり、結論もまた世界で成立する規則性である。

典型的な論理規則の例は、次に示す前件肯定と連言導入である。

$$\frac{A \quad A \rightarrow B}{B} \tag{1}$$

$$\frac{A \quad B}{A \wedge B} \tag{2}$$

いわゆる「公理」や「論理的真理」は、前提が空であるような論理規則と見なすことができる。たとえば、命題論理学でよく採用される公理の一つは、以下のような論理規則と見なせる。

$$\frac{}{A \to (B \to A)} \quad (3)$$

三段論法も、前提と結論の組によって特定される限りにおいて、本章の意味での論理規則である。たとえば、バーバラ（第一格の三段論法の一つ）は以下のような論理規則である。

$$\frac{\forall x(A(x) \to B(x)) \quad \forall x(B(x) \to C(x))}{\forall x(A(x) \to C(x))} \quad (4)$$

副証明を要求するような自然演繹の規則もまた、論理規則である。たとえば、以下に示すゲンツェン[10]の否定導入規則がそれにあたる。

$$\frac{\begin{matrix}[A] \\ \vdots \\ \bot\end{matrix}}{\neg A} \quad (5)$$

これは、一般にいう背理法であり、証明の方法と解釈される際は、Aという仮定のもとに⊥（矛盾）を導く副証明の存在そのものを前提とするものと解釈される。

理解Aは、(1)〜(5)のような論理規則が人間もしくは計算機における推論のパターンを表していると理解する。こうした理解は、論理学に少しでも触れたものにとっては、きわめて自然であり、こうした規則が通常「推論規則」と呼ばれることにもそれが現れている。事実、理解Aはおそらくアリストテレス

(Aristotelēs) まで遡ることができる。たとえば、「分析論前書」冒頭の次のような言説は、アリストテレスが展開した形式論理学における諸規則が、規範的であれ、記述的であれ、推論のパターンを表すものと意図されていたことを示唆する。

これらのことが想定されたので、われわれはいまや、すべての推論が何によって、いつ、どのようにして成立するのかを論じることにしよう。([30], pp. 28-29)

ただし、この文脈における「推論」が、現代の認知心理学でいうところの推論とどの程度まで概念的に重なるかについては、詳細な文献的検証が必要である。

『思考法則の研究』[4] におけるブールの次の言説は、理解Aをより明確に示している。

以下の論考の意図は、それによって推論が実行される心の操作に関する根本的な法則を研究することである ([4], p. 1)。

ブールは論理規則を代数の言語で表現することを選び、かつ、アリストテレスから引き継がれた論理規則を大幅に拡張したが、そのブールにあっても　論理規則は推論における諸操作の根本法則を反映するものであった。ただし、ブールは、個々の論理規則が心の操作の法則として働く優先順位などの具体的な問題は、「実証的知識の領域ではなく、蓋然的もしくは推測的知識の領域に属する」([4], p. 15) と述べ、論理規則に関する自らの理論の適用範囲を限定する。しかし、こうした詳細を捨象したより抽象的なレベルで、彼が論理規則を推論のパターンを表すものとして捉えていたことは疑いない。

理解Aは、初期の人工知能研究の中に見ることもできる。たとえば、マッカーシー [14] は、「自分はいま家の机のところにいる」、「自分は空港のところにいることを望む」という情報と、世界についてのいくらかの知識を前提に、「机のところから車のところに歩いていく」という行動を導き出す推論を計算機に実行させようとした。その際に彼が構想していた推論は、全称例化と前件肯定を組み合わせた次の論理規則を連続的に適用する演繹であった。

$$\frac{\forall x\,(A(x) \rightarrow B(x)) \qquad A(c)}{B(c)} \tag{6}$$

ニューウェルとサイモン [15] は、最適なチェスの差し手を導き出す推論を、やはり、論理規則の連続的適用によって計算機上で実現しようとした。理解Aに基づくこの根本的なアイデアは、導出原理の導入 [25]、高階論理の採用 [21]、極小限定の採用 [13] など、洗練の度合いを高めつつ、行動計画のみならず、自然言語の理解や数学の定理の証明といった人工知能の諸課題に適用されていった。

理解Aは、こうした人工知能研究とともに発展した、初期の認知心理学においても見られる。もっとも顕著なケースは、いわゆる「心的論理 (mental logic)」の理論である。それは、マッカーシーらの初期の人工知能研究が計算期内に実現しようとした演繹的証明と類似な過程が人間の演繹推論を駆動していると する立場であり、推論の前提を表現する心的な文（mental sentences）の集合に、論理規則を適用して新しい心的な文を得ることによって、人間は推論の結論に達すると考える。対象とする推論は、命題的推論に留まるものが多いが［5, 6, 7, 12, 19, 22, 24］、関係推論［11］や、一階推論［20］、メタ論理的推論［23］、さらに一定の様相推論［20］を対象とする研究もある。このように、心的論理の理論にはいくつかのバージョンがあり、それに応じて仮定される内的な論理規則の集合も異なるが、いずれも論理規則を推論のパターンを表すものとして理解している点で共通である。

心的論理の研究に代表されるように、論理学と認知研究は、理解Aのもとで、一時期に蜜月の関係にあった。そうなった原因は、ブール以来の論理学の著しい拡張により、たとえば、三段論法に限らず、かなり広範な推論の形式が、論理規則の適用による証明として数理的に把握できるようになったこと、そして、それを背景に、人間の推論の現実を論理的証明として捉えることへの期待が高まったことが挙げられるであろう。実際、初期の人工知能研究の主たる担い手であったニューウェルとサイモンは、自分たちの研究を駆動する、いわゆる「物理シンボル仮説」の第一のインスピレーションが、ラッセル（Bertrand Arthur William Russell）とホワイトヘッド（Alfred North Whitehead）の『プリンキピア・マティマティカ（*Principia Mathematica*, 1910）』であったことを明確に述べている（［16］, p. 88）。加えて、こうして進められた、理解Aに基づく人工知能プログラムが、すくなくとも初期の段階でかなりの発展を遂げたことが、人間の推論の過程の解明において論理学に寄せられる「望み」をさらに高めたと考えられる（［8］, pp. 29–39）。

しかし、大きな期待は、それが成就しないときに、逆に大きな忌避を生むことがあり、それが論理学と認知心理学の関係においても生じているように思われる。まず一方では、論理規則の適用によって推論や問題解決を行う人工知能プログラムが、まさにそのアイデアに起因するいくつかの根本的な困難に逢着し、当初期待されたように、人間の推論能力の全般を捉えるような拡張性をもたないことが次第に明らかになった。また他方で、推論を論理規則の適用による証明として捉えるという考え方そのものが、人間のもつ非合理性を正しく捉えていないという疑いが、仮説の検証や、確率の判断、頻度の見積もり、数値の予想を人間に行わせる心理実験の結果から生じていた（*e. g.*, [29], [28]）。さらにそこから発展して、人間の合理性のモデルは、結論を必然とする演繹推論ではなく、必然的結論でなくとも、もっとも情報量の多い結果を導くベイズ推論であるべきという観測も現れ [17]、論理学は、人間の推論を理解する認知心理学の試みにおいて、有用な道具どころか、積極的に回避すべき障害と見なされるようにさえなった [18]。

以上、本節では、論理学と認知研究の背景に、論理規則についての理解Aとそれに基づくいくつかの研究プログラムの困難さがあることを見た。次節では、論理規則についての異なる理解――とくに、バーワイズとセリグマン [3] の研究における理解B――について述べ、従来になかった論理学と認知研究の接続について考察するための基礎を与える。以後、バーワイズとセリグマンもしくは彼らの著作 [3] を「B＆S」と略称する。

第二節　世界の規則性のあり方を捉えるものとしての論理規則

B＆Sが論理規則を取り扱うのは、彼らの用語における「正規理論（regular theory）」を定義する文脈においてである。しかしながら、以下では、こうした文脈を詳細に述べることはせず、彼らの理論に内在する理解Bを把握するために最低限度必要なだけを紹介するに留める。そのために、本章とB＆Sの間に若干の用語の齟齬が生じることを容赦されたい。

理解Bによると、論理規則は世界の規則性のあり方を捉えるものである。B＆Sにおいて、世界の規則性とは、世界に存在する事物の属性の間で成り立つ規則性である。また、彼らの扱う規則性は、主として、特定のクラスの事物に対してのみ成立する局所的な規則性である。たとえば、日本国民という特定のクラスにおいては、法律により、一二歳は成人でないという規則性が成立する。B＆Sにおいて、この規則性は、一二歳であるという属性と、成人でないという属性の間に成り立つ関係であり、

$$\{一二歳\} \vdash \{成人\} \quad (7)$$

などと表記される。意味としては、日本国民のクラスのあらゆる（通常の）成員について、それが一二歳という属性をもつならば、それは成人ないという属性をもつ、となる。

この例では、単一の属性と単一の属性の間に成立する規則性を扱っているが、一般に、規則性は属性の

集合と属性の集合の間に成立する関係とされる。よって、規則性の一般的な表記は、Γ、Δという属性の集合についての以下のような表記となる。

$$\Gamma \vdash \Delta \qquad (8)$$

ここで、Γ、Δはそれぞれ属性の集合であり、何らかの特定のクラスの事物について、「そのクラスのあらゆる（通常の）成員について、それがΓの中のあらゆる属性をもつならば、それはΔの中の少なくとも一つの属性をもつ」という規則性を記述している。この表記法に従えば、(7)のほかにも、日本国民のクラスに成立する規則性をたとえば以下のように記述できる。

{三歳以上, 一八歳未満} ⊢ {幼児, 児童}　(9)

ここで「幼児」、「児童」という属性は、道路交通法の定義と同じく、それぞれ、「六歳未満の者」、「六歳以上一三歳未満の者」と定義されるとする。すると、ある国民が三歳以上、かつ、一八歳未満であれば、その国民は幼児か、児童であることになり、(9)という規則性が属性の集合{三歳以上, 一八歳未満}と属性の集合{幼児, 児童}に対して成立している。

規則性が属性に関わるものであると考えると、どのような属性の存在を想定するかによって、成立する規則性の集合は変わってくる。たとえば、上記(7)と(9)においては、一二歳、成人、三歳以上、一八歳未満、幼児、児童という六個の属性の存在を前提していたが、こうした属性が世界に存在しなければ当然、どちらの規則性も成立しないことになるし、反対に　もっと多くの属性の存在を前提すれば、成立する属性も多くなる。たとえば、先述の属性に加えて、男性、女性、婚姻適齢という属性を前提すれば、以下のような規則性が成立することになる。

{男，一八歳以上} ⊢ {婚姻適齢}　(10)

{女，一六歳以上} ⊢ {婚姻適齢}　(11)

このため、B＆Sは、規則性の成立を常に特定の属性の集合と関連づけて考える。たとえば、規則性(7)と(9)はある属性の集合Ωに相対的に成立するが、(10)と(11)は成立せず、これらはより大きな属性の集合Ω′に相対的に成立する、という具合である。

さて、これまでに挙げた(7)や(9)〜(11)は、世界において成立する規則性ではあるが、論理規則ではない。B＆Sにあって、論理規則は、個々の規則性の一段上のレベルである規則性のあり方を捉えるものである。たとえば、B＆Sにおける連言に関する論理規則を見てみよう（[3], p. 145)。

$$\frac{\Gamma \vdash \Delta \cup \{a\} \text{ for each } a \in \Sigma}{\Gamma \vdash \Delta \cup \{\wedge\Sigma\}} \quad (12)$$

$$\frac{\Gamma \cup \Sigma \vdash \Delta}{\Gamma \cup \{\wedge\Sigma\} \vdash \Delta} \quad (13)$$

先に挙げた(2)と比較すると明らかなように、(12)では論理規則の書き方自体が変わっている。(2)では、論理規則の前提部分は個々の事実に対応する命題や文であり、結論も同様であるのに対し、(12)では、論理規則の前提部分はそれ自体が規則性であり、結論もまた規則性である。これにより、(12)が示しているのは、ある事実が成り立てば別の事実が成り立つということ（個別の規則性の成立）や、ある情報が前提として与えられれば、別の情報を結論するといったこと（推論のパターン）ではなく、ある規則性が成り立てば、別の規則性も成り立つということ（規則性のあり方）である。具体的に、(12)は、ある集合Σに属するあらゆる属性αについて$\Gamma \vdash \Delta \cup \{\alpha\}$という規則性が成り立てば、$\Gamma \vdash \Delta \cup \{\wedge\Sigma\}$という規則性も成り立つ、ということを示している。

B＆Sにおける論理規則のこの機能を、規則性のシステムという観点から見てみよう。ある規則性$\Gamma \vdash \Delta$が成立すれば別の規則性$\Gamma' \vdash \Delta'$も成立するという論理規則は、言い換えると、$\Gamma \vdash \Delta$が特定規則性のシステムKに属しているのであれば、$\Gamma' \vdash \Delta'$もシステムKに属していなければならないということを表す。つまり、規則性のシステムは中途半端に閉じずに、一定のかたまりを成してはじめて閉じるという、規則性のシステムの「閉包条件（closure condition）」を表しているのである。

(14)は、B＆Sが挙げた別の論理規則である（[3], p. 119）。論理規則(12)、(13)が連言という特定の形式の属性$\wedge\Sigma$に関わるのに対し、(14)は属性の形式にかかわらず、すべての属性に関わる閉包条件を表す。具体的に、(14)は、規則性$\Gamma \vdash \Delta$がシステムKに属するなら、規則性の前件Γや後件Δを拡大した規則性$\Gamma \cup \Gamma' \vdash \Delta \cup \Delta'$もまた$K$に属するという閉包条件である。

$$\frac{\Gamma \vdash \Delta}{\Gamma \cup \Gamma' \vdash \Delta \cup \Delta'} \qquad (14)$$

このように、B&Sは、規則性の集合のいくつかの閉包条件を提示した。こうした閉包条件が私たちに示しているのは何か。それは、「閉包条件」という言葉が「閉じる」を連想させるのとは反対に、世界で成立する規則性の広がりを示している。ある規則性$\Gamma \vdash \Delta$が成立するならば、別の規則性$\Gamma' \vdash \Delta'$も成立するということは、たとえ私たちが前者だけを認識しているとしても、私たちの世界では、実は後者も成立しているということである。B&Sにおける論理規則は、そのようにして規則性は私たちの世界の中で広がっているということを示している。言い換えると、私たちが認識できるかどうかにかかわらず、規則性がそのように広がっている環境の中で私たちは生きているということ――これを論理規則は示しているのである。

実際、B&Sの理論はそこで留まらない。ここでは詳細を述べないが、彼らは、単一の属性集合Ωに相対的に決まる規則性の広がり方だけではなく、複数の属性集合をまたぐ規則性の広がり方についても論じる。たとえば、属性の集合ΩとΩ′が一定の関数関係fにある場合に、Ωに相対的に成立する規則性がΩ′に向かって「動き」、Ω′に相対的な規則性として成立する事実を、(15)のような論理規則としてを示し、その逆の事実を(16)として示している（[3], pp. 38–9, pp. 135–136）。

$$\frac{\Gamma^{-f} \vdash_{\Omega} \Delta^{-f}}{\Gamma \vdash_{\Omega'} \Delta} \qquad (15)$$

$$\frac{\Gamma \vdash^{\Omega'} \Delta}{\Gamma^{f} \vdash_{\Omega} \Delta^{-f}} \tag{16}$$

B＆Sに理解Bが内在するというのはこの意味においてである。彼らにあって、論理規則は推論のパターンではなく、規則性のシステムの閉包条件を捉えるものであり、世界の規則性のあり方を捉えている。理解Aとは根本的に異なる、論理規則のこの捉え方は、B＆Sにおいて突然に生じたものではない。まず、論理規則の書き方の変更は、少なくともゲンツェンの一九三二年の論文［10］にまで遡る。そこでの論理規則の前提になるものは、u_1、u_2……$u_v \rightarrow v$という形式の文に限られ、結論になるのもまた、この形式の文である。よって、典型的な論理規則は以下のようになる。

$$\frac{L \rightarrow v}{L \cup M \rightarrow v} \tag{17}$$

このように、一九三二年の論文［10］においてすでに、論理規則の前提と結論自体がすでに前件と後件からなる規則の形式を取っており、論理規則は、「前提となる規則が成立すれば、結論となる規則も成立する」という、規則の閉包条件の意味をもつ。それから三年後の論文［9］では、u_1、u_2……$u_v \rightarrow v$という形式は、さらに「シークエント（sequent）」と呼ばれるΓ⊢Δという形式に一般化され、上述のB＆Sにおける論理規則の定式化に直接に引き継がれる。このように、論理規則によって個々の規則を捉えるではなく、規則のシステムの閉包条件を捉えるというメタ理論的な考え方は、ゲンツェンによる論理規則の書式の変更において、すでに築かれていたと考えられる。

もちろん、ゲンツェンの主たる関心は、演繹体系における証明可能性であり、そのため、論文［10］における u_1、u_2……$u_\nu \rightarrow v$ は、世界における規則性ではなく、u_1、u_2……u_ν からの v の証明可能性を主たる解釈としてもっている。それに対応して、ゲンツェンの論理規則は、当該の演繹体系における証明可能性の閉包条件を表すものであった。

しかし、それと同時に、ゲンツェンは、u_1、u_2……$u_\nu \rightarrow v$ という文が特定の解釈に限定される必要はないことも語っている（［10］, pp. 29-30）。彼によれば、この文における u_1、u_2……u_ν や v を出来事（events）と解釈することができ、その場合、この文は、u_1、u_2……u_ν という出来事の発生が v の発生の原因となることを意味する。また、この文を集合の要素に関わるものと解釈でき、その場合、この文の意味は、ある集合に u_1、u_2……u_ν が属すれば、v もまた属する、となる。加えて、u_1、u_2……u_ν や v を属性と解釈することもでき、その場合、この文の意味は、u_1、u_2……u_ν という属性をもつ対象は、v という属性ももつ、となる。さらに、この文を命題の真理値に関わるものと解釈することができ、その場合、この文の意味は、u_1、u_2……u_ν が真であるとき、v もまた真である、となる。

ゲンツェンの例示した u_1、u_2……$u_\nu \rightarrow v$ の解釈のうちの三番目は、明らかに、B＆Sにおける「属性の間に成り立つ規則性」の考えを先取りするものである。すると、B＆Sが、論理規則に関する伝統的な解釈Aから遠ざかり、解釈Bを採用する背景には、論理学が数学的な洗練を受ける中で、論理規則を構成する要素の「構造のみに関心がもたれ」（［11］, 1932, p. 30）、それにより解釈が自由になったことが背景にあったと言える。すなわち、論理学の数学的洗練が、論理規則に関する伝統的な理解Aの束縛から論理学者を解放し、理解Bを準備したと考えられるのである。

そうした自由な解釈の中で、論理規則を心的言語における推論ではなく、形式言語における証明でもなく、とくに世界の規則性に関わるものとする背景には、さらにもう一段階、タルスキ［27］による「帰結（consequence）」の概念が導入が重要な役割を果たしている。タルスキにおいて、帰結の関係は、依然として形式言語の文に関わる関係であったが、その関係の成立と非成立を決定するのは、文が意味するもの、すなわち、記述の対象となる世界の事柄における関係の成立である。タルスキはそうした事柄における関係を、「モデル（models）」の集合の間の関係として数学的に取り扱う方法を示した（［27］, p. 186）。これにより、心的言語における推論や、形式言語における証明の側で決定される問題――統語的問題――とは独立に、世界において決定される問題――意味論的問題――が論理学の研究の対象となった。B＆S自身は、モデルの集合の間の関係によって世界の規則性を捉えるのではなく、論理規則によってその閉包条件を捉えるというひねりは加わっているものの、論理学が推論や証明を取り扱うだけでなく、世界を直接に取り扱う学でもあるという考え方は、タルスキの論文ですでに萌芽していたのである。

第三節　論理学と認知心理学の再接続

理解Bに従えば、論理学の重要な機能は我々の環境の記述である。しかし、それは環境において成立する具体的な規則性の記述ではない。そうした具体的な記述は、個別の経験科学に委ねられる。論理学の行う記述は、具体的な規則性の記述ではなく、規則性が一つのシステムをなしているという前提のもとに、システム内とシステム間の規則性の広がりを一般的に記述するものである。この営為において、論理学は個別の経験科学に対して、メタ理論的な位置を占める。

経験科学と論理学が環境において成立する規則性のシステムを記述する中で、私たちは人間を、こうした規則性を最大限に利用するために、遺伝的・文化的に適応してきた存在として見ることができる。環境では様々な規則性が成立し、それは論理規則によって捉えられた一般的な閉包条件に基づいて、環境の中に広がっている。人間はそうした規則性に強く依存して生きており、環境に規則性のない中では、人間はもとより、生命というものが成立しない。言い換えると、こうした規則性を最大限に利用することが進化圧として働き、そうした中にあって、人間の認知システムは、生理、心理、文化における様々なレベルの適応の結果の一つであると見なせる。だとすれば、人間の認知システムを研究する認知研究は、環境における規則性のあり方を記述する論理学と、ここにおいて接続するはずである。以下では、認知心理学者のジョン・アンダーソンが唱導する「適応論的アプローチ」に材を取りつつ、この接続のビジョンをより具体的にしたい。

アンダーソンは、認知心理学の研究を行う新たな方法論として、「合理性分析（rational analysis）」を提案する。合理性分析とは、「人間の行動が環境の構造にある仕方で最適化されているという仮定のもとに、人間の行動のある側面を説明すること」（[2], p. 471）であり、認知の適応的性格に着目する。それは、認知が最適化される対象である「環境の構造」（[2], p. 473）を特定することに意を注ぎ、「人間の頭の内側でなく外側に焦点を合わせる」（[1], p. 23）。

「人間の頭の内側」のメカニズムの研究で多くの業績を上げてきたアンダーソンが、こうしたアプローチを提案する一つの理由は、彼が「同定問題（Identifiability Problem）」と呼ぶものの存在、すなわち、人間の行動から、人間の「頭の内側」のメカニズムを一意に特定することはできないという問題の存在である。アンダーソンをはじめとする認知心理学の多くの研究は、認知の過程を計算として捉え、外部から観察できる人間の行動データをもとに、どのような計算アルゴリズムが、観察される行動の入出力関数を説明するかを追究してきた。しかし、一つの入出力関数を計算する計算アルゴリズムは無限にあることが計算理論から分かっており、したがって、行動データだけから認知のメカニズムを一意に特定することは原理的に不可能である。アンダーソンは言う。

基本的に、私たちが導こうとしているのは、入力を出力にマップする関数である。私たちは、一群のメカニズムを使ってこの関数を特定することにしているが、だからといって、これらのメカニズムが入出力関数を計算しているという事実、私たちが経験的にテストするのはこの関数であるという事実から目をそらすべきではない。別の言い方をすると、もし二つのメカニズムの集合が同じ入出力関数を計算するのであれば、それらを差異化するすべはないのである。（[1], 1990, p. 24）

それに対し、認知を環境に対する適応として見るアプローチでは、環境の構造が認知のメカニズムを推測するための有力なデータとなりうる。ある環境の構造が与えられたとき、行動の入出力関数を計算するアルゴリズムの一部のみが、その構造に適応的と見なされるからである。つまり、環境のデータにより、認知のメカニズムを求める探索空間が大幅に狭まることが期待されるのである。アンダーソンはこの期待を以下のように述べる。

> それ〔合理性分析〕は、メカニズム的なアプローチのもつ同定問題を回避する方法を提供する。私たちは、観察が不可能な頭の中の構造ではなく、観察が可能な環境に依存する理論を手にするのである。（[11], p. 30)

> それ〔合理性分析〕は理論の構成に対して真実の指針を提供する。もし心がランダムに集まったメカニズムの群ではなく、適応を最適化するために構造化されているのなら、その最適化仮説を使って科学理論の探索をガイドすることができる。それがなければ、心理学的仮説の巨大な空間を探索するのに、きわめて貧弱な方法に頼らざるをえない。（Ibid.）

アンダーソンがこのように述べた一九九〇年代初頭と違い、現代では、非侵襲的な脳活動計測技術が発達し、認知メカニズムの同定に行動データしか頼るものがないという問題は緩和された。しかし、環境の構造をデータとして採用できる適応論的アプローチの利点はやはり残る。とくに、発見された認知メカニズムを説明するという点において、その強みは際立つ。アンダーソンは言う。

それ〔合理性分析〕は、メカニズムが、なぜある特定の仕方で計算を行うかの説明を提供する。私たちは、人間の心を世界に解き放たれたランダムな仮定の集合と見なくてすむのである。(*Ibid.*)

環境への適応を顧慮せず、人間の行動パターンと、それを計算する認知のメカニズムのみを追究するアプローチは、人間の行動パターンを説明するかもしれないし、また、脳活動データにより、特定の認知メカニズムを検証できるかもしれない。しかし、そもそもなぜそのメカニズムが存在しているかの説明はない。あたかも、「神が認知メカニズムの諸々の断片から、多かれすくなかれ恣意的に心を創造したかのよう」([1], p. 26) になる。しかし、現代の科学的人間理解によれば、人間はランダムな構成物ではなく、完全ではないが進化によって環境に最適化された構成物である。適応論的アプローチは、人間に関するこうした一般的な進化的立場から、そもそもなぜ特定の認知メカニズムが人間に備わっているかを説明することができる。アンダーソンによれば、これが適応論的アプローチの「最大のアピール」である([1], p. 27)。

以上のように、アンダーソンは認知心理学の観点から、人間の認知システムを環境に対する適応の結果と見なす立場を明快かつ強力に唱導した。実際、彼自身の研究を含め、この立場に基づく研究は、とくに高次の認知の解明において重要な成果を上げている (*e. g.*, [17])。しかし、現段階で、アンダーソンが適応論的アプローチのもっとも重要なステップとして示した環境の構造の特定において、論理学の役割は何ら認められていない。具体的に、アンダーソンが構想した環境の構造の分析は、(i) 当該の環境に関する既存の科学理論に訴えるもの、(ii) 環境の統計的調査に訴えるもの、そして、(iii) 環境の構造に関する「蓋然性論証（plausibility arguments）」に訴えるもののみであった（[1], p. 473）。本節のはじめに示したような環境の規則性のあり方の分析は、視野に入っていないのである。

アンダーソンが構想した適応論的アプローチにおいて論理学が埒外になる背景には、環境の構造を特定する理想的な方法として、通常の経験科学を想定したことがあると思われる。環境の構造の分析について彼が挙げた三つの方法のうち、(i)の「既存の科学理論に訴えるもの」がそれにあたり、彼はその方法が「もっとも説得的な理論を算出する」（*Ibid.*）と述べている。しかし、前節で示した規則性と規則性のあり方の区別で言えば、個別の経験科学は、環境の規則性を解明することはあっても、規則性のあり方を研究の対象とすることはない。それに対して、論理規則に関する理解Bに立てば、論理規則は環境の規則性ではなく、環境の規則性のあり方、もっといえば環境の規則性の規則性を捉えるものである。ここにいわばギャップがあり、後者は適応的アプローチの元々の構想の外に置かれ、その実践においても同様である。

このギャップは超えられないのであろうか。本章の主張は、このギャップは超えられるし、また、超える価値がある、というものである。

まず、適応論的アプローチでいう環境の構造の特定の作業において重要なことは、人間の認知システムが適応している規則性だけではなく、それが適応していない規則性も含めて網羅的に特定することである。たとえば、人間の認知システムが、環境で成立する*J*という規則性の群に適応しているということが確かめられるとしよう。そしてそれによって、関連する行動データや脳活動データが説明されるとしよう。しかし、これだけでは、いくつかの理由で不十分である。第一に、適応関係を含め、何かと何かの関係を記述するということは、関係項と被関係項の間の関係の成立だけではなく、関係の不成立もまた含まなければならない。そして、関係の不成立の記述が不十分である限り、認知システムが別の、まったく想定外の規則性にも最適化されている可能性が排除できない。第二に、かりに幸運にも、認知システムが適応している規則性がJだけであったとしても、J以外の規則性が十分に分かっていない状況では、認知システムがJに適応するのに、それ以外の規則性に適応しない理由を説明することができない。言い換えると、認知システムによる適応可能性という観点から見たときの、Jとそれ以外の規則性の違いが説明できないために、Jへの適応の原因さえも説明できないのである。

こうした理由で、適応論的アプローチに基づく説明が科学理論として成立するためには、適応関係の被関係項である環境の規則性の集合を、できるだけ網羅的に捉える必要がある。集合を捉える際の正確性と包括性の二つの基準のうち、包括性もまた重視されるのである。そのためには、個別の経験科学に依拠して、環境の規則性をボトムアップに特定・検証していく作業に加えて、理解Bの意味での論理規則——すなわち、規則性の閉包条件——を研究・適用することで、規則性をトップダウンに特定する作業もまた有効である。たとえば先述のJのような、すでに分かっている規則性の群に、閉包条件を適用して、それ以外の規則性を導き出す。こうすることで、認知システムが適応しているJ以外の規則性を特定し、適応に関する正の事実だけではなく、ある種の規則性の群に適応していないという負の事実を明らかにすることで、環境に対する認知システムの適応の能力とともに、その限界を説明する基礎が得られる。また、この作業を通じて、認知システムがまったく想定外の規則性に適応していることが判明する可能性がある。さらに言えば、適応していることが分かった規則性の出自を、論理規則が示す閉包条件を参照して説明できる可能性もある。

アンダーソンは、特定の認知メカニズムを仮定して、単に行動データを説明するだけでは不十分であることを指摘し、認知システムの環境の構造への適応という観点から、その認知メカニズムの存在を説明する必要を説いた。しかし、本章の主張は、そうした説明が成功するためには、認知システムがある特定の環境の構造に適応しているのはなぜかを説明する必要があり、その手段として、規則の閉包条件の研究と適用が有効である、というものである。こうして、論理学は認知の研究と再接続される。

おわりに

本章では、論理規則を推論のパターンを表すものとする理解Aと、世界の規則のあり方を捉えるものとする理解Bを対比し、一九六〇~八〇年代の認知研究と論理学の蜜月と、その後の反動的な分離とが、いずれも理解Aに基づくものであることを見た。それに対し、一九三〇年代以降の論理学のメタ理論的洗練によって準備され、B&Sにおいて展開された理解Bは、理解Aの遺産を受け継がず、環境の構造への適応という観点から認知システムを研究するアプローチにおいて重要な役割を果たすことを見た。それは、環境の規則性のシステムをメタ理論的な見地から捉える作業においてであり、明らかになっている環境の規則性のみならず、いわば想定外の規則性をも捉え、適応の現象を包括的に解明する作業においてである。

このようにして、本章では、論理学と認知研究の三〇年越しの分離を経た、再接続のビジョンを提示した。

本章で論じることができなかったもっとも明白な問題は、はたしてこのビジョンが示す研究アプローチが有効なのか、その具体的な事例はあるのかである。残念ながら、このビジョンに基づいた研究は現状ほとんど存在しない。B＆Sは、理解Bをもっとも系統的に展開した研究であるが、それを認知研究における適応的アプローチと接続するに至っていない。著者らの研究［26］は、図的表現を対象に、意味規約が環境に規則性をもたらすこと、その規則性がB＆Sの示した閉包条件に従って膨大な規則性を成立させること、図を見る者がその一部に適応することによって、様々なイシューに対応する多様な情報の読み取りが可能となることを示した。この点で、［26］は、本章で示したビジョンの実現の一歩とも捉えられる。しかし、それはビジョンの有効性の証示というにはあまりにも小さな一歩であり、このビジョンに基づくはるかに多くの研究の蓄積に俟たざるをえない。

最後に、本書の第Ⅱ部のテーマである、「論理学にかんする研究は、経験論の視座にどのような光を投げかけているのか」という問題について、これまでの議論に基づく考察を述べたい。本章の主張が正しければ、論理学の研究と経験科学は接続しうる。本章では、とくに、理解Bに基づく論理研究が、適応論的な認知研究に接続する可能性について詳述したが、そうした接続は、世界の規則性を経験データに基づいて解明する諸科学に一般化できる。理解Bに基づく論理研究は、規則性のシステムの閉包条件をメタ理論的に探究し、世界の規則性を経験データに基づいて解明する諸科学と永遠にすれ違うように見えるかもしれない。しかし、見方を変えれば、両者はともに世界の規則性を解明という同じターゲットに向かっている点で協働の関係にあり、また、アプローチのレベルが異なるからこそ、方法論的に相補的と考えることもできる。

たしかに前者の採用する方法は、一定の公理と仮定がもつ帰結を証明によって発見・検証するという数学の方法であり、その証明の過程に経験の入り込む余地はない。しかし、数学的な知見が一般にそうであるように、その過程で得られた帰結や、その起源である公理や仮定は、その科学的な効用において評価される。すなわち、それら自体は経験的検証の対象にはならないが、それらを用いて得られる世界の規則性の網羅的な記述は検証が可能な経験的理論の基礎となり、そこで効用が測られるのである。このように、理解Bに基づく論理研究は、経験科学と離れて存在せず、世界の規則性を解明するというターゲットを共有し、したがって、その目的に基づいて評価されるのである。それは、単にアプローチのレベルが異なるだけで、同じ目標をもつ科学的探究の一部門なりである。

参考文献

[1] Anderson, John R. 1990. *The Adaptive Character of Thought*. Lawrence Erlbaum Associates, Hillsdale, NJ.

[2] Anderson, John R. 1991. "Is Human Cognition Adaptive?", *Behavioral and Brain Sciences*, 14: 471–517.

[3] Barwise, Jon and Jerry Seligman 1997. *Information Flow: The Logic of Distributed Systems*. Cambridge Tracts in Theoretical Computer Science. Cambridge University Press.

[4] Boole, George. 1958. *An Investigation of the Laws of Thought, on Which Are Founded the Mathematical Theories of Logic and Probabilities*, Dover Publications. Originally published in 1854.

[5] Braine, M. D. S. 1978. "On the Relation between the Natural Logic of Reasoning and Standard Logic", *Psychological Review*, 85 (1): 1–21.

[6] Braine, M. D. S., B. J. Reiser and B. Rumain. 1984. "Some Empirical Justification for a Theory of Natural Propositional Logic", *The Psychology of Learning and Motivation: Advances in Research and Theory*, ed. by G. H. Bower, Academic Press, pp. 313–371.

[7] Braine, M. D. S. and B. Rumain. 1983. "Logical Reasoning", *Handbook of Child Psychology*, ed. by P. H. Mussen, John Wiley & Sons.

[8] Fodor, Jerry A. and Zenon W. Pylyshyn. 1988. "Connectionism and Cognitive Architecture: A Critical Analysis", *Cognition*, 28: 3–71.

[9] Gentzen, Gerhard. 1969. "Investigations into Logical Deduction.", *The Collected Papers of Gerhard Gentzen*, ed. by M. E. Szabo, North-Holland Publisher, pp. 68–131. Originally published in 1935.

[10] Gentzen, Gerhard. 1969. "On the Existence of Independent Axiom Systems for Infinite Sentence Systems", *The Collected Papers of Gerhard Gentzen*, ed. by M. E. Szabo, North-Holland Publishing Company, pp. 29–52. Originally published in 1932.

[11] Hagert, G. 1984. "Modeling Mental Models: Experiments in Cognitive Modeling of Spatial Reasoning", *ECAI–84: Proceedings of the Sixth European Conference on Artificial Intelligence*, ed. by T. O'Shea, pp. 389–398.

[12] Johnson-Laird, P. N. 1975. "Models of Deduction", *Reasoning: Representation and Process in Children and Adults*, ed. by R. J. Falmagne, Lawrence Erlbaum Associates.

[13] McCarthy, J. and P. J. Hayes. 1987. *Some Philosophical Problems from the Standpoint of Artificial Intelligence*, Morgan Kaufmann Publishers, pp. 26–45.

[14] McCarthy, John 1959. "Programs with Common Sense", *Proceedings of the Symposium on Mechanization of*

Thought Processes, Her Majesty's Stationary Office, pp. 75–91.

[15] Newell, Allen, John Calman Shaw and Herbert A. Simon. 1958. "Chess-playing Programs and the Problem of Complexity", *IBM Journal of Research and Development*, 2 (4): 320–335.

[16] Newell, Allen and Herbert A. Simon. 1997. "Computer Science as Empirical Inquiry: Symbols and Search", *Mind Design II: Philosophy, Psychology, Artificial Intelligence*, ed. by John Haugeland, The MIT Press, pp. 81–110. Originally published in 1976.

[17] Oaksford, Mike and Nick Chater. 1994. "A Rational Analysis of the Selection Task as Optimal Data Selection", *Psychological Review*, 101 (4): 608–631.

[18] Oaksford, Mike and Nick Chater. 2009. "Précis of Baysian Rationality: The Probabilistic Approach to Human Reasoning", *Behavioral and Brain Sciences*, 32: 69–120.

[19] Osherson, D. 1975. "Logic and Models of Logical thinking", *Reasoning: Representation and Process in Children and Adults*. ed. by R. J. Falmagne, Lawrence Erlbaum Associates.

[20] Osherson, D. N. 1977. *Logical Abilities in Children: Reasoning and Concepts*. John Wiley & Sons.

[21] Paulson, Lawrence C. 1989. "The Foundation of a Generic Theorem Prover", *Journal of Automated Reasoning*, 5 (3) September: 363–397.

[22] Rips, L. 1983. "Cognitive Processes in Propositional Reasoning", *Psychological Review*, 90 (1): 38–71.

[23] Rips, L. 1989. "The Psychology of Knights and Knaves", *Cognition*, 31 (2): 85–116.

[24] Rips, L. 1994. *The Psychology of Proof*, The MIT Press.

[25] Robinson, John Alan 1965. "A Machine-oriented Logic Based on the Resolution Principle", *Journal of the ACM*, 12 (1): 23–41.

[26] Shimojima, Atsushi and Dave Barker-Plummer 2021. "Channel-theoretic Account of Reification in Representa-

tion Systems", *Logique & Analyse*, 64 (251): 341-363.

[27] Tarski, Alfred. 2000. "On the Concept of Following Logically", *History and Philosophy of Logic*, 23 (3): 155-196. Original Polish version was published in 1936.

[28] Tversky, Amos and Daniel Kahneman. 1974. "Judgment under Uncertainty: Heuristics and Biases", *Science*, 185: 1124-1131.

[29] Wason, P. C. 1968. "Reasoning about a Rule", *Quarterly Journal of Experimental Psychology*, 20 (3): 273-281.

[30] アリストテレス「分析論前書」『アリストテレス全集２』岩波書店、二〇一四年、一―三二五頁。

第Ⅲ部

経験論の現代的展開

第1章　デューイの「経験」概念についての考察

――「探究」という範疇による把握とそのポスト・モダン的意義――

藤井 千春

はじめに

一九八〇年代から始まるデューイ・ルネッサンスでは、デューイ（John Dewey）の哲学の「反基礎づけ主義」としての特質が強調されている。デューイの哲学は、近代西欧の認識論哲学を超えるポスト・モダン的な意義を有すると評価されている。

デューイ・ルネッサンスへの嚆矢を放ったのは、ローティ（Richard Rorty）であった。ローティは、デューイを含めてプラグマティズムについて、次のように述べている。

プラグマティストは実在との対応という考えを一切捨ててしまうのであり、したがって現代の科学は、それが実在に対応しているからわれわれの役に立っているのではなく、ただ単に役に立っているというだけのことなのだと主張するのである。こうした観方についてプラグマティストは、（思考と事物との、あるいはことばと事物との）「対応」という観念に興味深い意味を与えようとしてきた数百年間の努力は、結局失敗に終わったと論じるのである。(1)

哲学において、伝統的に「経験（experience）」は、人間の精神と外界との接触に関することがらと見なされてきた。そして、「経験」が、「実在との対応」としての「真理（Truth）」を知ることに、どのように関与し得るのか、あるいは、関与し得ないのかが問われてきた。しかし、ローティによれば、デューイのいう「経験」は、「真理」を知ることに関与しないばかりか、もとよりそれへの関与を主題とはしていないのである。

デューイは、『民主主義と教育』（一九一六年）以降、「経験」を鍵概念とする哲学を展開した。では、デューイのいう「経験」は、哲学における伝統的な「経験」概念とどのように異なるのか。また、「経験」が「真理」を知ることに関与しないならば、「経験」の価値はどのような点に置かれるか。

本章では、デューイが掲げた哲学の新たな主題のもと、デューイは「経験」概念をどのような範疇において構成しようとしたのかについて、伝統的な哲学における「経験」概念と対比して分析・検討する。それにより、デューイのいう「経験」概念が、どのような点でポスト・モダン的な意義を有するのかについて考察する。

第一節　デューイの哲学の主題

ローティは「哲学の脱構築」を観点として、デューイは「伝統的な二元論がわれわれの文化に与える害悪を示した」と評価しつつも、「包括的な性質を持つ説明を試みようとする、哲学者すべてに共通する宿命」から抜け出すことができなかったと批判している。[2] それに対して、スリーパー（Ralph W. Sleeper）は「哲学の再構築」を観点として、デューイの哲学を「伝統の克服ではなく、伝統の変容の試み」と理解すべきだと主張している。[3]

本章では、スリーパーの側に与し、デューイは哲学の主題を変更したという観点から、デューイが哲学に新たに求めた「任務と目的」に基づいて、デューイの「経験」概念を分析・検討していく。

では、デューイは、哲学にどのような「任務と目的」を求め、哲学の主題をどのように再設定したのか。デューイは、『哲学の再構築』（一九二〇年）で、次のように宣言している。

究極的実在を取り扱うという口実のもと、哲学は社会的な伝統の中に埋め込まれている高価な価値に専念してきた。（中略）将来の哲学の任務はその時代の社会的および道徳的な闘争について、人々の観念を明晰にすることにあると理解されるであろう。哲学の目的は、人間に可能な限り、これらの闘争を取

り扱うための器官になることにある。(4)

伝統的な哲学は、「究極的実在」に関する「真理」を明晰にすることを「任務」とし、そのための知的「器官」になることが「目的」であった。つまり、「真理」の究明に知的貢献することが哲学の主題とされてきた。

それに対して、デューイは、哲学が「その時代の社会的および道徳的な闘争」に関与することに「任務」と「目的」を設定した。つまり、現実世界における問題の解決に知的貢献することを哲学の主題とした。

デューイの青壮年期の一九世紀末から二〇世紀初頭のアメリカでは、急速な産業社会への転換によって、人びとの生活は全米的な経済活動の中に巻き込まれるようになった。自由放任の経済活動により、経済的な格差が拡大した。また、急増した新移民と旧来からの移民との間で、文化的相違などによる差別が発生した。アメリカ国内における人びとの間の分断と対立が深刻な状況になっていた。

それにもかかわらず、社会進化論、すなわち自由競争に基づく淘汰を通じて、「適者生存」により人類は進歩するという考え方が、企業家たちに根強く支持されていた。彼らは、自由放任の経済活動を擁護し、経済活動に対する公的統制を認めようとしなかった。他方、史的唯物論に基づくマルクス主義者たちは、社会主義社会の到来を歴史法則の必然であると主張した。暴力による社会革命を主張する運動も活発化していた。経済のあり方をめぐる両者の主張は対立的ではあった。しかし、人間の知性的な努力による社会改良の可能性を認めない点では一致していた。社会進化論者にとって、人為的な介入は、弱者を保護し人類の進化に対する妨害行為であった。マルクス主義者にとって、人間の行為は歴史法則の必然性に対して無力なのであった。

デューイは、社会は人間の知性的な努力によって改良できるというメリオリズムの立場に立っていた。メリオリズムは革新主義運動を基盤において支える考え方であった。革新主義運動では、経済活動を公的に統制して社会に適切な秩序を生み出すことが主張された。革新主義運動は、人間の知性的な努力によって社会改良を推進するという考え方に立つ運動であった。

『哲学の再構築』が出版された一九二〇年の時点では、革新主義運動は一定の成果を得ていたものの、アメリカ内外における人びとの間の分断と対立はさらに深刻な様相を帯びていた(5)。『哲学の再構築』では、メリオリズムの立場が反省的に検討されて、現実世界の問題が人間の知性的な努力を通じて解決可能であることを示す論理の提起がめざされている。つまり、「今日、人間の諸問題として顕著になっている関心と論点に哲学を結び付ける(6)」ために、デューイが哲学の再構築の試みを開始した著と位置付けることができる。

第二節　伝統的な哲学に対する批判

デューイは、同時代の哲学に対して、科学の成果によって「人間が自らの生活する世界に関する健全な信念をいっそう増大できるようになった」[7]にもかかわらず、依然として「永遠かつ固有の必然性のあるものの認識を目的としている」[8]と指摘している。つまり、哲学と科学との間は分離したままであるか、論理実証主義に見られるように、科学に対する哲学の優位が主張されている状況にあった。デューイによれば、哲学のそのような在り方は、「人間が世界について知っていることと、人間が世界について行うことについての知的指導との間に、総合をもたらすこと」[9]に対する妨げとなっていた。デューイは、一種の「知性的な権威の欠如」[10]状態に陥っていると批判している。

では、「知っていること(知識)」と「行うこと(行動)」との間に、どのように「総合をもたらす」ことができるのか。つまり、デューイは、人間が自らの知性的な努力によって社会改良を推進できることを、どのように論証しようとしたのか。そのために哲学を、どのように再構築することを主張したのか。

伝統的な哲学では、知識の価値は「実在との対応」、すなわち、「永遠かつ固有の必然性のあるものの認識」に示された。他方、行動は、不安定で流動的な現実世界に関係していると見なされた。この点で知識と行動は、それぞれ正反対の世界に関係しており、両者は結びつくことはできないと見なされた。したがって、思考についても、「永遠かつ固有の必然性のあるものの認識」に関係する限りで知性的と見なされた。現実世界における行動には、知性的なことからを見出しえないと考えられた。

デューイは、「『永遠的』という概念と全くつながりを有しない」[11]哲学の在り方を求めた。哲学を「永遠かつ固有の必然性のあるもの」から解放することが、哲学の再構築の条件であった。人間の知性を、現実世界の問題解決への取り組みに関係づける哲学の構築をめざした。

デューイは、科学の実験的方法に注目した。近代科学は、知識を使用して行動の方法について思考するという方法によって、現実世界の具体的な諸問題を解決し、人間の生活に利益を生み出している。つまり、人間の知性的な能力の行使によって人間の行動を方向づけ、高い確実性において意図した結果を生み出している。デューイは、実験的方法を、人間による知性的な努力のモデルとした。それにより、現実世界において問題解決に取り組むための知性的な方法についての論理的な解明をめざした。そのようにして、人間の知性的な努力による社会改良の可能性を論証しようとした。

そのような展望において、デューイは、「行うことが知ることよりも劣っていて、固定的存在を可変的存在よりも重視するという伝統的な見解を拒否する」[12]と宣言する。

第三節　「経験」概念の検討

デューイは、自らの「経験」概念を明確にするために、哲学史における伝統的な「経験」概念を検討している。

デューイは、『哲学の再構築』に先立ち、一九一七年の「哲学を取り戻す必要性」において、イギリス経験論における「経験」についての「正統的（orthodox）」な考え方と対比して、自らの「経験」についての新たな考え方を提案した。そこにおいて、デューイは、自らの「経験」概念の概略を、次のように説明している。[13]

(1) 正統的な考え方では、経験は認識と関係づけられてきたが、経験は環境と生命体とがかかわり合うことである。

(2) 正統的な考え方では、経験は精神の内部で成り立つとされてきたが、経験は人間の活動の中に入り込み、また、人間の反応によって実在世界を変化させる。

(3) 正統的な考え方では、経験は発生した出来事の記録であったが、経験は未来に、計画を立てて与えられたものを変化させようとする活動である。

(4) 正統的な考え方では、関連や連続の妥当性は疑わしいものと見なされてきたが、経験は新しい関連や連続を発見し、環境を統制しようとする活動である。

(5) 正統的な考え方では、経験は思考と切り離され、推論は飛躍と見なされていきたが、経験は思考と結びついており、推論による反省的な思考によって導かれる。

このようにデューイは、「経験」は、生命体と環境との相互作用であり、知識を使用して思考し、計画的に環境を変化させようとする、未来に向かう意図的・能動的な、反省を伴う活動であるという考え方を提起した。

デューイは後年、一九三五年の「経験主義についての経験主義的研究」において、自らの「経験」概念の哲学史的な位置付けを行っている。そこでは、古代ギリシア哲学とロックの経験論における、それぞれの「経験」概念が分析・検討されている。そして、ジェイムズ（William James）の「観念」についての考え方を用いて、自らの「経験」概念を対比的に明確にしている。

デューイは、古代ギリシア哲学の「経験」概念について、次のように説明している。

経験は過去についての蓄積された知識を意味する。……直面している状況において何を期待できるのかについて知るというような、どのようにして確実に行うかについての、実践的な一般化に凝縮されたものである。[14]

つまり、家の建築、塑像の制作、軍隊の統率など、実践的な活動で行動を導く信頼できる情報であり、学習や訓練を通じて社会に蓄積されている伝達可能な情報である。しかし、「出来事の原因や理由についての洞察が含まれず」、「偶然に正しい意見をもたらすに過ぎない」ものと見なされていた。「経験」は、蓋然性は高いものの、そこから確実性は得られないと考えられた。

デューイによれば、古代ギリシア哲学では、プラトン（Platōn）のイデア論に見られるように、確実性を有する知識は、「永遠かつ固有の必然性」が支配するイデア界にあると考えられ、そこにかかわっていく思考に評価が与えられた。行動がなされる現実の実践的世界は、不確実性によって支配される世界として蔑視された。そして、現実社会の問題やそこにおける行動から超越し、イデアについて知ろうとする「観想」が優れた思考であるとされた。

次に、ロック（John Locke）の「経験」概念について、次のように説明している。

彼は、観察を本質的に成り立たせるものとして経験を定義した。経験は、自然とその個人との、直接的で根本的な結びつきを意味する。……観察を通じて得られた「観念」のみが、物質的なことがらに関して信じるに値するものとなる。(15)

デューイは、ロックのこのような「経験」概念を、古代ギリシアと対比として「同じ靴を反対に履き替えること」に喩えている。ロックは、古代ギリシアの場合とは反対に、「経験」を外界にある物質についての正しい観念の起源として位置付けた。ロックは、人間の精神を白紙に喩え、生後の「経験」によって知識がそこに書き込まれていくと論じた。そのようにして、「経験」に先行する知識を人間は所有しているという生得観念を否定した。正しい知識は、現実の世界における観察を通じて得られるのである。

しかし、ロックは、思考については、正しい観念の形成を歪める作用と見なしていた。外界の物質についての正しい知識が精神に書き込まれるには、観察は外界から「強制」されてくる与件の忠実な受容に徹しなければならない。ロックのいう「経験」は「受動性」に貫かれている。ロックは、感覚与件を受容して精神に伝達する過程に思考が介在すると、観念に歪みを生じさせると考えた。ロックにとって思考は、偏見を発生させたり、不確実な憶測をもたらしたりする非合理的な機能なのである。

デューイは、古代ギリシア哲学とロックの経験論とでは、「経験」が確実性を有する知識の起源であるか、また、「経験」と思考や行動が結びつくのかについても、それぞれの見解は対照的であることを明らかにした。そして、デューイは、両者が共通して、「経験」において、知識と思考と行動とが結びつけられていないという点を指摘している。

デューイは、現実世界における問題の解決に知的貢献することを哲学の主題として掲げた。デューイにとって哲学の課題は、現実世界における問題解決のための知性的な方法を究明することにあった。伝統的な哲学における「経験」概念では、知識と思考と行動とが結びつけられていない。それらからは、現実世界における問題解決のための知性的な方法を究明するという観点を見出すことはできない。

デューイは、ジェイムズの観念についての考え方に手がかりを見出している。

観念の価値は、その起源とは無関係である。観念の価値は、その観念を用いて新しい観察や実験を指導することによって生じた結果に関する問題である。[16]

デューイは、ジェイムズの観念についての考え方のプラグマティズムとしての特質を強調している。すなわち、観念の価値は、イデア界に関与していること、あるいは、観察に起源していることにあるのではない。その観念を採用して行動した場合に、現実世界において好ましい結果を生み出すことにある。

デューイは、ここから新たな「経験」概念の構築を開始している。現実世界に発生する問題の解決は、現実世界において実際に行動することを通じて帰結される。重要なことは、その行動の確実性を高めることである。そのためには、行動が十分に考案された観念によって、意図的・計画的に導かれることが必要となる。そして、そのように行動を指導する観念を考案するためは、必要な知識が思考によって適切に使用されなければならない。

デューイは、このように指導観念を考案して問題解決を企図・実行するという一連の努力に、知識と思考と行動とが正当に結びつく可能性を見出した。つまり、デューイは、指導観念を考案して、意図的・計画的に行動を実行することにより、人間は自らの知性的な努力によって、現実世界の問題解決に取り組むことが可能であると考えたのである。

このように人間が知識と思考と行動とを結びつけて、現実世界に発生する問題に対処していく活動に、デューイは「経験」という用語を割り当てたのである。

第四節　実験主義的性格

現実世界における問題解決への取り組みにおいて、知識と思考と行動をどのように結びつけることができるのか。

そこで、デューイは、知識についての考え方を転換した。

デューイは、知識を「実在」の「模写」と見なす伝統的な考え方を斥けた。

そして、「知ること」について、次のように定義し直した。

知ることの対象は、知るという活動に先行して存在しているようなものではなく、指導された実験的操作の結果である[17]。

つまり、知るとは、実験的操作という、現実的世界における行動とそれにより発生する結果との結びつきを明らかにする活動である。つまり、知ることによって知られたものは、現実世界における「われわれが行おうとしていることと、結果として生じることとの間の具体的な関連[18]」、すなわち、働きかけと反応との結びつきである。いわば、「われわれが従事する諸活動の関連や連続[19]」、あるいは、「ある一定の状況におけるある対象の適用可能性を決定するところの、その対象の諸関連[20]」である。デューイはこのような関連や連続を「意味（meaning）」という用語で述べている[21]。そして、知識の価値を、「直面する未知の事物を解釈し、……それらの事物に関して起こりうる未来を予見し、それによって計画を立てるために役立つ手段を与える[22]」ことに設定している。いわば、知識とは、どのような状況で何を行うべきか、あるいは、意図した結果を生み出すためにはどのように行動すべきかなど、特定の状況における行動の規則なのである。したがって、知識とは、直面している状況で何が進行しているのか、何をどのように行うべきかについて判断するための、つまり、「思考を統制し、思考を実り豊かなものにする[23]」ための道具なのである。

デューイは、そのような規則が示された知識を道具として使用することにより、直面している問題状況の性質を明確にし、その状況の性質に応じた最も効果的な解決のための行動方法の考案が可能であると論じた。そのようにして、人間は自らの知性的な努力によって、問題解決という結果を現実世界で生み出すことができる。例えば、上空を急速に黒雲が覆った状況で、「上空が急速に黒雲に覆われると間もなく夕立になる」という連続を知識として使用することにより、直面している状況について「間もなく夕立になる」という性質を明確にすることができる。それによって、夕立に遭遇することによって発生する不利益を避けるために、必要な行動方法についての考案を開始することができる。また、跳び越えるに幅広い小川に行き当るという問題状況において、「小川の近くにある倒木を橋として架けて渡る」という指導観念が示唆された場合、「川幅より長いこと」「自分が乗っても折れないこと・転がらないこと」など、その倒木を橋として使用するための条件、すなわち、生み出したい結果とその前提との関連についての知識を使用することにより、その指導観念の確実性を高めることができる。そして、川の向こう側に渡るという結果を生み出す行動が可能となる。

このように直面している状況の性質について、「間もなく夕立になる」というように、不利益の発生が予想される問題状況として明確にする際にも、また、小川の「近くにある倒木を橋として架けて渡る」という解決のための行動を導く指導観念を考案する際にも、知識が思考によって使用されている。このように問題解決の活動では、知識が思考によって使用されて行動が導かれるというように、三者は緊密に結びついている。デューイはそのようにして遂げられる一連の活動を「経験」という概念によって捉えたのである。

デューイの「経験」は、思考によって知識を使用して指導観念を考案し、それによって意図的・計画的に行動を導いて問題の解決を目指す活動である。デューイは、近代科学における実験的方法を、現実世界における知性的な問題解決の方法として採用した。解決のための行動とは、思考によって知識を使用して考案した指導観念の実験なのである。

この点で、デューイの「経験」概念は、実験主義という性格を有している。

第五節　知性（intelligence）による確実性（certainty）の増大

しかし、伝統的な哲学から見ると、重要な論点が残されている。すなわち、デューイによって捉えられた「経験」には、絶対的な確実性は保障されないという問題である。

デューイは、「経験」について、現実世界の不安定性・流動性を前提に考察している。人間が遭遇する状況は、「似てはいるが、同一ではない」[24]のであり、全く同一の状況が再現することはない。また、問題状況の発生も偶発的である。したがって、あらゆる状況に普遍的に適用可能な、絶対的な確実性の保障された指導観念はありえない。知識の示す関連や連続は蓋然的である。「経験」を構成する試みは常に可謬的である。

人間に可能なことは、デューイによれば、知識と思考と行動とを実験的に結びつけ、意図した結果を生み出す確実性を高めることである。

デューイは「知性」について、次のように述べている。

知性は、結果に対して効果的な手段を選択し、配列すること、また、われわれが目的として設定するものを選択すること、すなわち「判断」と関連づけられる。人が知性的であるのは、（中略）一つの状況の可能性を予測し、その判断に従って行動できる能力に基づくのである。[25]

デューイにとって「知性」とは、「現実の世界の内部において操作を行う方法[26]」に示される。デューイにとって「精神（mind）」とは実体ではなく、問題解決など現実の世界における実践的な活動を推進する機能なのである。同様に、「知性」も、現実の世界での問題解決における人間の行動の仕方に示される。つまり、「知性」とは、知識を思考が使用して行動を導き、意図した結果を生み出すという、人間の活動の優秀性として示される。「精神」の優秀な機能によって、高い確実性において行動が導かれている活動の仕方を評価する形容詞なのである。

デューイは、そのような結果に対する確実性を高めるという「知性」を、例えば、熟練した医師など、現実世界の状況に関与してそこにおける問題の解決に取り組む実践家の活動、あるいは、日常生活において問題解決に成功したような活動に基づいて説明している[27]。それらの事例を手がかりに、知識が思考によって使用されることにより、どのように直面している状況の特質が明確化されたか、また、どのように指導観念が考案されたかを分析している。そのように問題解決に成功した活動を分析することにより、そこにおける知識と思考と行動との関連について解明している。したがって、デューイにとって「経験」とは、「知性的」と評価できる、知識と思考と行動とが結びついた問題解決の活動なのである。この点で、デューイは、人間の知性的な活動の可能性の根拠をデカルト以来の伝統的な「理性」に求めなかった。スリーパーが、「理性の伝統的な役割は徐々に知性によって引き受けられるようになった[28]」と述べているように、デューイは、自然主義的なアプローチによって、人間の実践的な活動において、人間が自らの知性的な努力によってその確実性を高めることができることを、実際に人間が行っている活動に基づいて説明した。

では、「経験」は、どのようにして「知性的」な活動として構成されるのか。つまり、どのようにして人間は、自らの活動の確実性を高めることかできるのか。

ラッセル（Bertrand Arthur William Russell）は、デューイの道具主義的な知識についての考え方に対して、偽である知識でも使用によって好ましい結果が生まれることがあると批判した[29]。それに対してバーク（Tom Burke）は、デューイにおいて真偽は、状況を構成する要素を述べた個々の命題に対してはなく、状況についての判断に対して問われると反論している[30]。確かに、例えば、「上空が急速に黒雲に覆われると間もなく夕立になる」という知識は蓋然的なものである。一つの知識だけに基づく判断では予想・意図した結果が生じる確実性は低い。状況について、「間もなく夕立になる」という判断の確実性を高めるためには、「急に空気が冷たくなった」「遠くで雷鳴が聞こえる」「それまで暖かだった」など、「間もなく夕立になる」ことに連続する様々な要素の存在を状況の中に確認しなければならない[31]。

このように、「類似しているだけであって、同一ではない」状況の特質を明確にし、適切な指導観念を考案するには、「夕立」や「橋」に関する多様な知識を組み合わせて使用することが必要となる。個々の知識は蓋然的であるが、関連する多様な知識を組み合わせて使用して判断することにより、直面している状況の明確化に関して、また、指導観念の考案に関して、帰結に対する確実性を高めることができる。

デューイにとって、「反省（reflection）」とは、毎回の問題解決の活動において、早急に判断することなく、関連する多くの知識を組み合わせて使用して、示唆された観念の確実性について点検する「熟慮（de-liberation）」である。人間は、毎回の「似てはいるが、同一ではない」状況において、蓋然的な知識を使用して問題解決に取り組まなければならない。人間に可能なことは、自らの実践的な活動を「反省」しつつ、「熟慮」して「経験」を構成していくことである。絶対的な確実性は保障されないものの、人間は自らの知性的な努力によって、自らの実践的な活動の確実性を高めることはできる。

第六節　経験の連続的発展

デューイによって把握された「経験」には、確実性の保障をめぐるもう一つの問題がある。それは、デューイが、デカルト的な「理性」の生来的・普遍的な所有者という、近代的な人間観を否定していることに基づく。先にも述べたように、デューイのいう「知性」は、実践的な活動の優秀性を形容する用語である。「知性」は、実践的な活動の遂行能力の発達に従って示される優秀性である。この点で、バーンスタイン（Richard Berntein）がいうように、知性は生後それぞれの人ごとに、「注意深く、思慮深く養育されることを必要とする」[32]のであり、また、チャイルス（John Childs）もいうように、「負荷を与えられた経験や学習の過程」[33]が、意図的・計画的に与え続けられることが必要とされる。

しかし、実践的な活動の優秀な遂行能力が、後天的な教育や鍛練によって育成されるのであれば、複数の人が共通の状況に直面したとしても、必ずしも同じように「経験」を構成できないことになる。「経験」をどのように構成できるか、すなわち、直面する状況の特質をどの程度まで明確にできるか、また、指導観念の確実性をどの程度まで高めることかできるかは、それぞれの個人に育成されている知的能力に依存することになる[34]。

つまり、道具として所有している知識が少なければ、思考の機能の範囲は狭く限定される。したがって、直面している状況についての明確化や指導観念の確実性は不十分な状態にとどまる。また、それらの判断に誤りが発生する危険性も高い。「知性的」という点では低い水準でしか思考は機能せず、意図した結果を生み出すという点で行動の確実性は低い。したがって、例えば、素人と専門家、あるいは、新人とベテランの間では、同一の状況に直面しても、そこから「経験」を同じように構成することはできない[35]。

では、「経験」を知性的に構成する能力は、どのようにして発展するのか。デューイは、その発展の可能性を、どのような論理によって説明しているのか。

ここに「教育」、「コミュニケーション」、「探究（inquiry）」、「反省」が、デューイの「経験」概念を構築している重要な要素として浮かび上がってくる。

デューイは、人間が原子的な個人としてではなく、文化的共同体（社会集団）の構成員として存在していることを考察の出発点としている。「関心や目的や知識や技術や慣行[36]」など、「経験」を知性的に構成するための道具立ては、文化的共同体の構成員たちに共有されている。デューイは、そのような道具立てを子どもに伝達して、子どもが、その文化的共同体の構成員と同じように「経験」を構成できるようにすることで、人間の「集団の生命が持続[37]」されてきたと論じている。

しかし、その「伝達」の基本形について、デューイは、子どもが帽子についての観念を習得することを事例として、自然主義的なアプローチによって説明している[38]。子どもにある対象についての観念が知識として形成されるのは、年長者と状況を共有して、年長者と一緒にその事物について取り扱うという、実践的文脈的な活動を通じてである。そのような活動において、子どもは年長者による対象の取り扱い方を観察し、どのような特定の働きかけが特定の結果を生み出すのかを推察する。そして、年長者の助言を受けつつ自らも試行錯誤的に働きかけて、意図する結果が発生するように働きかけの方法を調整していく。また、年長者の言葉から、年長者が自分に何に気づくことを求めているのか、あるいは、どのような働きかけ方を求めているのかなどを推測する。そのようにして、子どもは対象を試行錯誤を伴いつつも実験的に取り扱うことを繰り返し、しだいに年長者と同様に対象を取り扱うことができるようになる。つまり、その対象についての「経験」を文化的集団の成員として構成できるようになる。

このような学習は、共有された状況の中で、年長者と共に直示的に行われる。子どもは年長者のやり方や指示・助言から、対象との相互作用の仕方を推察し、実験的に対象に働きかけなければならない。この点で、学習における年長者と子どもとの間でのコミュニケーションも、子どもが対象に働きかけていくことも、子どもにとっては探究的である。学習とは、子どもにとって、年長者が自分に伝えたいことを推測し、また、年長者による対象の取り扱い方を推察して、自分なりに対象の取り扱い方についての指導観念を考案して働きかけるという実験なのである。そのようにして、自らの探究を通じて考案した指導観念を自らの働きかけの帰結によって検証する。そして、年長者が自分に求めている取り扱い方と一致することにより、その対象を取り扱う「経験」が構成されるのである。

したがって、「経験」を構成するために必要な知識を習得する学習は、子どもには探究的コミュニケーションの「経験」として行われる。つまり、学習を通じて、子どもは知識を習得するだけではなく、実験的に対象に働きかけて新しい知識を発見する、また、相手の伝えたいことを推察・推測して理解を試みるなど、思考の働きを「経験」している[39]。このように知識の習得と同時に、探究能力、コミュニケーション能力も同時に、その「経験」を通じて育成されている。このため、「経験」の構成に必要な道具立てが装備された後も、自力で探究的に「経験」を構成し続けること、あるいは、他者との間でのコミュニケーションを通じて、「経験」を構成するための道具立てを増大し続けることが可能になる。つまり、自力で「意味を増加させ、その後の経験の進路を方向づける能力を高めるように経験を改造ないし再組織」していくことが可能になる。そのように「経験」の確実性を高めていくこと、いわば、自力で「成長し続ける」ことが可能となる。

このように「経験」の構成についての学習は、探究やコミュニケーションの「経験」としてなされる。子どもには「経験」を構成するために必要な知識が獲得されるだけではなく、それを増大させていくための探究やコミュニケーションの能力も同時に育成される。人びとの間には、現実として「経験」を構成する能力に関する差異がある。しかし、それは「経験」を探究として連続的に構成することにより埋めることが可能な、成長段階の水準的な差異である。

したがって、デューイの「経験」は、自ら知識を増大させて、その後の「経験」の確実性を高めることに帰結するという点で、その概念を「探究」という範疇で把握することができる。

おわりに

デューイのいう「経験」は、現実世界において問題の解決という結果を生み出すことを目的に、思考が知識を使用して行動を導くという形式で、三者が緊密に結びついて推進される活動である。「経験」は、現実の世界において遭遇する毎回の問題状況の個性的な性質を明確にし、それに適した解決方法を考案して行動を導くという点で実験的な性格を有している。また、直面する問題状況が新規であるという点で、「経験」は新しい指導観念の考案という「探究」としての範疇で行われる。人間は常に「経験」を「探究」として構成することを通じて、その後の「経験」をより高い確実性において構成することが可能となる。そのように「経験」を連続的に発展させる点に、人間の「知性」が示される。

現実の世界は偶発的・流動的ではあるが、思考が知識を反省的に使用することで、行動を通じて意図した結果を生み出すことの確実性は高まる。そのような点に、デューイは人間の「知性」の可能性と在り方を求めた。そして、デューイは、このような論理によって、現実世界における問題の解決に人間が自らの知性的な努力によって取り組む必要性とその可能性を訴えた。

デューイは、自らの「経験」概念の構築において、近代西欧の認識論哲学における、「理性」の生来的・普遍的な所有者としての人間、および観察における与件の「強制的受容」者としての人間という観念を放棄している。このことは、デューイと同時代の論理実証主義との重大な相違点である。論理実証主義は、科学理論の観察命題への還元・検証可能性にその資格を設定した。そのようにして「知識の基礎付け」を試みた。この点で、近代西欧の認識論哲学が前提とする考え方を忠実に受け継ぐ立場であった。

それに対して、自然主義的に人間の実践的な活動に基づいて「知性」について考察したデューイの考え方は、現代ではボイスヴァート（Raymond Boisvert）が「経験的自然主義によって認識への近代的なアプローチを切り崩した[40]」と述べたように評価できる。しかし、タイレス（J. E. Tiles）が指摘するように、同時代においては「明晰性と厳格性に価値が置かれていた結果として、デューイはそれらが彼の特質ではないという理由によって苦しめられた[41]」のであった。

一方、ミード（Georg H. Mead）は、すでに同時代において、デューイが「思考と思考の対象は同じ世界の中に見出されるという確信[42]」を持っていたと評価している。つまり、デューイは、「経験」について、現実の世界で行われる諸活動の具体的・個性的な文脈と不可分の関係において考察していると指摘した。このことはデューイの再評価においても、パトナム（Hilary Putnam & Ruth）やボイスヴァートによって指摘されている[43]。

デューイの主張は、同時代においては人間の「知性」への楽天的な信頼と批判された。しかし、現代の視点に立てば、自由放任は、格差の拡大とそれによる人びとの間での分裂・対立を人為的に生み出すことが証明されている。また、すでにマルクス主義は崩壊し、人間が従うべき歴史的な法則が成り立たないことも証明されている。デューイにとって、人間とは、偶発性・流動性の支配する不確実な現実世界から逃れることはできず、そこにおいて常に問題解決のための行動に迫られている存在である。つまり、人間は、現実世界の中でその不確実性を引き受けて、自らの知性を恃みとして努力し、行動によって自らの住む世界を改良しつつ生存を継続していかざるを得ない存在なのである。デューイの「経験」概念は、このような存在としての人間を引き受けることの上に成立している。

注

（1）ローティ／室井尚他訳『哲学の脱構築』御茶の水書房、一九八五年、一五頁。Richard Rorty, *Consequences of Pragmatism*, The Univ. of Minnesota Press, 1982.
（2）同上、二三〇頁。
（3）Ralf Sleeper W., *The Necessity of Pragmatism*, Yeale Univ. Press, 1986, p.13.
（4）John Dewey, *Reconstruction in Philosophy*, 1920, *Middle Works*, vol. 12, p. 94.
（5）ラトナーは、「一九〇三年と一九二〇年の間、すなわち、『論理学理論の研究』と『哲学の再構築』との間の期間は、世界でも多くのことが起こった。第一に、各種の社会科学が広く成長し、また成長し続けていることである。……第二に、世界大戦である」と述べている（Joseph Ratner, "Dewey's Conception of Philosophy", *The Philosophy of John Dewey*, Tuder Publishing, 1939, p. 60）。
（6）Dewey, *Reconstruction in Philosophy*, MW 12, p. 155.
（7）Dewey, *The Quest for Certainty*, 1929, *Later Works*, vol. 4, p. 57.

(8) Dewey, *Introduction to Problem of Men*, 1946, LW 15, p. 156.
(9) Dewey, *The Quest for Certainty*, LW 4, p. 58.
(10) *Ibid*., p. 57.
(11) Dewey, *Introduction to Problem of Men*, LW 15, p. 157.
(12) Dewey, *The Quest for Certainty*, LW 4, p. 29.
(13) Dewey, "The Need for a Recovery of Philosophy", 1917, MW 10, p. 6.
(14) Dewey, "An Empirical Survey of Empiricisms", 1935, LW 11, p. 70.
(15) *Ibid*., p. 76.
(16) *Ibid*., p. 82.
(17) Dewey, *The Quest for Certainty*, LW 4, pp. 136-137.
(18) Dewey, *Democracy and Education*, 1916, MW 9, p. 152.
(19) *Ibid*,. pp. 82-83.
(20) *Ibid*;, p. 35.
(21) *Ibid*., pp. 82-83.
(22) *Ibid*., p. 351.
(23) *Ibid*., p. 157.
(24) *Ibid*., p. 178.
(25) Dewey, *The Quest for Certainty*, LW 4, p. 170.
(26) *Ibid*., p. 175.
(27) Dewey, *Democracy and Education*, MW 9, p. 178. John Dewey, *How We Think*, 1933, LW 8, p. 252.
(28) Sleeper, *The Necessity of Pragmatism*, p. 179.

(29) Bertrand Russell, "Dewey's New Logic", in *The Philosophy of John Dewey*, Tuder Publishing, 1939, p. 152.
(30) Tom Burk, *Dewe's New Logic; A Reply to Russell*, The Univ. of Chicago Press, 1994, pp. 64-65.
(31) 藤井千春「デューイ経験主義における〈概念〉の役割――行動の確実性をどのようにして高めるか――」『日本デューイ学会紀要』第五六号（二〇一五年）で詳しく論じた。
(32) Richard Bernstein, *John Dewey; On Experience, Nature and Freedom*, Loberal Arts, 1967, p. x.
(33) John L. Childs, *Education and Morals*, Appleton-Century, 1950, p. 3.
(34) この点に関するデューイの哲学についての一つの重大な誤解は、『思考の方法』（一九三三年改訂版）における「反省的思想の五つの側面、あるいは局面」が、「探究」を高い確実性において導くための段階的な手順として理解されてきたことである。デューイは、「思考は自動的であり、奔放である」（*How We Think*, LW 8, p. 113）と、思考を合理的に統制できない機能であることを考察の出発点としている。また、デューイは、知性的な思考が、閃き、衝動、習慣、意志などの非合理的な要素と不可分・不可欠な関係において機能していることを明らかにしている。誰もが確実に同一に「経験」を構成できるように導く普遍的な手続き的方法を、個々の「経験」に先立って設定することはできない。なおこれらの点については、藤井千春『ジョン・デューイの経験主義哲学における思考論』（早稲田大学出版部、二〇一〇年）の「第一章　デューイの経験主義哲学の柱立て　第三節　自然主義の方法的特質」、「第三章　示唆と反省　第一節　示唆と反省の連続的関係」、「第四章　探究と思考」で詳しく論じた。
(35) バーンスタインは、デューイの知識についての考え方を「主観主義ではない相対主義」と評価している（*John Dewey; On Experience, Nature and Freedom*, p. xiii）。デューイの知識の価値は、行動の目的によって決定されるのであり、その点で行動の行われる文脈に相対的であるからである。
(36) Dewey, *Democracy and Education*, MW 9, p. 6.
(37) *Ibid.*, p. 5.
(38) *Ibid.*, pp. 18-19.

(39) デューイのいうコミュニケーションは、例えば『経験と自然』でデューイが構成している事例のように、双方が互いの思考を「相互参照」しながら、つまり相互の思考について探究的に展開される (John Dewey, *Experience and Nature*, 1925, LW 1, pp. 140-144.)。コミュニケーションの成立は結果として相互の行動が相互の求めるように一致することにより確認される。

(40) Raymond Biisvert, *John Dewey; Rethinking Our Time*, State Univ. of New York Press, 1998, p. 39. 藤井千春訳『ジョン・デューイ——現代を問い直す——』(晃洋書房、二〇一五年)。

(41) J. E. Tiles, "Introduction; Nature, Knowledge and Naturalism", *John Dewey: Critical Assessments*, vol. IV, Routledge, 1992, p. 1.

(42) ミード／河村望訳「ジョン・デューイの哲学」『デューイ・ミード著作集13』(人間の科学社、二〇〇一年) 二七九頁。Georg H. Mead, "The Philosophy of John Dewey", in *Internal Journal of Ethics*, XLVI (1935-36).

(43) パトナムは「実験の技術と、その同じ技術を実践的な目的で使用することとの間には線を引くことはできない」と述べている (Hilary Putnam and Ruth Putnam, "Dewey's Logic: Epistemology as Hypothesis", *World and Life: Hilary Putnam*, Harvard Univ. Press, 1994. p. 205)。また、ボイスヴァートは、デューイの「知性」について、現実世界の「危険から逃げないという責任を含んでいる」と述べている (*John Dewey; Rethinking Our Time*, p. 46.)。

第2章　論理的経験論から日常言語によるコミュニケーション論へ
――ウィトゲンシュタイン哲学を中心に――

林　泰成

第一節　論理的経験論からの展開

さまざまな学問領域の中で、自然科学に分類される分野は、客観性や実証性という点で他の分野と比べても優れていると言うことができる。したがって、さまざまな分野がその方法論を取り入れようとしても不思議ではない。では、自然科学に特徴的な方法とは何か。一つは実験や観察を通じた経験主義的なアプローチであり、もう一つは、論理的な思考法であると言えるだろう。こうした二つの特徴を有する立場は、論理的経験論と呼ばれている。

とはいっても、他の分野からの方法論の導入がいつもうまくいくとはかぎらない。それが、どのような理想を描き、そしてどう変化していったのかを確認しながら、論理的経験論から、日常言語を中心としたコミュニケーション論へと発展していく様子を、ここでは考察したい。導きの糸となるのは、ルートヴィヒ・ウィトゲンシュタイン（Ludwig Josef Johann Wittgenstein）の哲学である。なぜなら、彼の前期哲学は論理的経験論に大きな影響を与え、また後期哲学は、日常言語学派の中に位置づけられ、さらに社会科学の研究者たちにも大きな影響を与えたからである。

まずは、一九三〇年代に活躍したウィーン学団の考え方を取り上げることから始めることにしよう。

第二節　ウィーン学団と『論理哲学論考』

モーリッツ・シュリック（Friedrich Albert Moritz Schlick）を中心とするウィーン学団と呼ばれる研究者集団は、論理実証主義（logical positivism）を唱えた。その考え方については、記念碑的小冊子「科学的世界把握：ウィーン学団」[1]によって基本構想が示されている。

そこでは、科学的世界把握の精神の重要性が主張され、目標として統一科学が設定されている。そうした発想のもとで、科学的世界把握を本質的に特徴づけるものとして示されるのは、経験主義的、実証主義的であるということと、論理的分析の方法を用いることであった。言い換えれば、有意味な言明とされるのは、経験によって真偽が確定される言明と論理的な言明だけであり、形而上学的な言明はナンセンスなものとして拒否され、排除される。

ウィーン学団が活動していた時代は、この小冊子の発行年である一九二九年を初年度としてとらえれば、一九三八年のドイツ軍ウィーン侵攻によって解体したので、約一〇年ということになる。

このウィーン学団が非常に大きな影響を受けた書物の一つに、ウィトゲンシュタインの『論理哲学論考』[2]（以降『論考』と略記する）がある。

シュリックをはじめとするウィーン学団のメンバーが『論考』に興味を持ったことは、彼らの論理実証主義の考え方と、『論考』の思想との対比によってよく理解できる。

『論考』では、「世界とは成立していることがらの全体である」という存在論的主張から始まり、世界の構造が、対象、事態、事実などの用語から説明される。しかし、そこに描かれている世界は、私たちの住む日常世界ではなく、言語体系に対応する世界のように思われる。なぜなら、そのあとには、世界と言語を結びつける写像の説明があり、名辞や命題などの言語構造の説明が続くからである。

こうした世界と言語の対応関係は、素朴な経験論のモデルを構成することになる。こうした世界との対応関係のない命題、つまり、言語構造だけから構成される命題群の中で有意味なのは、論理的な関係性を示す命題、すなわちトートロジーだけである。

ところで、私たちは、経験によってどのようにして命題の真理性を確認することができるのだろうか。あるいは、たとえば「これはリンゴだ」という主張は、どのように経験的に確認されるのだろうか。目で見ると「これは赤い色をしている」。触ってみると「丸くて、つるつるしていて、硬さもあるが、力を入れて握ると凹むようだ」。匂いを嗅ぐと「甘い匂いがする」。たたいてみると「コンコンと音がする」。そんなに硬い感じはしない」。食べてみると「甘くて美味しい」というようなことが言える。では、これらの経験から、どのように「これはリンゴだ」という判断が導かれるのだろうか。

感覚器官に与えられる刺激を表現する言葉は、感覚与件言語（sense-datum language）と言われる。しかし、そうした色・形・音・匂い・味などにかかわるデータを集めても、私たちの認識はリンゴという物体にまでは到達しない。日常生活の中で用いられる知覚可能な物を表す用語が必要なのである。それを、ウィーン学団のメンバーであったルドルフ・カルナップ（Rudolf Carnap）は、物言語（thing language）と名づけている。

ウィーン学団は、直接経験できることを観察し記述した命題をプロトコル命題として定めようとした。経験によって真であることが明確化されている命題を明らかにできれば、そこに還元できない命題は、すべて形而上学的なものとして否定し排除することができる。しかし、何をプロトコル命題とみなすかについては、ウィーン学団の中でも意見の相違があった。シュリックは、感覚与件言語に限定する現象主義の立場であったが、カルナップや同じくメンバーであったオットー・ノイラート（Otto Neurath）は、物言語による命題への還元を主張する物理主義の立場に立った。

以上のようなウィーン学団の考え方は、『論考』の中に描かれた命題と事態との対応や、（原子）命題から複合命題の真理値が定まるという発想との類似性が見て取れる。

それでは、ウィトゲンシュタインの『論考』での立場は、論理実証主義と呼んでよいのだろうか。たしかに、ウィーン学団のメンバーが興味関心を抱き、解釈した視点からは、論理実証主義なのであろう。しかし、別な解釈の可能性がないわけではない。

『論考』の最後は、「ひとは語りえないことについては沈黙しなければならない」という主張で終わる。これは、経験的でない命題は主張してはならないと言っているかのようにとらえることもできる。この本では、きわめてウィーン学団の主張に近い考え方が述べられているかのようである。

しかし、「ひとは語りえないことについては沈黙しなければならない」という主張は、言語化して語ることができない世界がある、ということを想定している主張のようにもとらえられる。『論考』の序文では、「これに対してこの書物で伝達される思想が真理であることは不可侵で決定的である、と私には思われる。したがって私の見解は、問題は本質的な点では究極的に解決された、というものである。そしてこの点で私に誤りがないとすれば、この仕事の第二の価値は、これらの問題が解決されることによって、いかにわずかのことしかなされなかったかをそれが示している点に存するのである」と述べられている。ここに、論理実証主義の限界が暗示されているとは言えないだろうか。明晰に語りうることがらの背後に、語りえない豊かな世界があるとは読み取れないのだろうか。『論考』では「語る」と「示す」が峻別されて使われている。言語をとおして明晰に語りうることを語りつくすことで、その外側の世界が示されるという解釈は、きわめて『論考』的な解釈とも言うことができる。

ウィトゲンシュタインの『論考』の立場は、表面的には、論理実証主義の立場に立っている。だからこそ、ウィーン楽団のメンバーも『論考』に惹かれたのであろう。しかし、ウィトゲンシュタインの後期思想への展開なども考え合わせると、もう一方の語られなかった世界が暗に示されているようにも見えるのである。

ちなみに、ウィーン学団では論理実証主義と呼ばれていた立場は、その後、各メンバーによって微妙な考え方の違いが生じ、現在ではそうした立場に共通する経験主義的な考え方は、論理的経験論（logical empiricism）と呼ばれている。

第三節　言語ゲームと生活形式

本章の冒頭で述べたように、自然科学の領域の方が、人文科学や社会科学よりも成功しているように見える。したがって、論理的経験論のような立場が理想的なものと思われるのであるが、しかし、言葉の意味を分析することで哲学の諸問題を解決しようとする試みを分析哲学と呼ぶならば、それが、人工言語から、言葉が生まれ育った日常生活の中での日常言語を対象とするところまで展開していくのは当然のことであったのかもしれない。というのも、人工言語学派と日常言語学派という分析哲学の区分も、たしかに強調点が異なっているとは言えるものの、言語論的転回という流れの中では、転回以降のきわめて似通った一連の立場としてとらえられるのではないかと思われるからであり、また、豊かな意味世界を構成する言語は、日常言語にほかならないからである。

ウィトゲンシュタインに関して言えば、『論考』に代表されるような前期思想においては、存在と言語を写像理論でつなぎ、非常に明快な対応説で言葉の意味を説明した。そうした理論の中では、形而上学的な言明は、無意味なものとして語りえないものの領域に追いやられてしまう。しかし、『哲学探究』[3]（以降、『探究』と略記）に代表される後期思想においては、言葉の意味は、日常の使用の中で説明される。そのための鍵概念は、言語ゲームと生活形式である。ここでは、この二つの概念を用いて、日常言語学派の一例として、ウィトゲンシュタインの後期思想を取り上げることにしよう。

言語ゲーム（language game）とは、さまざまな活動の中で言語の役割をとらえようとするための概念装置である。たとえばウィトゲンシュタインの挙げている例を用いて言えば、建築現場で親方が「台石」と叫べば、助手は台石を持っていく。「台石を持ってこい」と命令されたのではないにもかかわらずそうする。「台石」という叫びを、「台石を持ってこい」という意味だと理解しているからである。つまり、言葉の意味は、その状況と密接に絡んでいるのである。こうした考え方は、何か出来事があって、それを記述するための言語を用いてその出来事が記述されるという発想とはまったく違う。『論考』で主張されていたような、存在の写像としての言語という発想を否定する考え方が取られている。

言語ゲームは、ウィトゲンシュタインの母語であるドイツ語ではSprachspielと表現される。Spielは、英語のplayに当たる。言語ゲームは、言葉遊びとでも訳すことができるような概念でもある。

言語は、意味が確定したものばかりではない。再度、ウィトゲンシュタインの例で述べれば、「子どもにゲームを教えてやってほしい」と依頼された人が子どもにサイコロ賭博を教えたらどう思うか。依頼者はすぐに、「それはやめてくれ」と言うだろう。しかし、サイコロ賭博もゲームであるし、依頼者は「それを除く」などとは言っていない。ゲームという語は、そこに含まれる対象が、人によって異なるということがありうるのである。

ゲームにも、たとえば野球とか、鬼ごっことか、パソコンゲームとか、いろいろな種類があるし、それぞれが微妙にずれを示しながらもつながってもいる。先のやり取りで言えば、サイコロ賭博は、子どもに教えるべきゲームとして、常識的に考えて望ましくはないだろう。「先に示しておくべきだ」という主張もありうるとは思うが、そうしたことまで明示しておかねばならないとしたら、日常会話など成り立たなくなってしまう。たとえば、これもウィトゲンシュタインが議論している例であるが、観光地で「写真をとるから、どこかその辺に立ってくれ」と言われたなら、私たちはどう行動するだろうか。周囲の景観などを考えて、他の観光客にあまり迷惑をかけないように、どこか「その辺に」立つのではないだろうか。だれも、たとえば、「この銅像の真東の台座から四六センチ離れた場所につま先がくるように立つということでいいか」などとは質問しないはずである。

ゲームにもさまざまなものがあるわけだが、こうしたゲーム同士のつながりを、ウィトゲンシュタインは、家族的類似性（family resemblance）という言葉で表現している。たとえば、祖父と父は顔の輪郭が似ている、父と息子は鼻立ちが似ている、母と息子は目元が似ている、息子と娘は口元が似ている、というように、○○家の顔というようなものがあるわけではないが、それぞれが少しずつ似通った面と違った面を持ちながら、つながり合っているような状態だということである。言葉の意味を内包と外延（対象）に分けて説明し直せば、すべての外延（対象）に共通する内包を示すことができないということになる。

『探究』において、用いられている回数はそう多くはないものの、重要な概念として位置づけられている言葉がもう一つある。それは、生活形式（form of life）である。言語ゲームに参加できるということは、その言語ゲームがすでに生活形式の一部であるということになる。

異文化理解の場面を想定すると、文化が違って生活習慣も異なれば、その生活を理解することは、たしかに、難しくなる。たとえば、南方の島国で生活する人たちが川端康成の『雪国』の英語翻訳版を読んだ場合、理解不能な用語には解説文がついていたとしても、そこで描かれた生活を理解することはなかなか難しいことだろう。「こたつ」と言われても、こたつを利用したことのない人たちにはイメージができない。生活形式が一致していないからである。

ただし、今ここで述べた解釈が、生活形式の解釈として正しいのかどうかは議論の余地がある。ここでは、異文化理解と書いたが、生活形式をもっと広くとらえて、人類に共通の生活形式として考えることもできるし、逆に、もっと狭めて、たとえば新潟県民の生活形式というとらえ方もできる。極端なことを言えば、結婚して一緒に生活を始めることになった夫婦が、ちょっとした生活スタイルのずれで互いに憎み合うということだってありうる。おそらくは、その都度、生活形式は膨縮するというとらえ方が一番実情に合っていると言えるだろう(4)。

彼が『探究』において展開している私的言語についての議論も、言語の持つ社会的な性質をあぶりだしている。その議論は、私が内的に感じている痛みを表現する言葉が、他者にとって理解可能なものとして成立するかどうかという議論である。そうした言葉が、私的言語と表現される。しかし、そうした言語は、外面的な表情や行動とは無関係に意味が決められることになるので、言語としては成立しないというのがウィトゲンシュタインの主張である。私的言語については、あとでもう一度取り上げる。

ある人が頬を押さえて「歯が痛い」と言えば、私は、自分の体験に照らして、「ああ、虫歯で歯が痛いのだろうな」と理解する。しかし、こうした理解が成立するのはやはり人類としての生活形式の一致に依拠していると言えるだろう。もし、その人が、私が今まで体験したことのないような強い痛みを感じていたとしても、私は、その痛みをおそらく理解できないし、想像することもできないだろう。こうした発想では、言語は社会的なものと想定されている。

以上のように、『探究』においてウィトゲンシュタインは、『論考』とはまったく異なる言語観を提示している。そうした視点が、社会学的なアプローチに対しても大きな影響を与えていると言うことができる。

第四節　社会科学の理念とウィトゲンシュタイン派エスノメソドロジー

ウィトゲンシュタイン哲学の研究者でもあったピーター・ウィンチ（Peter Guy Winch）は、『社会科学の理念とその哲学との関係』[5]（以降『理念』と略記する）という書物を一九五八年に公刊している。この本は社会科学についての本ではあるのだが、哲学的な概念の議論がその大部分を占めている。つまり、社会科学の哲学とでも名づけられるような議論が展開されている。そうなっているのは、ジョン・ロック（John Locke）に倣って、哲学を、「学問の道に横たわるゴミを取り除く」下働きとしてとらえるからである。社会科学が、実証的な科学として進んでいる状況の中にあって、あえて、哲学的な概念整理が重要であることを主張している。そして、諸概念の解明のためには「これらの諸概念は人間の諸関係という脈絡の内に置かれねばならない」と考え、ウィトゲンシュタインの生活形式にも言及しているのである。

『理念』において、ウィンチは、カール・ポパー（Sir Karl Raimund Popper）の「社会科学の理論とは、ある種の経験を説明するために研究者が構成した理論的構成物、つまりモデル、に対して当てはまるものである」という主張を批判し、「諸々の制度が内包している思考様式は、社会科学者が研究している諸々の社会において、実際に人々の行動様式を支配しているのである」と主張する。

哲学的な概念の整理が社会科学の研究にとって必要であるとしても、そうした概念によって構築されたモデルは、普通に考えれば、その研究者が作りあげた構成物にすぎず、それは研究者仲間の間では、斬新なモデルであることもあるだろうが、しかし、それがマクロな視点での行動の傾向性を示すことはあっても、一般市民の日常の具体的な行動に影響することは少ないのではないかと考えられる。

けれども、ウィンチはそのようには考えない。社会関係は内在的なものであり、人間の相互関係が観念を内包しているとみなすからである。つまり、個々の人間の行為やその関係の中に、概念があり、そこから離れたモデルによって人間の行為や相互関係が説明されることなどありえないからである。それは、言語ゲームや生活形式に基づいて言葉の意味をとらえようとするウィトゲンシュタインの発想に類似しているし、『理念』の中でのウィトゲンシュタインへの言及を考えれば、そこから着想を得ていることは明らかであろう。

ウィンチの考え方は、実証的な社会科学の在り方への反科学的な反動などではなく、むしろ日々の活動の中での哲学的な概念整理を社会科学において目指していると言うべきであろう。

ところで、ジェフ・クルター（Jeff Coulter）は、一九七九年に公刊された『心の社会的構成：エスノメソドロジー研究と言語哲学』[6]において、社会学者のアルフレッド・シュッツ（Alfred Schütz）の論文や前述のウィンチの『理念』から引用し、自然科学者は科学者の研究を拘束する規則に従っていればよいが、社会学者の研究が人間活動であるように、社会学者の研究対象もそれ自体一つの人間活動である、という主旨の主張を展開している。クルターのあげている例で言えば、私たちは、グラスを持った手を掲げているとき、「飲み物を飲み干すようにという命令にしたがう」のではなく、「乾杯する」という行為を行っているのである。社会学者が人間の行為を記述しようとするとき、それは文化の内側から記述されなければならない。この社会学者が、かりに乾杯の習慣のない文化の中で生まれ育ち、彼にはその行為が「飲み物を飲み干すようにという命令にしたがう」行為のように見えても、そのように記述したのでは、その乾杯する人間の行為を正しく記述したことにはならないということである。

自然科学の研究では、研究者は客観的事実を明らかにしようとするが、社会科学の研究では、研究対象そのものがじつは、社会的な概念を用いてこの世界を解釈し、選択し、行動しているのである。つまり、行為主体とそれを記述しようとしている者とが、彼らが生活している文化や言語の中に埋め込まれている行為の意味を共通に理解できるようになっていなければならないのである。

エスノメソドロジーという言葉の創始者は、社会学者のハロルド・ガーフィンケル（Harold Garfinkel）である。それは、現象学者のフッサール（Edmund Gustav Albrecht Husserl）や現象学的社会学者のシュッツ、言語哲学者のウィトゲンシュタインらの影響を受けたガーフィンケルが、既存の社会学を批判する中で、エスノ（＝民衆の）とメソドロジー（＝方法論）とをくっつけて生まれた言葉である。さまざまな定義を統合して私なりの言葉で表現すれば、それは、日常生活の中で人々が行う行為の意味づけの方法を意味し、また、それを会話分析などの方法によって解明する研究自体をも意味している、ということになる。ケネス・ライター（Kenneth Leiter）は、端的に「〈日常知〉の研究」[7]と述べている。

言葉とその言葉の意味を説明する際に、私たちが何らかの言語行為を行うとき、思考がまずあってそれを言葉で表現している、ととらえる考え方がある。しかし、ウィトゲンシュタインはこうした考え方を否定する。言語表現とは別に、心の中に何か「意味」があるというわけではない。言葉はそれ自体が考えの乗り物なのだというのが彼の考え方である。言葉が使用されている状況の中で言葉の意味が確定されると言えばよいだろう[8]。そうだとすれば、言葉の使用を分析することで、私たちの心の行為も記述できるのではないか。心理主義的な意味理論ではなく、言語使用に基づく意味理論が人間の行為の意味を解き明かす手掛かりになりうるのではないだろうか。言い換えれば、私たちは、けっきょくは、社会的な構成物である言語に縛られているのである。

第五節　〈規範に従う〉ということ

ウィトゲンシュタインは、『探究』の中で、〈規則に従う〉ことをめぐるパラドキシカルな状況を描写している。それは次のようなものである。「われわれのパラドックスは、ある規則がいかなる行動の仕方も決定できないであろうということ、なぜなら、どのような行動の仕方もその規則と一致させることができるから、ということであった。その答えは、どのような行動の仕方も規則と一致させることができるのなら、矛盾させることもできる、ということであった。それゆえ、ここには、一致も矛盾も存在しないのであろう(9)」。

この部分の解釈をめぐって、ソール・クリプキ（Saul Aaron Kripke）は、『ウィトゲンシュタインにおける規則と私的言語（*Wittgenstein on Rules and Private Language*, 1982）』という一冊の書物を著している。

クリプキのあげている例で言えば、「68 + 57」を計算して「125」という答えを得たとする。これは算術的な計算として正しい。プラスの規則にしたがっていると思われる。しかし、ある懐疑論者が正解は「5」だと言う。懐疑論者は、「プラス」を「もしx, y＜57ならばx + yとして計算し、そうでなければ、5である」として理解している。この場合、普通の加法計算が正しくて、懐疑論者の計算規則が間違っているとなぜ言えるのだろうか。

常識的に考えれば、こうした簡単な例では、何が問題なのかさえ理解しづらい。とんち問答のようにさえ見える。

ウィトゲンシュタイン自身は、先の引用に続く箇所で「われわれは、〈規則の〉解釈ではなく、応用の場合場合に応じ、われわれが「規則に従う」と呼び、「規則に叛く」と呼ぶことがらのうちにおのずから現れてくるような、規則の把握〈の仕方〉が存在することを示すのである」と述べている。そしてさらに続けて、次の第二〇二節では、「それゆえ、〈規則に従う〉ということは一つの実践である。そして、規則に従っていると信じていることは、規則に従っていることではない。だから、ひとは規則に〈私的に〉従うことができない。さもなければ、規則に従っていると信じていることが、規則に従っていることと同じことになってしまうだろうから」。

クリプキの議論以降、規則に従うことについてのさまざまな考えが提示されているが、このウィトゲンシュタインの主張を素直に読めば、規則は実践であり、規則に従っていると自分自身が信じていてもほんとうにそうなのかは定かではないということになるから、規則は社会的に構成されたものとして存在するということになるだろう。私たちは、その都度解釈があっているかどうかを確かめることはできる。しかし、その都度の確認も、変容していく可能性があることを考えれば、確固とした規則といったものはありえない。

クリプキは、けっきょく、この規則に従うことの議論の中に、私的言語の不可能性の議論に関する決定的な考察が含まれているととらえている。

私的言語については先にも触れたが、ウィトゲンシュタインが言う私的言語とは、自己の内的体験を記録し、自分には理解できるけれども他者には通じない言語のことである。彼は、そうした言語が成立しないと考えている。第二五八節では次のような例が示されている。「私は、ある種の感覚がくりかえし起こることについて、日記をつけたいと思っている。そのため、私は、その感覚を「E」なる記号に結びつけ、自分がその感覚を持った日にはかならずこの記号をカレンダーに書き込む。――私がまず第一に言いたいのは、この記号の定義を述べることができない、ということである。——にもかかわらず、私は自分自身に対しては、それを一種の直示的定義として与えることができる！——どのようにして？　私はその感覚を指し示すことができるのか。——普通の意味ではできない」。この例の場合、たとえば、最初の「E」と二回目に記した「E」は、本当に同じ感覚なのか。強さが変化してはいないのだろうか。それを、たとえば「痛み」として記録するなら、他者にも理解可能だが、それはすでに私的言語ではない。

こうした議論から明らかになるのは、言語はきわめて社会的な性質のものだということである。

第六節　新しいコミュニケーション論へ

私たちは、生まれてから成長するにつれて、徐々に言葉（母語）を扱えるようになるが、しかしそれは、前もって、文法を学び、言葉の活用の規則を学んで、聞いたり、話したり、読んだり、書いたりできるようになるというようなものではない。おそらく、試行錯誤的に、聞いたり、話したり、読んだり、書いたりを繰り返しながら、コミュニケーションの能力を身につけていく。そして、その能力を身につけることには、おそらく、これで完成したというような最終的な到達点はない。なぜなら、日常言語の体系は、完成したものではないからである。日々のさまざまな状況の中で、今まで使われていなかったような言葉の用いられ方がなされたり、誤用だとされた用法が広く定着したり、各地の方言が若者によって使われなくなったり、逆に、若者言葉が広まったりとさまざま変化が生じるからである。

これまで見てきたように、ウィトゲンシュタインは、言語ゲームという発想で、言葉の意味やコミュニケーションの成立をとらえようとした。そこでは、前もって言語の意味や言語規則が教えられるのではなく、日常的なやり取りの中で言葉の意味が確立したり、コミュニケーションが成立したりすると考えられたのであった。つまり、まさに言葉の使用の場面でこそ、意味が成立するとみなされたのである。

では、日常的な言語使用の場面で、私たちは間違いなく互いに理解し合えているのだろうか。たとえば、本居宣長の「敷島の大和心を人問はば、朝日に匂ふ山桜花」という歌がある。私は、自分自身の過去の花見などの経験から、満開の桜が咲き誇り、朝日に照らされて、桜の花の匂いが広がっている、というような様子に、大和心というものをたとえているのだろうと思ってしまう。しかし、この解釈は、本居宣長が詠んだ情景とは、おそらく、かなり違う。まず、現代人が花見の際に見る桜は、ソメイヨシノであり、江戸時代末期から明治初期に自然雑交で育成された栽培品種の桜であり、同一の個体から接ぎ木などで増やされたものである。したがって、本居宣長が生きていた時代には存在していない。この桜は、葉よりも先に花が咲き、いわばクローンなので どの個体も同時期に一斉に花が咲く。ところが日本古来の山桜は、葉と花が同時に成長し、また個体差が激しいので、隣接して植えられていても、同時に咲くとはかぎらない。また、「匂ふ」という言葉は、現代語では「匂いがする」という意味で使われることが多いが、ここでは「朝日に匂ふ」となっているので、「朝日を浴びて鮮やかに照り輝く」というような意味であって、匂いがするということは含んでいない。そもそも、桜の花は、一部の品種を除いてあまり匂いがしない。

こうした理解のずれは、本章で言及した生活形式の違いによるとも言えるだろう。では、私の理解は、完全な間違いなのだろうか。そうとは言えないだろう。けっきょく、人間は自分が体験したことに照らして物事を理解しようとする。先の私の解釈は、私の体験に基づく解釈なのであり、学習によって修正できる部分はあるにしても、そうした誤解を含んだやり取りで日常のコミュニケーションは進行していくのである。そういう意味では、人間の間には、完全な相互理解は成立しないと言ってもよいのかもしれない。

しかし、ここで重要なのは、私たちが他者の発話を聞いて理解する際の参照枠をどう構築するかという問題であろう。それは、多様な経験を積むしかないのではないか。しかし、そのように断言してしまうと、今度は、正しい参照枠というものがあって、正しい理解というものがあり、それを相手にきちんと伝えることが正解だということになりかねない。ウィトゲンシュタイン的な視点から言えば、規則に従うということさえも、どのようにでも解釈できるのであり、明確なものとしては示せないのではなかったのか。

このように考えると、こうした議論の先に描くことのできるコミュニケーション論は、日常的なコミュニケーションをとおして私たちが社会的な事実を構成していくというような立場になるように思われる。それは、社会的構成主義（social constructionism）の立場である[10]。とはいっても、生活形式による縛りはあるし、過去の体験や経験による前理解のようなものも想定されるので、そうでたらめなコミュニケーションになってしまうということではない。生活形式や、体験や経験による前理解ということを基盤として、その上に社会的事実を構成すると考えれば、構成的経験論（constructive empiricism）[11]という言い方もできるかもしれない。

注

（1）Moritz Schlick, "Wissenschaftliche Weltauffassung: Der Wiener Kreis" Artur Wolf Verlag, 1929.

（2）Ludwig Wittgenstein, *Tractatus Logico-Philosophicus*, Kegan Paul, 1922.（ウィトゲンシュタイン／奥雅博訳『論理哲学論考』〈ウィトゲンシュタイン全集〉第一巻、大修館書店、一九七五年）

（3）Wittgenstein, *Philosophische Untersuchungen*, 1953, Ludwig Wittgenstein Werkausgabe, Band 1, Suhrkamp, 1999.（ウィトゲンシュタイン／藤本隆志訳『哲学探究』〈ウィトゲンシュタイン全集〉第八巻、大修館書店、一九七六年）

（4）この問題は、ルドルフ・ハラー（Rudolf Haller）が論じている。ハラー／林泰成訳『ウィトゲンシュタイン研究――ウィトゲンシュタインとオーストリア哲学――』晃洋書房、一九九五年を参照。

（5）Peter Winch, *The Idea of a Social Science and its Relation to Philosophy*, Routledge & K. Paul, 1958.（ウィンチ／森川真規雄訳『社会科学の理念：ウィトゲンシュタイン哲学と社会研究』新曜社、一九七七年）

（6）Jeff Coulter, *The Social Construction of Mind: Studies in Ethnomethodology and Linguistic Philosophy*, Macmillan, 1979.（クルター／西阪仰訳『心の社会的構成：ヴィトゲンシュタイン派エスノメソドロジーの視点』新曜社、一九九八年）日本語の翻訳書では、副題に「ヴィトゲンシュタイン派エスノメソドロジー」という言葉が使われている。

（7）Kenneth Leiter, *A Primer on Ethnomethodology*, Oxford University Press, 1980.（ライター／高山眞知子訳『エスノメソドロジーとは何か』新曜社、一九八七年）

（8）こうした考察は、Jeff Coulter の前掲書第四章で論じられている。

（9）Wittgenstein, *Philosophische Untersuchungen*, par. 201

（10）拙著「道徳的実在論に対する社会的構築主義による反動」（吉田謙二監修『現代哲学の真理論』世界思想社、二〇〇九年所収）では、「社会的構築主義」という訳語を使用したが、ここでは、「社会的構成主義」と訳す。同じものを指している。

（11）　この用語は、科学哲学者のファン・フラーセン（Bastiaan Cornelis van Fraassen）が科学理論について使用したものである。Cf. van Fraassen, *The Scientific Image*, Oxford University Press 1980.（ファン・フラーセン／丹治信春訳『科学的世界像』紀伊國屋書店、一九八六年）

第3章　パトナムの自然的実在論

――真理と知覚の哲学の検討を通して――

加賀裕郎

第一節　パトナムにおける実在論の変遷

ヒラリー・パトナム（Hilary Putnam）は科学哲学から道徳哲学や宗教哲学に至るまで、幅広い業績を残したが、理論哲学に焦点を当てるならば、パトナムの中心的な関心領域は実在論にあったと言えるだろう。実在論を軸としてパトナムの哲学的発展を概観するならば、一九七五年までの形而上学的実在論（metaphysical realism）の時期、一九七六年の「実在論と理性（Realism and Reason）」から一九八九年までの内在的実在論（internal realism）の時期、そして一九九〇年のギフォード講義以降の自然的実在論（natural realism）の時期に区分するのが、一般的であるだろう(1)。

しかしパトナムの自己認識では、これらの立場の変遷は、一見するほど大きくはない。何故なら第一に、形而上学的実在論の代わりに科学的実在論（scientific realism）という語句を使うならば、パトナムは一貫して科学的実在論者だったからである。ここでの科学的実在論とは、科学的探求の対象（目標）は実在の認識だという理論であり、それは「科学」の意味に内在的な実在論である。

第二にパトナムは内在的実在論の時期に形而上学的実在論を徹底して批判するけれども、自然的実在論の時期には、批判のトーンを緩めるからである。パトナムによれば、形而上学的実在論には様ざまな意味があり、パトナムが否定するのは、そのうちの一つに過ぎない。その一つとは、実在の真なる記述は一つしかないと主張するタイプのものである。パトナムは概念相対性（conceptual relativity）、つまり実在の真なる記述は複数ありうると考える。しかし形而上学的実在論を、検証主義（verificationism）を否定し、世界を「制作する（making）」という表現を退ける立場の総称と考えるならば、パトナムは形而上学的実在論者を必ずしも否定しない[2]。

内在的実在論の時期のパトナムは、科学的実在論だけでなく常識的実在論も受け入れた。パトナムの課題は、科学的実在論と常識的実在論を包越する実在論を確立することであった。これらの実在をともに認めるために概念的多元論（conceptual pluralism）、つまり実在に関する非還元主義的解釈が採用された。こうした課題を追求するなかで内在的実在論の立場が確立されたのである。

内在的実在論は一種のカント主義であり、実在は概念図式に内在的に規定される、と主張する。パトナムは、この立場が反実在論的含意をもつと見なすようになった。科学的実在論と常識的実在論を包越する実在論の探求というパトナムの探求課題が、ダメット（Michael Dumett）の反実在論と同類と見なされる危険性があった。この危険性を回避しようとするなかで、パトナムはジェイムズ（William James）、フッサール（Edmund Husserl）、ウィトゲンシュタイン（Ludwig Wittgenstein）、オースティン（John. L. Austin）などの影響を受けて、自然的実在論の立場に至ったのである。

自然的実在論は、知覚の対象が無媒介的に実在すると主張する。自然的実在論は、経験を主観と客観の境界面（interface）に成立するものと解釈する近世哲学以降の哲学的伝統を否定する。自然的実在論を正当化するためには、「主観と客観の境界面」に成立するものとしての経験の概念の否定と、実在論に相応しい知覚の哲学を構築する必要がある。

本章の課題は、パトナムの内在的実在論から自然的実在論への移行の意味と問題点を、主としてパトナムの真理と知覚の哲学、及びプラグマティズムとの思想的関わりに注目しつつ批判的に検討することである。以下では本章の課題設定の理由を述べておこう。

我われの見解では、パトナムとプラグマティズムとの思想的関係が最も深いのは、内在的実在論の時期である。パトナムは若い頃、ウィリアムズ（Bernard Williams）の「世界という絶対的概念（the absolute concept of the world）」に近い実在概念をもっていたが、次第にその概念を放棄し、デューイ（John Dewey）のような考え方に近づいた。すなわち世界の全体を説明する包括的な理論などは存在せず、哲学は、そうした包括的理論への探求——確実性の探求——を止めて、世界の内部で人間が出会う、様ざまな問題状況を解決する手立てについて反省すべきだ、とするのである。パトナムはウィリアムズ的な考え方からデューイ的な考え方に移行したのである。(3) パトナムは、ここでの「デューイ的な考え方」を「デューイ的実在論」(4)と呼ぶ。これは反動的な形而上学と無責任な相対主義の中間の道、つまり常識的世界の実在性を認めつつ実体論的形而上学を回避するという道を意味する。

パトナムの言う「デューイ的実在論」は、ジェイムズが「自然的実在論」と呼ぶ立場に近いと思われる。しかしパトナムがプラグマティズムに最も接近したのは内在的実在論の時期であり、自然的実在論の時期に、自らの実在論を「デューイ的実在論」と呼ぶとしても、その実在論はプラグマティックな実在論とは異なったものになったのではないだろうか。このことは、パトナムの真理概念の変化を検討すれば明らかになる。内在的実在論の時期において、パトナムの真理概念は、真理を正当化の一種と捉えるものであった。真理は理想的な正当化可能性とか理想的な合理的受容可能性と規定された。

この「真理」の規定はパース的である。パトナムは当初、「真理」を「正当化」によって規定したとしても、「理想的」という条件を付すことによって反実在論に陥ることを免れると考えていたが、次第にそれが不可能だと自覚するようになった。実際、「真理」を正当化の一種と捉えることからの脱却の試みが、内在的実在論から自然的実在論への移行の大きな理由だったのである。パトナムにとって、ジェイムズ的な自然的実在論の採用とともに、「真理」の反実在論的、準-検証主義的規定から解放されるはずであった。しかしプラグマティズムは、「知識」や「真理」を行為との関連で捉えようとする立場であるから、それらが「検証」とか「正当化」から切り離されてしまうと、プラグマティックな「知識」や「真理」の意味から外れる。実際パトナムは、ジェイムズやデューイの「真理」解釈に否定的であるが、逆にジェイムズ主義者のコーミア（Harvey Cormier）からは「傍観者理論家パトナム（Putnam the spectator theorist）」[5]として批判される。

本章の課題は、パトナムの真理と知覚の哲学に焦点を当てて、自然的実在論を分析し、その問題点を明らかにすることである。本章の課題を果たすために、第二節ではパトナムの真理概念について、第三節ではパトナムの知覚の哲学について検討する。第四節では、自然的実在論と知覚の哲学をめぐるパトナムとマクダウェル（John H. McDowell）の知覚の哲学についての応酬を検討しつつ、パトナムの自然的実在論が傍観者理論的であり、プラグマティックな自然的実在論とは相容れないという結論を導出することを目標とする。

第二節　内在的実在論から自然的実在論へ――真理概念の変化を中心に

初期のパトナムは物的対象、数的存在、場や物理量のような理論的存在についての実在論者であった。形而上学的実在論は、第一に世界は心から独立した、既成の対象の全体から構成される、第二に世界のあり方についての、厳密に一つの真なる、完全な記述がある、第三に真理は世界との一義的対応である、という主張から構成される。

これら三つの主張から構成される形而上学的実在論に対して、パトナムは否定的な見解をもつようになった。世界のあり方に関しては、厳密に一つの真なる完全な記述があるという主張に対して、パトナムは概念的多元主義に基づいて反対する。概念的多元主義によれば、世界に対する相互に還元不可能な複数の記述が存在するのであり、そのことと実在論は両立するというのが、パトナムの基本的立場である。

形而上学的実在論にとっての死活問題は、命題が世界を「指示（reference）」するとか、命題と世界が一義的に「対応（correspondence）」するという意味を明確にすることである。しかしこの問題を解決することは困難である。パトナムによれば、その説明には伝統的に二つのやり方があった。一つは、心には実在の本質（形相）に到達する、知的直観が予め備わっているというやり方である。もう一つは、実在には一定の構造や本質が組み込まれていることを前提したうえで、その構造や本質が、記号との一義的な対応関係を選び出すと主張するものである。[6] これらのやり方は、人間が物自体の認識能力を有していることを前提しているが、この前提はカント（Immanuel Kant）によって根本的に否定された。カントは客観的知識を観念と物自体の一義的な対応の問題としてではなく、表象連関の合法則的秩序づけの問題として解決したのである。

パトナムは形而上学的実在論の困難を克服するために、カント主義的方向に進んだ。ただしパトナムは、形而上学的実在論の困難を克服する立場を、プラグマティズムと呼び、さらにそれを「内在的実在論」と同一視した。カントをプラグマティズムに接続させることには一理ある。カントは「知ること」の意味を「実在の傍観者的表象」から「感性と悟性によって諸表象を秩序づけること」に転換した。しかしカントは、感性と悟性に備わる認識枠組みはアプリオリに固定されていると考えたが、プラグマティズムは、感性と悟性に備わる構造自体が認識の過程で形成、修正されると考えた。その意味でプラグマティズムは、カントによるプラトン主義克服の第一歩を、さらに推し進めたものと見なすことができる。パトナムは自らの立場を「プラグマティックな実在論」(7)とも呼んだ。それは形而上学的ないし超越論的実在論にも、単なる意見の一致にも依拠せずに、「P」と「私はPだと考える」を区別可能にする立場だとされた。

内在的実在論の核心は検証主義的意味論にあった。この意味論に基づいて、「真理」は「理想化された合理的受容可能性（idealized rational acceptability）」と定義された。この「真理」の定義は、パース（Charles Sanders Peirce）を想起させるが、パースの定義に出てくる、探求の「理想的限界」と抽象的言明との一致とか、すべての探求者によって究極的に合意されるように「運命づけられている意見」といった、様ざまに批判されてきた語句が、慎重に避けられている。しかし「真理」を探求や認識作用と関連づけて定義することは、反実在論的な立場に接近する可能性があった。パトナムの検証主義的意味論はダメット（Michael Dummett）の影響を受けたものだが、ダメットが過去の知識について反実在論的立場を採っていることに対して、パトナムは強い違和感を抱いた。

パトナムの哲学的関心は、科学的実在論と常識的実在論を包越する実在論の確立にあったから、反実在論的傾向をもつ検証主義的意味論と理想化された正当化可能性という真理概念を骨子とする内在的実在論は否定されることとなった。科学的言明や常識的言明は、検証から独立に真か偽でなければならなかったのである。

そこでパトナムは「理想化された合理的受容可能性」という「真理」の定義を放棄し、「引用符解除（disquotation）」説に移行した。「真理」の実在論的解釈の要点は、それの「認識超越性（recognition transcendence)」にある。そのさいパトナムは、形而上学的実在論のような言語と非言語的実在の一義的な対応関係の主張とともに、デフレ主義者（deflationist）のような「真理」を単なる論理的語句に還元しようとする主張を、ともに避けようとした。

パトナムは真理の引用符解除的用法を三つの型に区分する。[8] 第一はフレーゲ的ヴァージョン、第二はデフレ主義的ヴァージョン、第三は後期ウィトゲンシュタイン的・パトナム的ヴァージョンである。三つのヴァージョンに共通するのは、「等値原理（Equivalent Principle）」である。つまりIt is true that "snow is white" ≡ Snow is white、It is true that "murder is wrong" ≡ Murder is wrong、It is true that "two is the only even prime" ≡ Two is the only even prime 等々である。

これら三つのヴァージョンは、「〜は真である」という述語が消去可能だと見なす。しかし三つのヴァージョンは「等値原理」の解釈において異なっている。フレーゲ的ヴァージョンでは「〜真である」は文の述語ではなく「思惟（Gedanken）」の述語である。カルナップ（Rudolf Carnap）によって代表されるデフレ的ヴァージョンでは、文とは紙上にある記号の配列である、文の述語である。「〜は真である」はこの記号の属性に過ぎず、「真理」は対応説的真理概念とは関係がない。実際カルナップにとって文の意味は、その文に関する検証手続きである。

それに対して、パトナムが支持する第三のヴァージョンの考え方は、命題〝P〟は真だと主張することと、単にPを主張することは等値であるが、それはデフレ主義とも形而上学的実在論とも異なり、常識的実在論を支持する。[9]「〜は真である」は「一定の仕方で対象について使用される文の述語[10]」である。

ところでパトナムの自然的実在論は、ジェイムズの影響下で形成されたものだが、パトナムによる「真理」の引用符解除説的解釈は、ジェイムズとかデューイの「真理」のプラグマティックな解釈とは異なるように思われる。このことはパトナムとジェイムズやデューイの実在論の捉え方に、何らかの影響を及ぼすのではないだろうか。

先ずパトナムがジェイムズの真理論をどのように捉えているかを検討しよう。パトナムの基本的解釈は「ジェイムズの真理論を称賛せずに、彼の知覚論を称賛することは可能だ」[11]ということである。ただしジェイムズの真理論は、それほど単純ではなく、パトナムもジェイムズの真理論を四つの系統に区分している。第一はパース的系統、第二は真理を関心と結びつける考え方、第三は実在論的系統、第四は経験主義的系統である[12]。

第一のパース的系統とは、パースの「真理」の定義「研究するすべての人びとによって、究極的に同意されるように運命づけられている意見」に類似するものである。ジェイムズはそれを「絶対的真理」と呼ぶ。絶対的真理とは「我われのすべての一時的真理が、いつの日か収斂するだろうと想像する理想的消尽点（vanishing-point）[13]」である。

第二は真理と関心を結びつけるものである。ジェイムズは、純粋に論理的要求を満足する二つの理論がある場合、美的要求を満足させ、活動的衝動を喚起させる理論のほうが合理的だと見なした[14]。

第三は実在論的主張である。ジェイムズは「真理とは観念と実在の一致である」という古典的な真理の対応説を当然のこととして受け入れる。

第四は経験主義的系統である。ジェイムズは「真理は観念に対して起こる。観念は真になる、出来事によって真にされる」とか、真理とは「真理が自らを真にする（verify itself）過程、真理の真理化（very-fication）の過程である」[15]と述べる。ジェイムズは「真理とは観念と実在の一致である」という実在論的な真理概念を認めるが、その概念のプラグマティックな意味を経験主義的に解釈する。すると観念は行為を正しく導いて、我われを望まれた結果に導く過程で、その観念は次第に真理性が増大する。

ジェイムズの真理論に含まれる四つの系統は必ずしも相互に整合的だとは思われない。パトナムは、それら四つの系統を、第二の真理を関心や満足と結びつける反実在論的な考え方と、第三の実在論的考え方の双方を含むものとして解釈しようとする。それでは第一のパース的系統の真理概念と第四の経験主義的系統の真理概念は、どのように解釈されるのだろうか。先ず第四の真理概念は、時制をもつ真理、相対的真理であり「保証付きの言明可能性（warranted assertibility）」と呼ばれるものである。それに対して第一の真理は時制のない真理、絶対的真理である。パトナムはこれら二つの真理を区別したうえで、それらの関係について「真なる経験的命題の時制のない真理は、（通常）現在の保証付きの言明可能性を最もよく説明するものである」[16]と述べる。

これら二つの真理の関係をパトナムのように解釈することは妥当であろうか。『プラグマティズム（*Pragmatism*, 1907）』におけるジェイムズの真理概念の基調は、明らかに経験主義的である。経験的状況において観念が行為を導いて、我われを望まれた結果に導いていく過程で、その観念は次第に真理性を増すというのが、ジェイムズの基本的な真理概念である。時制のある真理概念を基調とした場合、時制のない真理はどのように解釈されるべきだろうか。ジェイムズは、時制のない真理を「理想的な消尽点」と呼んだ。時制のない真理とは絶対的真理のことであり、絶対的真理とは将来の経験によって覆されることのない真理である。パトナムはジェイムズの時制のない真理をそれ自体として受け入れる。それに対してランバース（David Lamberth）は、ジェイムズの絶対的真理という概念を、実体的概念としてではなく、単なる「規制的観念（a regulative idea）」として解釈する。ランバースは次のように述べる。

すると絶対的真理は必要な概念的コミットメントであり、体系的で完全な知識を求める哲学的欲求に対する我われの現象学的意識を表しており、したがって習慣には有益である。しかし絶対的真理は何の保証も与えず、それ自体が保証されていない[17]。

ランバースはジェイムズの経験主義と相対的な真理概念の結びつきを強調するのに対して、パトナムはジェイムズの自然的実在論と絶対的な真理概念の結びつきを重視する。ジェイムズの真理論は複雑であり、異なる解釈を許容する。しかし我われの見解では、ジェイムズの真理概念の基調は経験主義的であり、それは観念を、行為を導く武器と見なすプラグマティズムの考え方と整合的である。ジェイムズは、絶対的真理は完全な賢者とか絶対的に完全な経験と同様、もし実現されるとすれば、みな一挙に実現されるだろうと述べつつも、「それはとにかく、我われは、今日得られる真理によって今日を生きなければならず、明日にはそれを偽と呼ぶ準備をしておかなければならない[18]」と述べる。このジェイムズの文章は、真理が単なる理論的な述語ではなく、実践的関心と不可分な関係にあることを含意している。コーミアが指摘するように、「世界をよりよくしようとする、実生活の検証努力、あるいは我われの努力から離れて存在するような真理、真なる判断や真なる命題があるという観念は、ラッセルの〈病める抽象主義（diseased abstractionism）〉そのものである」[19]。コーミアは分析的と総合的、理論と観察、図式と内容の二分法に加えて、「制作されたもの対発見されたもの（the made vs the found）」の二分法が、経験主義の最後のドグマだと言う。ジェイムズはこの二分法を克服しようとしたし、パトナム自身、事実と価値、科学と倫理の「絡み合い（entanglement）」を長らく主張してきた。しかし自然的実在論と時制のない真理あるいは絶対的真理を結合しようとする近年のパトナムの立場は、ジェイムズとパトナムが共有するプラグマティズムの基本的立場を踏み外しているのではないだろうか。

我われの解釈は、パトナムとデューイの真理概念を比較検討するとき、さらに正当性を増す。彼らの真理概念をめぐる問題は、デューイ研究者のヒックマン（Larry Hickman）とパットナムの応酬を見ることによって明らかにできる[20]。ヒックマンによれば、デューイとパトナムの真理概念の第一の違いは、パトナムのように、「″P″は真である」が「Pである」と等値だと主張することは、「説教者、あるいは少なくとも教育者」としてPについて語っていることである。つまり単に「Pである」と言うにとどまらず、敢えて「″P″は真である」と言うのは、Pを一時的正当化以上の意義をもつものとして権威づけようとしている。デューイの真理概念には、このような意図はない。また「Pである」が「″P″は真である」と等値だということは論理学のテキストでは意味があるが、哲学的文脈では異なる意味をもつ。というのも、我われが理知的になる程度に応じて、「Pである」という主張を鵜呑みにしないからである。「Pである」を直ちに「〝P〟は真である」と等値だと見なすことは、単なる偏見か独断主義である。

第二はゲティア（Edmund Gettier）問題に関するものである。周知のようにゲティア問題とは、知識に関する伝統的な「正当化された真なる信念」という定義に対する反例、つまり「正当化された真なる信念」であっても知識ではないものが存在するという反例から生じる問題である。ヒックマンによれば、この問題は、あらゆる経験を認識経験と見なし、あらゆる命題を真か偽とすること——パトナムの近年の真理概念も、このことを前提としている——から生じる。しかしデューイの論理学からすれば、非認識的であり真偽とは無縁の命題、妥当か非妥当であるが真偽の対象ではない仮説的命題が存在するので、ゲティア問題自体が生じない。

第三は文の意味に関する検証主義についてである。ヒックマンによればデューイは、意味に関する弱い検証主義を受け入れるだろうと言う。つまり新たな検証方法が発見されるならば、文の意味は一定程度変化する。例えば「Xは小さすぎて見ることができない」の意味は、肉眼しか検証手段がなかった時代と、顕微鏡が発明された後では変化する。しかしパトナムは、文の意味が検証方法から独立だと考える。変化するのは検証方法であって意味ではない。パトナムは、「デューイの見解は、意味と真理を完全に我われの活動、例えば我われの問題状況の解決に依存させる。反対に私は、我われの活動が、世界についての、極めて多くの推測をするものの、ひじょうに小さな部分に過ぎず、それらのうちのいくつかだけを実際に検証できるだけだと見なす[21]」。パトナムにとって、検証主義的な意味論を否定することが、実在論を正当化するための不可欠な要件であった。

第四はデューイとパトナムの、真理と保証付きの言明可能性の関係についての見解の相違である。ヒックマンによれば、パトナムは真でも偽でもない平叙文が存在することを認める。そのような文は本性上、不確かな（vague）、また不確定な（indeterminate）文である。そのような平叙文の存在を認める点で、デューイのプラグマティズムの論理学とパトナムの実在論的論理学は一致する。ただしパトナムにとって、一部の文だけが不確かなのに対して、デューイにとってすべての文が、探求における仮説という役割の点で不確かである。デューイにとって探求における仮説としての文は、妥当か非妥当、適当か不適当であって、真か偽ではない。真偽は探求の結果としての判断に適用される。

ヒックマンは、デューイにおける文と判断の機能上の区別が、真理と保証付きの言明可能性の理論に影響を及ぼすと考える。デューイにとって文は真偽の対象ではない。真偽の対象は探求の最終結果としての判断であり、そして「真理」の意味は「保証付きの言明可能性」である。内在的実在論の時期のパトナムもまた、「真理」を理想的条件下での「保証付きの言明可能性」を意味すると見なしていた。しかし例えば「この部屋には椅子がある」の検証条件は簡単に手に入るから、理想的条件という付帯的形容は意味をなさない。そこでパトナムは、真理と保証付きの言明可能性を区別して、真理を定義する必要はないと考えるようになった。しかしヒックマンによれば、「この部屋には椅子がある」は、知的な意味をもつ場合ともたない場合がある。知的な意味をもつとは、ある問題状況の解決のために、その文が一定の機能を果たすということである。この文脈では、「この部屋には椅子がある」は妥当か非妥当、適当か不適当な文であり、そうした文と探求の最終結果である保証付きの言明可能性と真理は区別される。ヒックマンに対してパトナムは、デューイが文を真偽ではなく妥当か非妥当、適当か不適当としたのは、デューイの反実在論的傾向を誇張したものではないかと反論する。

これまで我われは、デューイの真理概念に関する、パトナムとヒックマンの見解の対立について四つの観点から検討してきた。これらの検討から、パトナムとデューイの真理概念の相違が大きいことが分かる。それに対してパトナムは、倫理学に関しては、晩年になるにしたがって、いっそうデューイに接近するようになった。二〇〇五年の『存在論なしの倫理学』のなかで、パトナムは倫理学を倫理的諸原理の体系としてではなく、「相互に関連した関心の体系（＝system of interrelated concerns）」[22]と捉え、倫理の核心を「共感の倫理（the ethics of compassion）」としたうえで、そうした倫理に関わった哲学者の一人としてデューイを挙げる。パトナムは、デューイの倫理学概念、つまり特定の状況に埋め込まれた、個別的な実践的問題の解決に関わる学としての倫理学という概念を受け入れる。つまりパトナムは倫理学に関してはデューイに接近するが、知識とか存在の問題に関してはプラグマティズムから距離を置くようになった。こうしてパトナムは、次のように述べるのである。すなわち「私〔パトナム〕が信じるところでは、存在するすべてのものは、いっぽうでは我われと我われが影響する事物の領域と、他方では我われの思考と関心から独立し、それによって影響を受けない事物に分けられる」[23]。この言明はパトナムが、プラグマティズムや内在的実在論から遠い地点に立っていることを示している。何故ならプラグマティズムや内在的実在論は「制作されたものと発見されたもの」の二元論を放棄する立場だからである。

真理論や存在論に関しては傍観者理論家であり、倫理学に関してはプラグマティストというパトナムの二元論は果たして維持できるのであろうか。次節以下ではパトナムの知覚の哲学と自然的実在論を検討することを通して、パトナムの自然的実在論に関わる問題点を検討していきたい。

第三節　パトナムの知覚の哲学と自然的実在論

前述のように、内在的実在論は「真理」を認識条件との関連で定義するが、それは反実在論に結びつく。そこでパトナムはジェイムズの自然的実在論を受け入れることによって実在論に立ち戻ろうとした。

近世以降の哲学における主要問題は外部世界の存在の問題であった。外部世界の問題は、知覚が心と外部世界の「境界面」で生起すると考えられたことによる。知覚は心と意識という二重のヴェールによって外部世界から疎隔された。しかし知覚が二重のヴェールによって外部世界から疎隔されているとすれば、知覚と外部世界の関係は、どのようにして保証されるのだろうか。知覚の因果説は、知覚が外部世界を原因とする結果だと解釈するが、パトナムによれば、「我われにとって、我われの語を解釈する世界、言わば外部から我われの頭へと延びる『ノエシス波』がある世界は呪術的な世界、ファンタジーの世界である[24]」。知覚が心的、意識的出来事だとされる場合、意識的出来事と脳の生理学的プロセスとの関係が問題になる。両者の関係について、唯物論は知覚を脳の生理学的プロセスの心的結果と解し、心脳同一説は知覚と脳の生理学的過程が同一だと解する。心脳同一説は脳の生理学的プロセスがいかにして知覚表象ないしクオリアを生起させるかという問題を回避できるが、反面、知覚と脳の生理学的過程の「同一性」の意味を明確にしなければならない。

パトナムは、心脳同一説が「同一性」に拘る理由として、その説が次のようなディレンマを前提していることを挙げる。そのディレンマとは、我われは、あるタイプの同一性理論を採るか、さもなければ心と物体、心と身体の二元論に逆戻りするかだ、というものである。心脳同一説は、二元論に逆戻りしないために、同一性理論に拘る。このディレンマの角をすり抜けるために、パトナムは、知覚は心と物の境界面に表れる出来事だという前提を否定しようとする。その代わりにパトナムは、知覚は世界を直接に捉えるのであり、心とは我われの非物質的部分を指すのではなく、我われの一定の能力を記述するものだと考える。ここに自然的実在論が成立することになる。

それではパトナムの自然的実在論を支える哲学的な知覚理論は、現代の知覚理論において、どのような位置を占めるのだろうか。パトナムは従来の知覚理論を三つに区分する。第一は経験主義モデルであり、これはラッセル（Bertrand Arthur William Russell）などに見られるものである。このモデルによれば、クオリア自体は主観的であり、それは推論によって物質の属性と見なされる。我われはクオリアからの推論を意識することはないので、その推論は無意識的だとされる。しかし主観的なクオリアからの無意識的推論により、それが客観的事物の性質として帰属されるという見解は、説得力をもたない。

第二のモデルはクワイン（Willard van Orman Quine）の表面刺激モデルである。クワインによれば「センス・データ」は理論以前の与件ではなく、電子や遺伝子のような措定物、しかも悪しき措定物である。クワインにとって知覚は因果的に記述される。例えば〈窓と机のランプからの光がコンピュータに当たり、その光が目に反射する――私の目のニューロンが刺激され、私の視神経が刺激され、私の脳が様ざまな振る舞いをする――私は以前にはなかった言語性向を獲得する〉といった因果的物語によって記述される。第三のモデルはカント・モデルである。これはすべての経験はつねに既に概念化されているというモデルである。例えば「出来事Bが出来事Aの後に起こった」という経験は、空間‐時間直観と原因‐結果の範疇的概念を前提することによって可能である。パトナムは概念化された経験を統覚（apperception）と呼び、そのような経験が存在することを認める。しかし統覚的な経験は経験全体の一部に過ぎず、概念化されていないクオリア的経験があるとされる。クオリア的経験は概念化されるときに統覚的経験になる。パトナムはカント・モデルについて、次のように述べる。

マクダウェルによって「自然化」されたカント・モデルは、常識的実在論を擁護すると主張するが、それは常識外のものである「分離主義（disjunctivism）」を奉じる。そして三つのモデルすべてでは、我われが知覚するものは我われが行為するものに依存するという論点（デューイとウィトゲンシュタイン――ありそうにもないペア――によって強調された）を無視している。行為と知覚は相互依存的なのである。[25]

パトナムはカント・モデルと同様、常識的実在論を擁護しようとするが、知覚の哲学としては分離主義を採らず、トランザクショナリズム（transactionalism）を採る。そこで次に、分離主義とトランザクショナリズムの相違点はどこにあるのか、さらにトランザクショナリズムは現代の主要な知覚の哲学において、どのような位置を占めるのかについて検討を進めてみよう。

パトナムは現代の知覚の哲学を四つに分類する。第一は現象主義（phenomenism）であり、この立場の代表者はブロック（Ned Block）である。第二は志向主義（intentionalism）であり、その代表者はドレツキ（F. I. Dretske）である。第三は分離主義であり、その代表者はマクダウェルである。そして第四がトランザクショナリズムである。

これらのうちで現象主義は、知覚経験を環境との結びつきをもたない「単なる平面的な心理的表面」と見なす。現象主義以外の三つの立場は、現象主義とは異なって、知覚経験が環境と何らかの関係をもつと考える。しかしブロックの現象主義は、クオリアを「内部領域（inner arena）」にあるものとは見ず、「脳の出来事／状態」と見なすのであり、この点についてはパトナムも同意する。

現代の知覚の哲学において、現象主義は素朴実在論を受け入れないが、他の三類型は素朴実在論を肯定する。これら三類型のなかで志向主義は、知覚経験が「表意的内容（representational content）」をもつと主張する。ただしそれは心的表象ではなく、シャノン（C. E. Shannon）の情報理論における情報である。したがってドレツキの知覚の哲学は還元的志向主義（reductive intentionalism）である。それに対してパトナムは、志向主義には「リベラルな自然主義」[26]に基づくものもあると主張する。それは志向的なものの非志向的なものへの還元を否定しつつ、知覚経験を科学と哲学の両面から分析できると考える。つまりパトナムの立場は「非還元的志向主義の立場[27]」である。パトナムによれば、還元的志向主義は、知覚経験がシャノンの意味での情報と同一だとするが、どんな意味で知覚経験と情報が同一であるかを説明することは極めて困難である。

それでは志向主義と分離主義の相違点はどこにあるのだろうか。前述のように志向主義にとって、知覚経験はシャノンの意味での情報という表意的内容をもつ。そして情報は、それが真実（veridical）の知覚である場合と、幻覚である場合とで、「最高度の共通の要因」をもつ。真実の知覚の場合、その情報は対象を正しく表意し、幻覚の場合、その情報は対象を正しく表意しない。しかし情報自体は同一である。それに対して、分離主義は真実の知覚と幻覚には何の共通要因もないと考える。

志向主義にとって知覚経験は情報であり、情報は対象を表意する。対象の表意に成功した知覚が真実の知覚であり、失敗した知覚が幻覚である。それに対して分離主義は徹底した直接的実在論の立場を採る。すなわち知覚的経験の内容は情報ではなく、対象自体である。私が赤い車の知覚経験をもつとき、その経験の内容は情報ではなく、赤い車自体である。

分離主義が直接的実在論の立場に立つとき、真実の知覚と幻覚や錯覚はどのように区別されるのであろうか。この問いに対して分離主義は、志向主義のように、真実の知覚も幻覚や錯覚も、情報としては高度の共通性をもつと考えるのではなく、双方には何の共通性もない、つまり真実の知覚の内容は対象自体であるが、幻覚や錯覚は知覚経験でさえないと考える。それにしても幻覚や錯覚が知覚経験でさえないとは、どういうことであろうか。分離主義は、真実の知覚、幻覚や錯覚のいずれの場合にも、脳の状態／出来事が生起していることを認める。ただし知覚的経験と脳の状態／出来事の一対一の対応関係を確定することは不可能なので、分離主義は幻覚や錯覚の経験が知覚経験でさえないと主張することできる。

いっぽう、パトナムが提唱するトランザクショナリズムによれば、真実の知覚経験の内容は対象自体であるが、幻覚や錯覚は、主体にとっては何かを知覚しているように思われるけれども、実際には世界を巻き込んだ（world-involving）状態ではなく、有機体が環境について誤った情報を与えられている状態、「機能的に特徴づけられる有機体の状態[28]」である。それでは幻覚や錯覚の存在論的身分は何だろうか。パトナムはそれをフィクションの存在――例えばハムレット――に類似すると見なす。ハムレットは実在する人物ではないが、我われがその戯曲を読むときには、ハムレットが「私にとって実在するように見える（seems real to me）」。

こうしてパトナムは、トランザクショナリズムと分離主義を区別する。それではトランザクショナリズムと志向主義の関係はどうであろうか。パトナムは幻覚を環境についての誤った情報と捉える点では、志向主義は正しいと評価する。志向主義にとって真実の知覚とそれ以外の知覚の関係は、正しい新聞記事と間違った新聞記事の関係に類比的である。真実の知覚は対象自体ではなく、対象を正しく伝える（表意する）情報である。それに対してトランザクショニズムにとって、真実の知覚は対象を伝える情報ではなく、「対象を巻き込む[29]」。何故なら外在主義的な指示の理論によれば、意味と指示は単なる有機体の状態ではなく、有機体と環境の双方に依存するからである。

最後にトランザクショニズムが、分離主義と志向主義の双方と異なる点を考えてみよう。この点について、パトナムは次のように述べる。

志向主義者と分離主義者はともに「素朴実在論」を擁護するが、しかし彼らは（我われの見解では誤って）、知覚された公共的属性の記述が、その経験の質的性格（「現象的性格」）を余すところなく示している観念と同一視する。それに対してブロックは（我われの見解では正しく）、そうではないと論じる[30]。

パトナムは志向主義と分離主義の主張に対する反例として、いくつかの例を挙げる。①杭垣は乱視の人と正常な視力をもつ人では違って見える。②白い表面を見るとき、左目を閉じて見る場合と右目を閉じて見る場合とでは、僅かに違って見える。③ある色合いの緑色は、ある観察者には純粋に緑色に見え、別の観察者には黄緑色に見えるが、どちらも間違って知覚しているのではないと考える十分な理由がある[31]。これらの例からパトナムが導き出す結論は、志向主義と分離主義が「デューイとかギブソンが批判した『傍観者』的知覚観」に囚われているということである。つまり我われが知覚するものは、主体と環境のトランザクションの所産であり、主体か環境の諸条件の変化に応じて、多様な知覚となって表れる。志向主義と分離主義は、知覚が主体と環境のトランザクションの所産であることを見通せず、客観的な像的対象と見なしてしまったのである。

パトナムの知覚に関するトランザクショニズムは、ギブソン（James J. Gibson）の知覚心理学とともに、デューイの影響を受けていることは明らかである。そもそも「トランザクション」はデューイ哲学の術語である。デューイは世界を、出来事間のトランザクションの動的システムとして捉えようとした。したがって知覚、認識行為はすべて、主体と環境とのトランザクションの諸形態である。

デューイの知覚の哲学において、知覚の内実は自然的な出来事であり、その出来事には肉体と血、馬、ナイチンゲール（Florence Nightingale）、キュリー夫人（Marie Curie）と同様に、幽霊、ケンタウロス、部族の神々、トロイのヘレン、デンマークのオフェリアなどが含まれる[32]。つまりデューイにとって真実の知覚と夢や幻覚はすべて等しく自然的出来事である。したがって真実の知覚と夢や幻覚の相違は、前者の原因が外部の対象にあり、後者の原因が脳の状態や過程にあるというわけではない。純粋に抹消神経から開始される刺激とか、純粋に中枢神経から開始される興奮のようなものは存在しない。それでは多様なタイプの知覚は何に基づいて区別されるのであろうか。それは知覚の「使用と歴史[33]」である。当初すべての知覚は同一の出来事連関のうちに位置づけられ、使用された。例えば古代社会では夢と現実は同一の出来事連関に位置づけられていた。しかしそれでは不都合な結果が生じると見なされるようになり、夢と現実は異なる出来事連関のうちに位置づけられるようになった。近世以降、知覚は感覚知覚に縮減されたが、これは実在からのメッセージの入り口は感覚器官であるという誤った心理学に基づいている。したがって真実の知覚、欲望、恐怖、記憶などは同一の性質をもつ[34]。

しかしそうすると、デューイとパトナムの真理概念の相違や、パトナムは傍観者理論に固執しているというコーミアの批判を振り返るとき、パトナムの知覚に関するトランザクショニズムには、問題があると言えないだろうか。パトナムの存在論的な傍観者理論と知覚に関するトランザクショナリズムは両立するのだろうか。この問題に見通しをつけるために、次節ではパトナムとマクダウェルの知覚の哲学に関する応酬について検討しよう。何故なら、パトナムの自然的実在論と知覚の哲学は、マクダウェルの『心と世界（*Mind and World*, 1994）』との対話・対質を通して形成されたと考えられるからである。

第四節　パトナムとマクダウェルの知覚の哲学をめぐる対話

パトナムの知覚の哲学は、ジェイムズ、フッサール、オースティンなどの影響下で形成されたが、特にマクダウェルの『心と世界』との批判的対話が大きな意味をもつように思われる。彼らは自然的実在論の立場を採りながら、知覚の哲学に関してパトナムはトランザクショナリズム、マクダウェルは分離主義の立場に立つ。以下では先ずマクダウェルの問題設定と、それに対する解決策を述べ、次いでマクダウェルに対するパトナムの反論を見ていく。

マクダウェルは、自らの問題意識をルイス（C. I. Lewis）の超越論的拘束（transcendental bind）[35]」と重ね合わせる。その拘束とは次のようなものである。第一に概念的活動は経験的与件によって正当化されなければならない。そして正当化のためには、経験的与件は概念的活動の外部にある必要がある。第二に概念的活動の外部にある経験的与件は言表不可能（ineffable）であり、したがって概念的活動を正当化する能力をもたない。正当化できる経験的与件は既に概念化されていなければならない。第一と第二の主張は、いずれも正当性が認められるが、両立不可能である。いずれも正当であるが、両立不可能な二つの前提に拘束されているというのが、「超越論的拘束」の内実である。ルイスの「超越論的拘束」に対するマクダウェルの解決策は次の通りである。

もし我われが知覚経験を、感覚受容性における概念能力の顕在化と見る工夫をすることができるならば、問題は消える。この受容性の発動が、ルイスを、経験には純粋に与えられた要素がなければならないという考えに導いたものを調停する。[36]

マクダウェルによれば、知覚経験は概念的活動の外部にあるのではなく、概念能力が感覚受容性において顕在化したものであり、その限りで概念的活動は経験的に正当化可能である。それに対してパトナムは、マクダウェルの主張を「信じがたい形而上学的観点[37]」だと批判する。パトナムによれば、経験の一部は概念化されているが、経験のすべてが概念化されているわけではない。概念化された経験は「統覚（apperception）」、概念化されていない経験は「感覚（sensation）」と呼ばれる。もしすべての経験が統覚的経験であるとするならば、概念をもたない動物は何かを経験することができなくなってしまう。しかし現実には概念をもたない動物も、世界を経験していることは明らかであり、その経験は人間の感覚的経験と基本的には同一なはずである。

概念的能力をもたない動物でも世界を経験しているというパトナムの反論に対して、マクダウェルは再反論する。すなわち確かに動物は人間のような概念能力をもたないが、それでも例えば犬は主人の靴とそれ以外の人の靴、主人の足音とそれ以外の人の足音を区別することができる。それは動物が広い意味での概念能力をもつからである。[38]

パトナムのマクダウェルに対する批判は、マクダウェルがすべての経験を概念的活動の所産と見なすことに向けられる。マクダウェルの立場は自然化されたカント主義である。パトナムがこの立場を厳しく批判するのは、この立場がパトナム自身のかつての立場である内在的実在論に近いからではないかと思われる。つまりパトナムはマクダウェルのうちに、内在的実在論に近いものを見て取り、マクダウェル批判を通して、自らの新しい立場である自然的実在論を正当化しようとしたのではないか。そこからパトナムにおける自然的実在論の知覚の哲学が立ち現れる。第一に統覚的経験から非統覚的経験が区別される。非統覚的経験は概念活動の所産ではないが、ルイスにおける感覚のような「言表不可能な」ものではなく、言表可能である。というのは、例えば特に意識していなかった経験――非統覚的経験――を、後から思い返して言表することは可能だからである。第二に概念的活動によって汚染されていないが言表可能な非統覚的経験という観念は、パトナムの引用符解除主義的な真理概念の常識的実在論的解釈と親和性がある。というのは「″P″は真である」という文は、非統覚的でありながら言表可能なPという事態を直接に捉えるからである。

さて我われは、パトナムの引用符解除主義的な真理概念の常識的実在論的解釈、非統覚的経験と統覚的経験の区別を構成要素とするトランザクショニズムの知覚の哲学、自然的実在論の組み合わせから構成されるパトナムの新しい立場を、どのように評価すべきだろうか。その立場は明らかに非プラグマティックであり、コーミアが「傍観者理論家パトナム」と評したものとなっている。コーミアは次のように述べる。すなわち「……最近、パトナムは世界を、我われ思考者と我われの関心をいっぽうに、我われの思考と関心からほとんど独立した事物の領域を他方に分離することに、明白にコミットしている。パトナムの二元論は、ステレオタイプのデカルト的二元論……ではない。しかしそれは断固として、『発見された』から『作られた』を分離する二元論である[39]」。

パトナムはコーミアの指摘をある程度認める。というのもパトナムは次のように述べるからである。「我われが生活のなかで気づく、概念的道具を含めた様ざまな種類の道具は真摯に受け取られる必要がある。それがプラグマティズムの健全な遺産である。しかし物理的宇宙自体を人間の道具に転化するだろうプラグマティズムは、私が真摯に受け取るプラグマティズムではない[40]」。

この引用文中、「プラグマティズム」を「宇宙自体を人間の道具に転化する」立場と同一視することは正しくない。例えばデューイのトランザクションの立場から見ると、宇宙はトランザクションのシステムであり、人間もまたつねに既に、宇宙のトランザクションの過程に参加している。パトナムの言う統覚と感覚は、デューイにおいては反省的ないし認識的経験と非反省的ないし非認識的経験に相当する。それらは宇宙における異なったトランザクションの様態であり、いずれも宇宙を傍観するのではなく、宇宙過程に参加するさいの二つの様態である。知覚の哲学においてトランザクションの考え方を徹底すれば、参加者的な知覚理論になるはずである。その意味で、第二節で引用したコーミアのパトナム批判は妥当だと考える。再度引用しておこう。「我われの実生活を通じた検証努力や世界をより良くしようとする我われの努力から離れて存在するような真理や真なる判断や真なる命題があるという観念は、まさに『病める抽象主義』というラッセルのケースである[41]」。

本章の考察を通じてたどり着いた結論は、パトナムの自然的実在論は、内在的実在論の問題点を克服したというよりも、パトナム初期の傍観者的な実在論への回帰であり、倫理学や社会哲学分野を除けば、プラグマティズムとの出会いによってパトナムが獲得した哲学的洞察が失われてしまった、ということである。

注

(1) Cf. Mario De Caro, "Introduction", *Naturalism, Realism, and Normativity*, ed. by Mario De Caro, Harvard University Press, 2016.

(2) Hilary Putnam, "Intellectual Biography", *The Philosophy of Hilary Putnam*, ed. by Randall E. Auxier, Douglas R. Anderson and Lewis Edwin Hahn, Open Court, 2015, pp. 84–85.

(3) Putnam, *Renewing Philosophy*, Harvard University Press, 1995, pp. 2–3.

(4) Putnam, *The Threefold Cord: Mind, Body, and World*, Columbia University Press, 2001, p. 5.

(5) Harvey Cormier, "What Is the Calling Putnam a Pragmatist", *The Philosophy of Hilary Putnam*, p. 805.

(6) Putnam, *Realism and Reason* (*Philosophical Papers*, Vol. 3), Cambridge University Press, 1983, p. 225.

(7) Putnam, *The Many Faces of Realism*, Open Court, 1987, p. 17.

(8) Putnam, "Intellectual Biography", *The Philosophy of Hilary Putnam*, pp. 98–99.

(9) Putnam, *The Threefold Cord*, p. 68.

(10) Putnam, "Intellectual Biography", *The Philosophy of Hilary Putnam*, p. 98.

(11) Hilary Putnam and Ruth A. Putnam, *Pragmatism as a Way of Life: The Lasting Legacy of William James and John Dewey*, ed. by David MacArthur, Harvard University Press, 2017, p. 141.

(12) *Ibid*, pp. 167–168.

(13) William James, *Pragmatism, The Works of William James*, Harvard University Press, 1975, pp. 106–107.
(14) James, *The Will to Believe, The Works of William James*, Harvard University Press, 1979, p. 66.
(15) James, *Pragmatism*, p. 97.
(16) Putnam *et al.*, *Philosophy as a Way of Life*, p. 200.
(17) David Lamberth, *William James and the Metaphysics of Experience*, Cambridge University Press, 1999, p. 220.
(18) James, *Pragmatism*, p. 107.
(19) Harvey Cormier, "What Is the Calling Putnam a Pragmatist", *The Philosophy of Hilary Putnam*, p. 811.
(20) Cf. Larry A. Hickman, "Putnam's Progress: The Deweyan Deposit in His Thinking", *The Philosophy of Hilary Putnam*, pp. 775–785.
(21) Putnam, "Reply to Larry Hickman", *The Philosophy of Hilary Putnam*, p. 796.
(22) Putnam, *Ethics without Ontology*, Harvard University Press, 2005, p. 22.
(23) Putnam, "Reply to Cormier", *The Philosophy of Hilary Putnam*, p. 821.
(24) Putnam, *The Threefold Cord*, p. 17.
(25) Putnam, *Naturalism, Realism, and Normativity*, p. 165.
(26) 詳しくは、加賀裕郎「存在論——自然主義を中心に——」加賀裕郎・高頭直樹・新茂之編『プラグマティズムを学ぶ人のために』(世界思想社、二〇一七年)一八三一一九六頁を参照のこと。
(27) Putnam, *Philosophy in an Age of Science*, ed. by Mario De Caro and David Macarthur, Harvard University Press, 2012, p. 634.
(28) *Ibid*, p. 637.
(29) *Ibid*, p. 638.
(30) *Ibid*, p. 628.

(31) *Ibid*, p. 636.

(32) John Dewey, *Experience and Nature, The Later Works of John Dewey*, Vol. 1, Southern Illinois University Press, 1981, p. 242.

(33) *Ibid*, p. 255.

(34) 詳細は、加賀『デューイ自然主義の生成と構造』（晃洋書房、二〇〇九年）三三三一三三六頁を参照のこと。

(35) John MacDowell, “Putnam on Natural Realism”, *The Philosophy of Hilary Putnam*, p. 647.

(36) *Ibid*, p. 651.

(37) Putnam, *Naturalism, Realism, and Normativity*, p. 144.

(38) MacDowell, “Concepts in Perceptual Experience: Putnam and Travis”, *Reading Putnam*, ed. by Maria Baghramian, Routledge, 2012, pp. 342-343.

(39) Cormier, “What Is the Calling Putnam a Pragmatist”, *The Philosophy of Hilary Putnam*, p. 811.

(40) Putnam, “Reply to Cormier”, *The Philosophy of Hilary Putnam*, p. 822.

(41) Cormier, “What Is the Calling Putnam a Pragmatist”, *The Philosophy of Hilary Putnam*, p. 811.

第4章　'Empfindung' と 'Erfahrung' の間

——文化的自然主義のほうへ——

加賀裕郎

第一節　問題設定

近世哲学において、人間の概念活動は「表象」として捉えられた。表象主義とは、概念活動を「実在を正しく理解することがら(1)」と見なす立場である。表象主義において、人間と非人間的なものを媒介するのは科学者である。しかし表象主義の場合、人間と非人間的なものの媒介関係は、心と意識という二重のヴェールによって阻害された。そこで阻害を受けた部分を修復するための理論が創始された。それが認識論である。

合理論と経験論は、人間と非人間的実在の円滑な媒介関係を確保するために創始された異説である。デイヴィドソン（Donald Davidson）のことばを借りるならば、二つの立場は、媒介関係を確保するための鍵概念を、各々「枠組み」と「内容」とした。合理論者は非経験的な「枠組み」を、経験論者は非概念的な内容を、実在の精確な表象を得るための核心と考えた。合理論と経験論は、正反対の立場に立つようでいて、実は神の認識を理想とする点では共通している。違いは、合理論がそのような認識を獲得するための優れた方法があると考えるのに対して、経験論がそうした方法を断念することにある。その結果、ヒューム（David Hume）において経験論は懐疑主義に帰着することになった。

本章の第一の課題は古典的経験論に端を発し、カント（Immanuel Kant）を経て古典的プラグマティズムの経験論に至る動態をEmpfindung（感覚）としての経験からErfahrung（経験）としての経験への重心移動として捉えることである。第二の課題は、古典的プラグマティズムにおけるErfahrungとしての経験の一時的勝利の後、二〇世紀半ば以降のセラーズ（Wilfrid Sellars）、デイヴィドソン、ローティ（Richard Rorty）になると、Empfindung、Erfahrungを含む経験概念、経験論一般の位置づけが不安定になることを示すことである。第三の課題は、現代のプラグマティストであるブランダム（Robert Brandom）やマクダウェル（John Henry McDowell）において、哲学的中心概念の経験（experience）から表現（expression）への移行（ブランダム）と、「最小限の経験論（a minimum empiricism）」（マクダウェル）の維持という対立軸が前面に出てくることを示すことである。

第二節　'Empfindung' から 'Erfahrung' へ

古典的経験論の基本的誤謬は、認識の生理学的機構の問題と認識の正当化の問題を混同したことである。セラーズは、二つの問題の相違について端的に次のように述べる。

あるエピソードや状態を認識（knowing）のそれとして特徴づけるさいに、我われはそのエピソードや状態の経験的記述を与えてはいない。我われはそれを理由の論理空間のうちに、人が言うことを正当化するとか正当化することができる論理空間のうちに位置づけている[2]。

例えば「aは赤い」というエピソードや状態を「認識」という文脈で捉えることは、それが生じる因果関係（例えば網膜への刺激）を記述することではなく、それを証拠、論拠、理由から構成される脈絡に定位することである。

それでは古典的経験論は、何故、経験的記述の空間と理由の論理空間を取り違えたのだろうか。ローティはその理由を、「ロックと一七世紀の著述家は一般に、知識を正当化された真なる信念（justified true belief）とは考えなかった[3]」ことに求める。彼らは知識を人間と命題の間にではなく、人と対象の間に成り立つと考えた。彼らは知識の基本形態をknowledge thatではなくknowledge ofと考えた。

古典的経験論の二つの誤謬、つまり経験的記述の空間と理由の論理空間を混同する誤謬、知識の基本形態を命題ではなく名辞と見なす誤謬を訂正したのがカントである。第一にカントは事実問題と権利問題を区別した。第二にカントはknowledge ofを知識モデルとする認識論をknowledge thatを知識モデルとする認識論に転換させた。

しかしカントは二つの点で不徹底であった。第一にカントの問題設定はデカルト的準拠枠のうちにあったので、認識論的問題設定を「いかにして我われは内面空間から外面空間に出ることができるか」という問題設定にした(4)。第二にカントは神の認識ではなく有限な人間の認識——現象界における認識——を受け入れたが、合理論的前提を保持していたために、現象界における認識においても確実な知識(先天的総合判断)を求め、さらに物自体を残した。

とはいえカントは、認識の基本概念を「表象」から「表現」に変える転換点になった。ブランダムは、カントを原型的なプラグマティストとして捉える。何故ならカントは、概念内容を力によって、意味の理論を使用の理論によって、知識をknowing thatによって、さらにそれをknowing howによって捉え直したからである(5)。

ブランダムは認識の基本概念を「表現」と規定する。ただし「表現」はロマン主義的な、内面的なものの外面への表出ではなく、陰伏的な(implicit)ものの明示(explicit)化、「ある題材を概念化すること(6)」を意味する。概念化こそ動物にはない、人間独自の合理的活動である。

カントは「理由の論理空間」の非歴史的妥当性を主張したが、ヘーゲル(Georg Wilhelm Friedrich Hegel)

は「理由の論理空間」における概念化が公共的　歴史的な社会的認識実践を通じて形成されると考えた。ヘーゲルはカントを自然化する方向に歩を進めたのである。プラグマティズム的経験論は、認識を「表象」ではなく「表現」と捉えるカント、認識が社会的認識実践によって形成されるとするヘーゲルの延長線上に位置づけることができる。この点について略述しよう。

ブランダムは古典的経験論における経験を　体験（Erlebnis）としての経験」と呼ぶ。この経験は学習過程の材料となる情報の、外界からの入力である。それに対してプラグマティズム的経験論における経験は「Erfahrungとしての経験」である。この経験は学習過程（learning process）自体を表す。プラグマティズムにおける、経験概念のErlebnisまたはEmpfindungからErfahrungへの転回には、次のような大きな思想的変化が伴っていた。すなわち①ダーウィン主義、進化論的自然主義、②存在論的自然主義と結びついた経験論／Erfahrungとしての経験／表象と介入（intervention）の一体的把握、③認識論的問題に対する意味論的問題の優先／学習内容をその機能によって理解、④意味論的概念の規範性、⑤概念内容の機能主義、⑥理論的認識に対する実践的認識の優先性である[7]。

しかしプラグマティズムの出現とともに、「Empfindungとしての経験」から「Erfahrungとしての経験」に円滑に移行したわけではない。むしろ一〇世紀前半の経験論をリードしたのは、イギリス古典的経験論を部分的に受け継いだ論理的経験論であった。それでは「Empfindungとしての経験」に依拠する論理的経験論と「Erfahrungとしての経験」に依拠するプラグマティズム的経験論は、二〇世紀前半から半ばにかけて、お互いにどのように関わり、どのように変容したのであろうか。

この問題についての最新の研究成果の一つは、ミサック（Cheryl Misak）の『アメリカのプラグマティスト[8]』である。ミサックはプラグマティズムと論理的経験論の類似性を認めたうえで、次の二つの主張をする。第一に論理的経験論は次第にプラグマティズムに接近する。第二にプラグマティストのなかに、論理的経験論との接点となるような哲学者が存在した。これら二つの主張を合わせると、二〇世紀半ばに論理的経験論とプラグマティズム的経験論が融合したということになるだろう。以下ではミサックに示唆されながら、二つの経験論が融合する構図を描述しよう。

第一の論点から検討する。ミサックが最初に挙げるのはカルナップ（Rudolf Carnap）である。カルナップは『世界の論理的構造（*Der logische Aufbau der Welt*, 1928）』において二つの形式言語、つまり物言語とセンス・データ言語を作り出し、言説全体がいずれの言語によって書かれることも可能だが、その選択はプラグマティックな問題だとした。またカルナップは内部的問題と外部的問題を区別した。内部的問題とは特定の概念枠組み内部で生じる問題であり、そうした問題は実証的に解決されるべきである。他方、外部的問題とは抽象的な概念や信念、方法論的原理、規制的原理などに関する問題であり、それは「便宜、成果が上がる、言語が意図した目的に導くか」によって解決される。つまりカルナップはプラグマティズム的な立場を採用していた。

ミサックはデューイ（John Dewey）と論理的経験論を比較する。先ず両者は科学の実験的方法を支持し、諸科学の統一を目指した点では一致する。デューイは論理的経験論が主導した雑誌『統一科学の国際百科全書（*International Encyclopedia of Unified Science*）』に二つの論文を寄稿した。またデューイの倫理学は、科学的世界観のうちに価値を位置づけようとするものであるが、それはノイラート（Otto Neurath）と比較的近い。しかしデューイは論理的経験論を「新しいスコラ哲学」として厳しく批判した。この事実をどう説明できるのか。ミサックは二つの点を指摘する。一つ目は一九四〇年代、リベラリズム、共産主義、プラグマティズム、実証主義が政治的、個人的レベルで対立していたということである。つまりデューイの論理的経験論批判は哲学的理由に基づくというよりも、政治的、個人的レベルの対立に起因した。二つ目は方法論的対立である。論理的経験論は非歴史的で厳格な論理的方法を採用したのに対して、デューイの方法は歴史的であり、論理的厳格さに欠けていた。ミサックは、こうした対立を超えて、二つの立場の哲学的親近性を重視する。

次に第二の論点である、論理的経験論との接点となるプラグマティストについて見てみよう。ミサックのプラグマティズム思想史解釈の特徴は、パース（Charles Sanders Peirce）をプラグマティズムの正統と認め、ジェイムズ（William James）をそこから排除する点にある。そしてパースとルイス（Clarence I. Lewis）の思想的親近性、またルイスと論理的経験論の思想的親近性を認めることによって、プラグマティズムと論理的経験論の親近性、またパースからルイス、そしてルイス以後の分析哲学への一貫した流れを看取する点にある。

実際ルイスは「論理的経験論によって牽引された偉大な実証主義的流れの一部」と見なされてきた。しかしルイスにとって、論理的経験論における経験的意味の検証可能性基準は強すぎ、また無媒介的与件による知識の基礎づけという考えは支持できないものだった。ルイスにとって単なる直接的気づき（direct awareness）による知識は存在しない。何故ならそれは「言表不可能（ineffable）」だからである。

ミサックは、ルイスを「パースを通して濾過されたカント[9]」と捉える。ルイスはカントと同様に、単なる直接的気づきは知識の対象ではないと考えた。しかしカントが、その合理論的偏向のゆえに確実性をもつ判断に拘ったのに対して、ルイスはパース的可謬主義を受け入れた。以上が「パースを通して濾過されたカント」というルイスの特徴づけの意味である。

ミサックのプラグマティズム思想史解釈はジェイムズを周辺化し、パース、ルイス、クワイン（Willard van Orman Quine）を経て現代の分析的プラグマティズムに至る系譜に、プラグマティズムの本流を見るものである。ミサックの立場は、主知主義的、客観主義的プラグマティズムと解釈できる。ミサックの解釈は、ジェイムズとデューイをプラグマティズムの正統とし、パースを周辺化するローティの解釈と正反対である[10]。我われとしても、ミサックのプラグマティズム思想史解釈には異論が多い。しかし論理的経験論とプラグマティズム的経験論の関わりについては教えられる所がある。具体的には、Empfindungに依拠する経験論は次第にErfahrungに依拠する経験論に同化されたということである。

第三節　経験論の黄昏

それでは論理的経験論とプラグマティズム的経験論が歩み寄り、Empfindungとしての経験からErfahrungとしての経験への重心移動が起こった後の思想動向は、どのように把握されるべきであろうか。この問いを検討するための中心的な哲学者はクワイン、セラーズ、デイヴィドソンである。経験論哲学史上のクワインとセラーズの位置づけについては、既にローティが解明している。[11] すなわちクワインの「経験論の二つのドグマ」は、分析的真理と総合的真理の区別を攻撃することによって、合理論的基礎づけ主義を批判し、セラーズの「経験論と心の哲学」は「心に与えられたもの」と「心によって付加されたもの」の区別を攻撃することによって、経験論的基礎づけ主義を否定した。

セラーズの経験論批判に関するローティの分析を、もう少し検討しよう。先ずクワインとセラーズは、いずれも特権的表象の存在を否定する。これを否定する立場は認識論的行動主義であり、その本質は合理性と認識的権威を社会的、対話的拘束に求めることである。また認識論的行動主義は認識論的全体論の一種である。ここで認識論的全体論とは「もしある言語ゲームの規則を理解すれば、そのゲームにおける処置が何故なされたかを、すべて理解する」[12] と主張する立場である。認識論的全体論は基礎づけ主義に対する不信の表明であるだけでなく、認識論自体に対する不信の表明である。

セラーズはメンタリズムを否定し、意識を言語的なものに還元する「心理学的唯名論」の立場を採る。言語習得以前の子どもの「なまの感じ（raw feel）」は意識以前の、刺激に対する反応である。それに対して言語化された意識は「理由の論理空間」を形成する。「なまの感じ」は「理由の論理空間」で論じられることがらの因果的条件ではあるが、その論理的根拠ではない。それでは、例えば赤の刺激に対する子どもの「なまの感じ」の反応と、光電池の反応は、どこが違うのか。子どもは「なまの感じ」を後に言語化できるようになるが、光電池にはそれができない。こうした子どもの隠れた能力に基づいて、子どもの「なまの感じ」は光電池の反応とは区別されるのである。[13]

セラーズの心理学的唯名論や「所与の神話」論は、Empfindungとしての経験に依拠した経験論の終わりを意味している。クワイン自身は経験論を堅持するが、クワイン以後のローティ、デイヴィドソン、ブランダムになると、Empfindung、Erfahrungのいずれの意味での経験論も支持されなくなる。

デイヴィドソンが経験論の第三のドグマだとする、内容と枠組みの二元論の否定は、経験的所与を概念的なものから切り離す可能性の否定を意味し、結局これは枠組みから独立した、経験的内容による知識の基礎づけの否定に繋がる。これと同じ見解はローティにも見ることができる。ローティはデューイの『経験と自然』を「デューイの最悪の部分[14]」と評する。何故なら「言語論的転回」以後の哲学の基本概念は「経験」ではなく「談話（discourse）」だからである。

しかしデイヴィドソンやローティのように、命題を正当化するのは他の命題だけだとか、認識に対する唯一の制約は対話的制約だとするならば、単なる整合主義や観念論に帰着するのではないか。この問題に対するデイヴィドソンやローティの回答は基本的に次のようなものである。すなわち「理由の論理空間」と実在との間には論理的な基礎づけ関係ではなく、因果関係が成立するだけであるが、その因果関係は概ね良好である[15]。

我われの見解では、デイヴィドソンやローティの立場の延長線上に、現代の分析的プラグマティズムを代表するブランダムの合理論的プラグマティズム（rationalistic pragmatism）の立場がある。そこで次にブランダムによる経験論に対する評価を見てみよう。

ブランダムは「分析哲学を、そのカント的段階からヘーゲル的段階に先導[16]」した哲学者と評される。何故なら合理論的プラグマティズムの構成要素である「合理論」と「プラグマティズム」の双方の解釈において、ブランダムはヘーゲルに負うからである。先ず「合理論」について言えば、ブランダムは自然と文化を截然と区別し、文化的領域を、判断と行為における概念の応用、またはそのような能力を前提にした活動と規定する。精神諸科学は文化的領域によって可能になった概念使用と物事についての研究である。文化的活動は「ヘーゲルが『精神』と呼んだ、概念的に明瞭化された振る舞いの特有の集まりによって可能にされるもの[17]」である。文化の所産や文化的活動は、自然科学の語彙に還元できない規範的語彙によって明らかにされる。

ブランダムはヘーゲルの立場を「概念規範についてのプラグマティズム[18]」と捉える。カントは概念の規範性や拘束性の本性や起源についての問題を、ヌーメナル（noumenal）な領域で解決しようとした。それに対してヘーゲルはその問題を社会的認識実践の問題として捉えた。すなわち「……すべての超越論的構成は社会的設定である。物事を明示化する概念活動が知解できるような背景は、陰伏的に規範的な、本質的に社会的な実践である[19]」。

ブランダムのプラグマティズムは、古典的プラグマティズムの道具主義とは異なり、合理論的である。ブランダムの道具主義的プラグマティズム批判の要点は、それが信念から行為の結果への下りの流れ（downstream）だけを見て、上りの流れ（upstream）を見ていないことである。ブランダムが重視するのは、公共的－歴史的な言語的推論実践を通して、新しい文が自律的に創造され続ける過程であり、これが合理論的プラグマティズムの要点となる。

こうしてブランダムは経験論に対して否定的な立場を採る。ブランダムが特に問題にするのは、意味、心、知識、行為に対する経験論的アプローチである。これらの問題に対する経験論のアプローチは、理論的、実践的な推論と概念使用の基礎を、直接に経験されるエピソード（感覚経験、直接感じられる動機づけ、選好）に定位する。そしてこれらには概念的能力が不必要だと主張される。経験論的な心の哲学では、無媒介的な知覚経験が意識の範型であり、認識論では同じ経験が知識の範型だとされる。

ブランダムによれば、経験論的な心の哲学と認識論は表象主義的意味論に基づいている。それは指示、表示、外延、外延的なモデル論的意味論などに焦点を当てる言語哲学によって補完される。ブランダムの意味論は経験論とは逆である。すなわち概念は個々の信念、主張、意図の理由と見なされるものを決定する規範と見なされる。ブランダムは経験論的な表象主義的意味論と、合理論的な表現主義的意味論の相違を、意識（awareness）と概念使用（concept use）の関係についての説明の相違によって明らかにする。前者にとって概念使用は、それに先行する意識に基づいて理解されるべきである。それに対して後者にとって、潜在的に規範的意味をもつ意識の本質は概念の応用である。

第四節　「最小限の経験論」をめぐる思索

プラグマティズムの経験論は、経験の内容をEmpfindungからErfahrungに移行させたが、クワインやセラーズ以降のプラグマティズムの発展はEmpfindung、Erfahrungの両方を放棄する方向に向かった。

そうしたなかで、ブランダムとともに「ピッツバーグ・ヘーゲリアン」の代表格であるマクダウェルは、「最小限の経験論[20]」の妥当性を論証しようとする。

それでは何故「経験論」を維持するのか、何故「最小限の」という限定が付されるのか。まず「経験論」の妥当性について言えば、我われの思考、信念、判断は経験的「世界に対して応答する責任がある（answerable to the world）」からである。思考、信念、判断と世界との関係は、動物の場合と異なり「妥当か非妥当か」「真か偽か」などという規範的脈絡に定位される。また思考、信念、判断が応答する責任を負う世界とは経験的に接近可能な世界である。したがって我われの思考、信念、判断の妥当-非妥当、真-偽の判定基準は経験にある。つまり経験は法廷を構成しなければならない。ここに経験論が妥当である理由がある。

次にその経験論に「最小限の」という限定が付される理由は何か。その理由は、思考、信念、判断の正当化は「自然の論理空間（the logical space of nature）」ではなく「理由の論理空間（the logical space of reasons）」に関わる問題であって、古典的経験論が認識の基礎とした「なまの感じ」は無効だからである。

それではマクダウェルが「最小限の経験論」で以て解決（解消）したいと考えた問題とは何か。それは近代哲学のうちにある不安の解決（解消）である。その不安は次のようなディレンマとして示すことができる。①我われの思考、信念、判断が、その真-偽、妥当-非妥当を決定するための経験的法廷をもたないならば、思考、信念、判断は整合主義に陥る。ところが経験的法廷を構成するはずの「なまの感じ」はセラーズが指摘するように認識論的基礎とはなりえない。②そこで①の欠点を回避しようとすれば、デイヴィドソンのように経験論を放棄することになる。それは思考、信念、判断が世界に対して応答する責任があるという基本前提を廃棄することになる。こうして①の基礎づけ主義的経験論と②の整合主義という選択肢は、いずれも支持しがたいが、どちらかを採用せざるをえないように見える。これが近代の哲学的不安の内実である。

この不安を解消する方法はいくつかある。一つはデイヴィドソンとローティの方法である。デイヴィドソンは整合主義を採用するが、物理的世界からの制約自体を否定したわけではない。ただその制約は論理的制約ではなく、因果的制約だとされる。もう一つの方法は、マクダウェルがエヴァンズ（Gareth Evans）の理論に見出すものである。[21]その理論によれば、動物の知覚のような情報状態（information states）は非概念的であり、この状態に対して経験的判断を下すときに概念的能力が作動する。これに対してマクダウェルは、知覚的経験には、つねに既に概念内容が作動していると主張する。

こうして①と②の選択肢から哲学的不安が生じるとすれば、それを逃れる一つの方法は、「自然の論理空間」と「理由の論理空間」という区別を取り去って「あからさまな自然主義（bald naturalism）」[22]を主張することである。この自然主義は基本的に次のように主張するであろう。①真理についての説明は究極的には因果的である、②因果的説明は物理的なものの因果的集合によって制約される、③心的、文化的現象についての記述、分析、説明は①と②に沿って行われる。[23]これは現代における主流の自然主義である。それに対してマクダウェルは「理由の論理空間」と「自然の論理空間」の区別を堅持しようとする。しかし所与の神話にも、デイヴィドソン的整合主義にも陥らずに、この区別を堅持することはいかにして可能か。

マクダウェルは、基本的にカント的な経験的実在論に依拠する。カントは、受動的な感性と能動的な悟性が同時に作動することによって、経験が成立すると考えた。マクダウェルは、この事態を「我われの感官に対する世界の印銘（impression）は、既に概念内容を所有している」と表現する。つまり経験は受動的でありながら、つねに既に悟性が作動している点で能動的であって、そのような能動性と受動性の協働の結果として、経験的世界は実在する。

こうしてマクダウェルは、「自然の論理空間」とは区別される「理由の論理空間」を認める。そこで次の問題は「理由の論理空間」の存在論的身分をどう考えるかである。その存在を認めることは、ある意味で自然を「再魔術化（re-enchantment）」することである。もし自然の再魔術化を避けようとすれば、一つの方法として「あからさまな自然主義」――理由の論理空間の否定――がある。しかしマクダウェルはこれを採らない。

もう一つの方法は「理由の論理空間」の独立性を強調することである。これは「過激なプラトン主義（rampant Platonism）」である。[24] こうして我われは、先ほど所与の神話と整合主義の選択肢に悩んだのと類比的に、「あからさまな自然主義」と「過激なプラトン主義」という選択肢に悩むことになる。この選択肢の前で、マクダウェルが採る戦略はアリストテレス（Aristotelēs）とヘーゲルに立ち戻ることである。つまり「理由の論理空間」はプラトン的な離在的普遍の空間でも「自然の論理空間」でもなく、我われの習慣形成を通して自然の過程から生成した「第二の自然（the second nature）」である。[25]「第二の自然」は自然的であると同時に意味空間でもある。「第二の自然」である意味空間の生成過程はBildung（陶冶）と言い換えることができる。そこでマクダウェルはBildungについて次のように述べる。

Bildungは、我われが生まれつきもっている潜在可能性のうちのいくつかを顕在化する。Bildungが、我われの組織に非動物的成分を導入すると想定する必要はない。そして理由の空間の構造は、我われが法則領域に巻き込まれているという事実から再構築できないけれども、理由の空間の構造は、我われの目がBildungによって意味に対して見開かれるという理由そのものによって、意味が視野に現れる場合の枠組みであり、Bildungは我われのような動物種が正常に成熟していくさいの一要素である。意味は自然の外部からの神秘的贈与ではない(26)。

Bildungは学習過程としてのErfahrungと言い換えることができる。こう考えるとマクダウェルは、ブランダムにおいては消去されたように思われるEmpfindungとErfahrungを、「最小限の経験論」と、「理由の論理空間」の生成に関するBildungの理論によって取り戻していると考えることができる。

第五節　結び——最小限の経験論から文化的自然主義へ

これまでの考察を振り返りながら、現代プラグマティズムを代表するピッツバーグ学派において、経験及び経験論の問題がどのように展開しているかを瞥見しよう。

古典的経験論は経験をEmpfindungと見なしたが、その立場は知識をknowledge ofと見なす点で、根本的に間違っていた。この間違いを訂正し、知識の基本型をknowledge thatとしたのがカントであった。

カントとともに、知識は表象連関の客観的秩序づけの問題になった。つまりカントは知識を表象から表現に転換する出発点となる、プラグマティストの原型であった。ただしカントは未だ合理論的残滓を残していたが、ヘーゲルになると「理由の論理空間」における概念化は歴史的・社会的認識実践によって形成されると見なされた。

プラグマティズムの経験論は、こうしたカント、ヘーゲル解釈の延長線上にあり、その経験論における「経験」は学習過程としてのErfahrungとなった。

二〇世紀半ばになると、EmpfindungとErfahrungを問わず、経験や経験論自体を否定する傾向が強くなった。セラーズの「所与の神話」論、デイヴィドソンの図式と内容の二元論の否定、ローティの「言語論的転回」は、経験論の黄昏を意味する。

現代プラグマティズムの展開は、セラーズ、デイヴィドソン、ローティの到達点に立ちながら、さらに新しい方向を目指す。ブランダムはローティの「言語論的転回」を経て、ヘーゲルの影響下で社会的－公共的言語実践の創造的過程を考察の中心に置く合理論的プラグマティズムの方向に向かう。ブランダムにおいて経験、経験論は必要な概念ではなくなる。

いっぽうマクダウェルはローティのように言語、共同体、自我の偶然性を認めながら、なおかつ我われが世界に対して応答する責任があるという立場を追求する。それは「最小限の経験論」と呼ばれる、カント的な経験的実在論に近い立場である。マクダウェルは「理由の論理空間」の独自性を認めながら、その空間をBildungの過程で生成した「第二の自然」と解釈する。その解釈はアリストテレスとヘーゲルの影響を受けたものである。さらに「第二の自然」としての「理由の論理空間」という構想は、デューイの文化的自然主義に近い。デューイにとって文化はまさに「第二の自然」である。したがってマクダウェルとデューイを文化的自然主義[27]という観点から比較検討することが、我われの次の課題となる。

注

（1） Richard Rorty, *Objectivity, Relativism, and Truth*, Cambridge University Press, 1991, p. 1.
（2） Wilfrid Sellars, *Science, Perception and Reality*, Routledge & Kegan Paul, 1963, p. 169.
（3） Rorty, *Philosophy and the Mirror of Nature*, Princeton University Press, 1979, p. 141.
（4） *Ibid*, p. 147.
（5） Robert B. Brandom, *Perspectives on Pragmatism, Classical, Recent & Contemporary*, Harvard University Press, 2011.
（6） Brandom, *Articulating Reasons: An Introduction to Inferentialism*, Harvard University Press, 2000.
（7） Brandom, *Perspectives on Pragmatism, Classical, Recent & Contemporary*.
（8） Cheryl Misak, *The American Pragmatists*, Oxford University Press, 2013.
（9） *Ibid*, p. 182.
（10） 詳細については、加賀裕郎「ミザクのプラグマティズム思想史解釈の批判的検討——包括的プラグマティズム思想史構築に向けて——」『同志社女子大総合文化研究所紀要』第三一巻、二〇一四年を参照。
（11） Rorty, "Introduction", Wilfrid Sellars, *Empiricism and the Philosophy of Mind*, Harvard University Press, 1997, p. 5.
（12） Rorty, *Philosophy and the Mirror of Nature*, p. 174.

(13) *Ibid*, cf. pp. 183-184.

(14) Eduardo Mendieta, *Take Care of Freedom and Truth Will Take Care of Itself: Interview with Richard Rorty*, Stanford University Press, 2006, p. 20.

(15) Cf. ex., Rorty, *Objectivity, Relativism, and Truth*, pp. 113-125.

(16) Rorty, "Introduction", Sellars, *Empiricism and the Philosophy of Mind*, pp. 8-9.

(17) Brandom, *Articulating Reasons*, p. 33.

(18) *Ibid*.

(19) *Ibid*, p. 34.

(20) John McDowell, *Mind and the World*, Harvard University Press, 1996, p. xi.

(21) Gareth Evans, *The Varieties of References*, Clarendon Press, 1982.

(22) McDowell, *op. cit.*, p. 67 *etc.*

(23) Cf. Joseph Margolis, *Reinventing Pragmatism: American Philosophy at the End of the Twentieth Century*, Cornell University Press, 2002, pp. 6-7.

(24) McDowell, *op. cit.*, p. 77 *etc.*

(25) *Ibid*, p. 84.

(26) *Ibid*, p. 88.

(27) 文化的自然主義については、差し当たり加賀『デューイ自然主義の生成と構造』(晃洋書房、二〇〇九年) 第Ⅳ部二七四―二七三頁を参照。

【付記】 本章は、「'Empfindung'から'Erfahrung'へ――文化的自然主義のほうへ――」(『日本デューイ学会紀要』第五六号、二〇一五年一〇月、一〇九―一一九頁) に若干の修整を加えたものである。

あとがき

〈ＳＰＤ叢書〉の狙いは、著者たちが所属するSocietas Philosophiae Doshishaの活動を内外に示していくところにある。とくに、本書は、英米哲学に研究の照準を定めている論者たちの考究を集めている。ＳＰＤの現況を正直に述べれば、大学院に進学する学生の減少に伴って、ＳＰＤの活動は、活発であるとはけっして言えない。その意味では、〈ＳＰＤ叢書〉の刊行は、その危機感の現れである。哲学の研究が将来の職業を保証しているわけではないし、研究者として自立していくこともきわめて困難であり、途中で進路の変更を余儀なくされる場合も多い。そのなかで、ＳＰＤの学術的水準を維持するためには、一定数の大学院生を確保し、ともに研鑽を積んで、研究者を輩出していかなければならない。ＳＰＤの将来を考えるとき、わたくしたちは、たいへん厳しい状況のなかにいる。こうした現況を間の当たりにして、ＳＰＤの先達の偉大さを思わずにはいられない。先学は、本書を発刊できるまでにわたくしたちを育てあげた。わたくしたちが先覚に薫陶を受けたように、本書は、哲学の研究を志す若い魂に勇気を与えられなければならない。わたくしたちの使命は、本書の学術的な魅力を伝え、つぎの目標に向かって切磋琢磨し走りつづけることである。

経験論を標榜する英米哲学の基本的態度は、逆説的になりはするけれども、誤解を恐れずに言えば、反哲学である。たとえば、認識論の領域では、ヒュームは、経験の圏域に足場を置いて、知識の普遍的妥当性と絶対的必然性を拒んでいる。ミルは、近代哲学が知識の範型の一つとみなしていた数学的必然性を虚構とみなす。反デカルト主義を標榜するプラグマティズムは、普遍性ではなく蓋然性を強調し、必然性ではなく偶然性に目を向け、絶対性ではなく相対性に力点を置く。とくに、パースは、可謬主義を唱道する。可謬主義は、わたくしたちの知識が不確実性と不確定性の連続体のなかで浮遊していることを主張する教説である。だから、ジェイムズも述べているように、プラグマティズムは、ある意味で、ヒュームの経験論的視座を徹底しようとしている。

こうした英米哲学の姿勢を貫いているのは、物理学、生理学、生物学、心理学といった自然科学の功績を肯定的に評価し、数学と論理学の知見を積極的に取りいれて、さまざまな問題を具体的に把握しようという実際的なまなざしである。古典的プラグマティズムの思想的土台は、進化論にある。ラッセルとムーアは、論理学の現代的な道具だてを用いて、新ヘーゲル主義に反旗を翻している。ホワイトヘッドは、相対論の見地から、自然的事象の基礎的様態を関係づけられてあること（relatedness）に求めている。カルナップの哲学的探査は、物理学の知見と不可分である。このように書いてしまえば、科学的探究の範型が物理学であるような印象を与えてしまいかねない。しかしながら、ホワイトヘッドの見解では、有機体という生物学の概念は、物理学のなかで物理的事象を捉えるうえで欠かせない。

このように、英米哲学の系譜に所属する哲学者たちは、諸科学が提起している考えかたを撚りあわせて、みずからの思想を鍛錬してきた。経験論者であるというのは、哲学が最高の学問知であるという発想を脇に置いて、諸科学と不断に対話を行い、ジェイムズも言うように、経験に生起することがらをことごとく受けいれ、経験には現れない内容をことごとく退け、権威主義を忌避して、わたくしたちの住まう世界が抱えている課題に実際的に挑むことを意味している。そうであるからこそ、経験論は、つねに将来に開いているのである。

萌書房の白石徳浩氏の緻密な作業がなければ、本書を上梓できなかった。通常であれば、編集者が執筆の要項を指定し、執筆者は、それに従って原稿を書いていくところ、諸般の事情により、最初に原稿を集めたために、統一的な編集がきわめて難しくなった。そのなかにあって、白石氏は、それぞれ独立性の高い論文を一つの論文集に編むべく尽力された。しかも、コロナ禍という難局にありながら、白石氏は、惜しみなく時間と労力を本書の編集に傾注された。末筆ながら、執筆者を代表して、白石氏には深甚の感謝を申しのべたい。

菟道のもみじ葉ゆれるころ

新　茂之

藤井 千春（ふじい　ちはる）

1958年生まれ。筑波大学大学院博士課程教育学研究科単位取得退学。博士（教育学）。現在，早稲田大学教育・総合科学学術院教授。［主要業績］『ジョン・デューイの経験主義哲学における思考論——知性的な思考の構造的解明——』（早稲田大学出版部，2010年），「解題　メリオリズムの教育論」『デューイ著作集6　学校と社会，ほか』（東京大学出版会，2019年），レイモンド・D・ボイスヴァート『ジョン・デューイ——現代を問い直す——』（翻訳：晃洋書房，2015年）。

林　泰 成（はやし　やすなり）

1959年生まれ。同志社大学大学院文学研究科博士後期課程退学。現在，上越教育大学学長。［主要業績］『道徳教育の方法』（左右社，2018年），『道徳教育論』（共著：放送大学教育振興会，2021年），ルドルフ・ハラー『ウィトゲンシュタイン研究——ウィトゲンシュタインとオーストリア哲学——』（翻訳：晃洋書房，1995年）。

＊**加賀 裕郎**（かが　ひろお）

1955年生まれ。同志社大学大学院文学研究科博士後期課程退学。博士（哲学）。現在，同志社女子大学現代社会学部特別任用教授。［主要業績］『デューイ自然主義の生成と構造』（晃洋書房，2009年），『民主主義の哲学——デューイ思想の形成と展開——』（ナカニシヤ出版，2020年），ジョン・デューイ『確実性の探求』〈デューイ著作集4〉（翻訳：東京大学出版会，2018年）。

礎」『道徳性発達研究』第10巻第1号（日本道徳性発達実践学会，2016年3月）。

＊新　茂之（あたらし　しげゆき）

1967年生まれ。同志社大学大学院文学研究科博士後期課程退学。博士（哲学）。現在，同志社大学文学部教授。[主要業績]『パース「プラグマティズム」の研究――関係と進化と立論のカテゴリー論的整序の試み――』（晃洋書房，2011年），「J. S. ミル『論理学体系』における推論の論理的構造」『イギリス理想主義研究年報』特集号（2020年2月），「デューイ『民主主義と教育』における経験という概念」日本デューイ学会編『民主主義と教育の再創造――デューイ研究の未来へ――』勁草書房，2020年12月）。

小川　雄（おがわ　たける）

1986年生まれ。同志社大学大学院文学研究科博士後期課程修了。博士（哲学）。現在，同志社大学文学部哲学科助教（任期付）。[主要業績]「カルナップの『世界の論理的構築』における認知の関係的な把握」（溝口隆一編著『ニーチェ＋』ふくろう出版，2016年），「カルナップ『世界の論理的構築』における相互主観性の問題」（博士論文，2018年），「ノディングズのケアリング論における道徳的な欲求」『道徳性発達研究』第10巻第1号（日本道徳性発達実践学会，2016年3月）。

下嶋　篤（しもじま　あつし）

1962年生まれ。インディアナ大学哲学部博士課程修了（Ph.D.）。現在，同志社大学文化情報学部教授。[主要業績] *Semantic Properties of Diagrams and Their Cognitive Potentials*（CSLI Publications），“Channel-theoretic Account of Reification in Representation Systems”; “An Eye-tracking Study of Exploitations of Spatial Constraints in Diagrammatic Reasoning”.

Dave Baker-Plummer

1960年生まれ。エジンバラ大学人工知能学部博士課程修了（Ph.D.）。現在，スタンフォード大学・言語情報研究センター上級研究員。[主要業績] *Language, Proof and Logic*（CSLI Publications），*Tarski's World*（CSLI Publications），*Logical Reasoning with Diagrams and Sentences*（CSLI Publications）.

■執筆者紹介（本文掲載順，＊は編者）

大槻 晃右（おおつき　こうすけ）

1988年生まれ。同志社大学大学院文学研究科博士後期課程修了。博士（哲学）。現在，同志社大学研究開発推進機構特別任用助手。［主要業績］「ヒューム『人間本性論』における「精神の被決定性」の認知――「生気」に関する因果的解釈の確立に向けて――」『同志社哲學年報』第39号（2016年9月），「ヒューム『人間本性論』における知覚の「生気」」『イギリス哲学研究』第41号（2018年3月），「ヒュームの価値理論における快苦と善悪の連関」『イギリス理想主義研究年報』特集号（2020年2月）。

溝口 隆一（みぞぐち　りゅういち）

1968年生まれ。同志社大学大学院文学研究科博士後期課程修了。博士（哲学）。現在，徳島文理大学保健福祉学部教授。［主要業績］『ニーチェ b』（ふくろう出版，2012年），『ニーチェ l』（ふくろう出版，2014年），『ニーチェ +』（編著：ふくろう出版，2016年）。

阿部 康平（あべ　こうへい）

1985年生まれ。同志社大学大学院文学研究科博士後期課程修了。博士(哲学)。現在，同志社中学校・高等学校教諭（高校社会科）。［主要業績］「ジョン・デューイ『民主主義と教育』における連続的経験の二つの局面」『同志社哲學年報』第37号（2014年9月），「デューイの教育論における「情報的知識」の役割――道徳の教科化を見据えて――」『道徳性発達研究』第10巻第1号（日本道徳性発達実践学会，2016年3月），「デューイの探究における道徳的位相――ノディングズのケアリング論からの批判にたいする応答として――」『日本デューイ学会紀要』第59号（2018年10月）。

宮﨑 宏志（みやざき　ひろし）

1963年生まれ。同志社大学大学院文学研究科博士後期課程修了。博士（哲学）。現在，岡山大学学術研究院教育学域准教授。［主要業績］「ジョン・デューイの探究の理論における問題解決の意義」（博士論文，1998年），「社会の一員として判断を下す能力を高める道徳教育」『道徳性発達研究』第3巻第1号（日本道徳性発達実践学会，2008年7月），「デューイの「習慣」の発想に基づく他者理解の基

経験論の多面的展開　〈SPD叢書〉
——イギリス経験論から現代プラグマティズムへ——

2021年12月20日　初版第1刷発行

編　者　加賀裕郎
　　　　新　茂之
発行者　白石徳浩
発行所　有限会社 萌《きざす》書房
〒630-1242　奈良市大柳生町3619-1
TEL (0742) 93-2234 / FAX 93-2235
[URL] http://www3.kcn.ne.jp/~kizasu-s
振替　00940-7-53629

印刷・製本　共同印刷工業㈱，新生製本㈱

©H. KAGA / S. ATARASHI, 2021 (代表)　Printed in Japan

ISBN978-4-86065-150-3